바스러진 대지에
하나의 장소를

砕かれた大地に、ひとつの場処を

바스러진 대지에
하나의 장소를

사사키 아타루 지음

김소운 옮김

여문책

3부 내 책은 안이한 희망의 책이 아니다

4부 그래도 '이유'를 질문하며 살다

일러두기

· 이 책은 사사키 아타루의 『砕かれた大地に、ひとつの場処を―アナレクタ3』을
  우리말로 옮긴 것이다.
· 원서의 추가 설명은 *표 각주 끝에 (원주)로 구분했다.
· 역주 중 간단한 설명은 본문 [ ] 안에, 나머지는 하단 각주로 처리했다.

1부

바스러진 대지에
하나의 장소를

밝은 시력을 잃다

뭘 웃어. 느닷없이 멈춰 서는 바람에 단단히 깍지 낀 손가락이 하나씩 차례로 스르르 풀린다. 딱 한 번 숨 쉴 동안만큼 어리둥절해하다가 마지막으로 남은 그녀의 엄지손가락과 내 새끼손가락마저도 이내 풀리고 갈 곳 없는 두 사람의 손은 팔과 함께 허공에서 흔들린다. 따분한 순간을 무마하려 들지도 않아서 급작스레 분위기가 냉랭해졌다. 아련한 목소리가 들린다. 왼쪽 어깨가 뒤로 젖혀져 무심결에 반쯤 돌아보았다. 가늘게 치켜뜬 눈꺼풀이 실룩거린다. 잿빛으로 은은하게 물든 크고 해맑은 눈동자가 아래 눈꺼풀에 가려져 자그마하게 보인다. 그리운 눈동자가 차가운 포도 알맹이 표면처럼 어슴푸레하게 그늘져 있다. 또한 애처로우리만치 확연히 예각銳角을 그리며 영롱하게 빛나는 도톰하고 둥근 입술 끝에는 새까만 머리카락 한두 올이 물려 있다. 선명하게 금을 그은 듯이 하얀 뺨의 굴곡을 따라서 옆으로 흩날리는 머리카락 때문에 목덜미의 파르스름한 정맥이 아름다워 보였다. 그 입술이 두 번 부르르 떨리더니 '어째서, 항상'이라며 신음하는 소리가 새어나온다. 서로 속마음을 터놓지 않아 생긴 거리는 그대로 마음의 벽이 되어 식어가고, 쓰디쓴 마음은 거멓게 타들어간다. 사랑하는 사이의 사소한 다툼이 아니다. 부득이한 분노도 아니다. 달콤한 눈짓을 주고받으며 슬며시 변명의 여지를 만든 뒤에만 불평하는 사람이 아니다. 자질구레한 일로 으르렁대는 사람은 더더욱 아니다.

직업상 남 앞에 나설 적마다 한시도 거르지 않고 씽긋 미소 짓는 여인일 것이다. 초조한가? 다시금 여인의 입술이, 목이 한 번 부르르 떨리더니 두 사람 사이를 지나가는 뭔가를 탁 갈랐다. 아득히 먼 빛바랜 거리에서 뭔가가 움직였다. 집중해. 그녀만 봐. 궁금해서 좀이 쑤시지만 꾹 참고 그럴싸하게 둘러댈 말을 궁리해서 깐깐하게 다듬어야 했다. 눈치 채지 못하게 이를 악물었다.

심한 고수머리에 둥근 안경 속의 눈이 줄기차게 웃고 있어서만은 아니다. 그 늙은 안과의사는 코와 입, 손, 심지어 손가락 하나하나까지 오동포동하고 둥그스름하며, 손발이 짧아서 걸음걸이나 동작이 뒤뚱뒤뚱한다. 까불까불하는 아이라면 누구나 악의 없이 빵 터질 우스꽝스러운 모습이다. 그러나 생김새와는 딴판으로 낮고 중후한 미성美聲과 자유롭고 소탈한 인품의 소유자였다. 측정기에 들어온 붉은 등이 꺼지지 않아서 살짝 겁먹은 열네 살짜리 아이가 뒤돌아보자마자 말했다. 자, 아타루, 저기 제일 끝에 있는 책장이 보이지. 그래, 그 크림색 책장. 맞아, 응, 거기 제일 오른쪽에 새빨간 파일이 있지. 책등의 글자를 읽을 수 있겠니. 불쑥 질문해서 반사적으로 일본안과학회 총회, 운영사무국 제17보報까지 소리 내어 읽었다. 그러자 눈가에 주름이

자글자글한 노 의사는 가늘게 실눈을 뜨고 오만상을 찌푸리며 웃었다. 네 눈이 측정할 수 없을 만큼 좋다는 증거이니 아무 걱정할 것 없단다. 남보다 뛰어난 점이 있다는 뜻이니까. 낭랑하고 따뜻한 목소리로 달래지만 가슴 언저리에 가지런히 두 손을 모으고 손가락을 꼼지락거리는 모습은 이상하게도 기쁜 듯이 보였다. 자칫하면 시력이 3.5 이상일걸.

2.0은 지금까지 학교에서도 쉽게 볼 수 있지. 음, 정확히 말해서 아프리카의 대평원에서 태어났더라면 좋았을 성싶구나. 탄식까지는 하지 않게끔 신중하게 숨을 고른 뒤 정색하며 말을 잇는다. 낮고 살짝 쉰 목소리로, 그러나 놀라지 않도록 점점 더 자상하게 속삭이는 음색으로 말한다. 지금의 일본에서 살아갈 수 있는 눈이 아니란다. 여기는 아프리카와 달리 모든 것이 가깝기 때문에 너는 허구한 날 무리해서 근처를 보는 셈이지. 훗날 언젠가…… 그래, 20대 후반쯤 급속히 노안이 올지도 몰라. 아주 먼 훗날의 이야기니 아직은 안심해도 되지만 그때는 조심하렴.

시력이 3.0 이상이란 어떤 뜻인가 하면 그 촌구석 안과의 헌신적인 노 의사가 말한 대로 아프리카 대평원에 사는 사람들이나 몽골 기마민족 사이에서는 보통이거나 다소 눈이 나쁜 편이다. 그들의 시력은 3~7이라고 어딘가에서 읽은 적이 있다. 예컨대 일본의 텔레비전 프로그램에서 흔히 보는 아프리카계 탤런트나 몽골계 씨름꾼과는 동등하거나 그 이상이고, 정확히 3.5라면 십중팔구는 이긴다. 그러나 그 의사의 말마따나 이런 비좁은 섬나라에서 태어나고 자라서 자리 잡고 사는 마당에 그렇게 좋은 시력은 개 발의 편자다.

기억에 의지해서 쓰겠다. 그 책에 의하면 아프리카의 민족들 중에서도 마사이족의 시력은 정평이 나서 12.0이라는 수치는 저리 가라인 수렵자도 있다고 한다. 과연 지금도 그럴까. 근대화가 시작되고 여러 해를 거쳐서 도시에 정착한 마사이족 사람들의 평균 시력은 1.0 정도다. 결국 유전적 요소라기보다는 그저 사는 장소와 생활양식에 따라서 시력이 단련되었기 때문이라는 얘기다. 혹시 쓰가루津輕의 외가 쪽 영향인가. 역사서를 찾아보면 이들은 15세기 전후에 이른바 북해무역北海貿易에 종사했다는데, 반골기질이 다분해서 장사가 신통치 않을 때는 돌변하여 칼을 빼들고 해적행위도 불사했다고 알려져 있다. 아니면 친가의 영향인가. 마타기[일본 도호쿠東北 지방 산간에 사는 사냥꾼들] 촌락이 많은 지금의 기타아키타北秋田 시에 이웃해 있으며, 눈이 많이 내리는 두메산골이어서 예전에는 야나기타 구니오柳田國男[일본 민속학의 창시자]의 연구 대상이 되기도 했다고 한다. 그 고장에서 촌장을 배출한 유전자라면 허무맹랑한 추측은 아니다. 하지만 생활습관 때문이라면 얘기가 묘해진다. 대체로 한산하다고는 하나 그렇게 한없이 탁 트인 시야가 펼쳐져 있을 리도 없는 다소 영락한 지방도시를 전전하며 자란 이 몸에는 그런 기억이 전혀 없으므로.

설사 그렇다고 해도 독자들은 난처할 것이다. 그런 아프리카인이나 몽골인, 홋코쿠北國[오늘날의 도야마, 이시카와, 후쿠이, 니가타 지방을 가리키는 호쿠리쿠北陸의 옛 지명]의 해적이나 마타기의 사냥꾼들과 비교해도 판별하기가 힘드니까. 그래서 지금부터 구체적으로 설명하고자 한다.

우선 야마테센山手線 차량의 맨 구석 자리에 앉아 있다고 하자. 거기에서 제일 끝 통로 천장에 매단 광고의 첫 줄부터 글자가 깨알만해서 분간이 안 가는 배포용인지 뭔지 모를 암호 같은 기호까지 단숨에 읽는다는 뜻이다. 여러분이 갔던 가장 넓은 슈퍼마켓을 떠올려보라. 입구에 서서 일부러 가만히 응시하지 않아도 가장 먼 진열장에 놓인 낫토나 장아찌가 몇 그램짜리인지, 첨가물은 무엇인지, 포장에 적힌 표시를 낱낱이 읽을 수 있다. 물론 몸 상태에 따라서도 좌우되지만 설날 국립경기장의 정면에 있는 특별관람석main stand의 꼭대기에 앉아서 천황배 쾌승을 놓고 싸우는 미우라 가즈요시[01]의 목 주위에 면도한 뒤 희미하게 남은 수염을 셀 수 있다. 현역 시절의 드라간 스토이코비치[02]가 부당한 판정에 애가 탔는지 손톱이 하얘지도록 움켜쥔 손가락이 생생히 보여서 손거스러미인가 하고 뚫어져라 바라보다가 고개를 갸우뚱하기도 한다. 이제껏 유일하게 그 말을 믿어준 사람은 3.0의 시력을 가졌던 영어 선생님뿐이었다. 목욕탕에 들어가면 당연히 찰랑거리는 수면에서 김이 올라온다. 흡사 물안개나 안개로밖에 보이지 않는 그 속에서 번쩍번쩍하고 투명하며

01 三浦知良: 1967~, 영원한 현역을 꿈꾸는 '일본 축구의 전설'로서 J리그 2부 요코하마 FC 소속이며 50세에 현역 무대에서 골을 넣어 세계 최고령 득점 기록을 세웠다.
02 Dragan Stojkovic: 1965~, 유고슬라비아의 전설적 미드필더. 현재 중국 슈퍼리그의 클럽 광저우 푸리의 감독으로 활약하고 있다.

맑은 자그마한 빛이 무수히 알알이 솟구치며 명멸한다. 수은 같기도 하고 수정 같기도 한, 뭔가 이 세상 것이 아닌 물질이 무중력상태로 허공을 떠다니며 노닌다. 아름답게 반짝이며 하늘하늘 움직이는 모습이 몸이 야윌 정도로 시야를 괴롭히고 즐겁게 한다. 도취시키고 소름끼치게 하며 어리둥절하게 한다. 그것도 밤마다 매일. 어릴 적부터 이 얘기만 하면 사람들이 의아한 표정을 지을 뿐만 아니라 간혹 약물을 복용했는지, 제정신인지 의심을 했으므로 거의 말한 적이 없다.

그러나 시력만 되면 당연히 보이고, 물 분자가 분자 중에서도 예외적으로 거대한 분자인 것은 중학교와 고등학교에서도 배우는 명백한 사실이다.

세계는 눈부셨다. 만물의 윤곽은 명징했다. 어둑어둑하게 흐린 하늘도, 잔뜩 찌푸린 날씨도 그리고 느긋하게 거니는 밤도, 이 명징함을 잃어버리게 하기에는 부족했다. 어떤 어둠도 완전한 어둠은 될 수 없고, 도처의 투명하고 무수한 것들을 또렷이 투영시킬 만큼 끊임없이 빛이 새어나왔다. 빛은 편재했다. 깊고 깊은 빛의 바다 밑바닥에서 올려다보는 세계는 한없이 아름다웠으며 또 잔혹했다. 능히 꼼짝 못 하게 할 정도로.

하지만 지금의 일본에서 살아갈 수 있는 눈이 아니니 좋은 일만은 아니다. 부모님을 포함한 주위 사람들보다 세 배 이상 시력이 좋다면 남에게는 보이지 않는 것이 보인다는 뜻이다. 남들 눈에는 보이지 않는 것이 유독 내 눈에만 보이고, 대다수 사람에게는 다른 세상이, 이 세상에 존재하지 않는 것이 나에게만 또렷이 존재한다는 말이다. 왜 나를 의심하는지 의아하다. 색안경을 끼고 보는 사람들이 이상하다. 왜 의심하는지를 의아해하고, 애태우는 것에 애타는 방법 말고는 없다. 만일 함께 걷던 친한 사람이 여기에는 없는 것, 있을 리 만무한 것, 나는 일체 지각할 수 없는 것을 지각하고, 툭하면 웃고 화내고 울고 어리둥절해하며 언짢아한다면 기분이 어떻겠는가? 그 희로애락의 이유를 짐작조차 못 하는데 친구나 연인인 남자가 의아한 표정으로 무턱대고 야속해한다면 섬뜩할 것이다. 미치광이로도 보이리라. 그런데 그 이유가 환영도 영감도 아니고 단지 눈이 대책 없이 잘 보여서니 견딜 수가 없다. 남에게 보이지 않는 것이 보이는 아이는 부득이하게 유년시절을 외톨이로 보낸다. 더욱이 비정상적으로 눈이 좋아서 잽싸게 도망치므로 폐쇄된 장소에서 뭇매를 때리는 돌발적인 상황이 아니면 피하기도 아주 쉬울뿐더러 개방된 장소라면 더 유리하다. 말하자면 미꾸라지처럼 잡을 수가 없다. 남들보다 뛰어난 능력을 가진 반면에 섬뜩한 아이이기도 했던 것이다.

예술가는 특수한 집중력을 발휘해야 하므로 오히려 눈이 나빠야 좋다고 말했던 음악가가 있었다. 누구였더라. 이해가 가는 이야기다. 시각이 무기인 화가라도 눈이 물리적으로 좋다고 말하는 사람은 적다고는 못 하나 많은 편은 아니다. 쓸데없는 것이 눈에 들어오지 않고, 정신 사납지 않으니까. 수렵민족과 해양민족이라면 위기를 사전에 감지해서 임기응변하는 능력이 될테지만 이 땅에서 대책 없이 좋은 시력은 오히려 짐스럽고 사사건건 불편하다. 훨씬 남쪽에서 빚은 바람이 물기를 잔뜩 머금은 비구름을 몰아내고, 흐트러진 구름은 조각조각 찢겨서 굉장한 속도로 날아간다. 하라주쿠 역 앞에서 기다리는 잡다한 군중 속에서 하릴없이 그 광경에 넋을 잃고 서 있었다. 만나기로 한 사람이 와도, 어제 저녁식사가 어떠했느냐고 물어도 모른다. 정신은 온통 그날 한낮의 오모테산도表参道[도쿄 도 미나토 구와 시부야 구의 거리]의 맞은편에서 흔들리는 나무들의 나뭇잎 사이로 싸늘하게 방울져 떨어진 금색 햇빛이 나무껍질에 부딪혀서 섬광처럼 가파르게 솟구치는 장면에만 팔려 있다. 아무래도 마음에 걸린다. 간밤의 태풍 탓인지 몇 킬로미터 앞에 보이는 가로수의 우듬지가 뚝 부러져서 오롯이 드러난 몸통이, 두 눈에 파고드는 향기를 생생하게 풍길 하얀 속살이. 신주쿠 산초메三丁目 [신주쿠 역 동쪽]에서는 표정이 어두운 남자가 돌연 스쳐지나가는 여자의 얼굴을 때린다. 신주쿠 역 앞에서 그 광경을 목격하고도 모르는 체하는 행인들을 지켜보던 나는 구역질이 날 만큼 불쾌했다. 무지근하게 시커먼 먹구름이 뒤덮은 음울한 하늘로 우뚝 솟아 있는 전신주 꼭대기에 노린재 한 마리가 웅크리고 있다. 저 사람들 시력으로는 죽었다 깨어나도 날 못 본다고 깔보면서도, 만에 하나라도 보였다면 하는 흥분을 덤으로 느끼면서 고층빌딩의 한 창가에서 성교하는 모습을 비롯해 이미 남녀의 모든 결합을 목격했고 그때마다 진저리를 쳤다. 머나먼 수면에 비친 청명한 꽃의 빛깔도 눈길을 사로잡지만 역무원에게 공연히 막돼먹은 행동을 하는 남자의 경련하는 볼도 극명히 보인다. 심지어 일행의 눈에는 가로막혀서 역의 모습도 제대로 보이지 않는 십자로에서. 누군가가 제압하기를 초조하게 기다리다 못해서 냅다 뛰어가던 길에 달려오는 경찰관들을 보고 멈칫한다. 숨을 헐떡이며 쫓아온 일행이 무슨 일이냐고 물어도 아무 일도 아니라고 둘러댈 수밖에 없다. 하늘이 우중충하니 금방이라도 비가 쏟아질 것 같다. 보이지 않는가. 벌써 맞은편에서는 참을성 없는 소나기가 툭툭 빗방울을 뿌리고 있는 것이, 연보랏빛으로 빛나는 번개가 번쩍하고 순식간에 천지를 관통하는 장면이. 너무나도 명징하게 눈앞에 나타난 그 먼 사물을 귀와 말이 따라가지 못해서 농아처럼 느껴진 적이 없는가. 흐린 하늘을 올려다본 순간 일제히 내게 빗발치듯이 퍼붓는 최초의 무수한 빗방울을 본 적이 없는가. 보인다. 내 눈에는 전부 보인다. 현기증이 날 만큼의 투시력이며 눈이 멀 만큼 밝은 시력이어서 얼이 빠지게 하고 정신을 잃게 한다. 붉은 녹빛의 태양은 그대로 붉게 물들여서 눈을 속이고 현혹시킨다. 생각하는 족족 시각에 빼앗긴다. 어쩔 수가 없다. 인간 세상의 한복판에서 너무나 명징하고 가깝게 그 세상을 내다보는 까닭에 꼼짝없이 세상과 동떨어지고 만다.

　그러나 노 의사의 예언은 맞았다. 얼마나 약화되었나 하면 스물여섯 살 때 반년 만에 시력이 삽시간에 1.2까지 떨어졌다. 날마다 현기증과 구역질, 관자놀이의 경련이 되풀이되는 아픔을 겪는 동안 세상은 조용히, 끊임없이 어두워져갔다. 물에 젖어서 반들반들해졌다. 번져갔다. 끄물거렸다. 눈부심은 완전히 사라졌다. 내 눈 탓에 호되게 당한 날들이었으나 더 이야기했다가는 넋두리처럼 될까 두렵다.

지금의 시력은 보통이고, 맨눈으로는 면허 갱신이 위태로울 정도로 나쁘다. 아마 그 무렵에 비하면 거의 눈뜬장님이나 진배없을 것이다. 실은 이제 기억나지 않는다. 기억이 아득한 그 세계에 충만했던 장엄한 빛은. 당시의 몇 분의 일인지도 모를 정도로 손상된 시력에 이미 너무 익숙하다. 따라서 지금 했던 묘사도 소실되어가는 어렴풋한 잔상에 의지했다. 정확하지는 않겠지만 어차피 잃어버린 능력이다. 그러나 얻은 것도 많았다. 적어도 책을 쓸 수 있게 된 정도지만.

그 일이 있고 몇 달 후에 그녀와는 인연이 끊겼다. 빛으로 과시하고 압박하며 들볶는 세계에 현혹되어 언제나 자신을 잃어버리고 마음이 들뜨거나, 설명을 귓등으로 흘려듣는 사람은 아니었다. 정나미가 떨어진 이유는 필시 따로 있으리라. 다만 그녀의 눈동자가 잿빛으로 보였던 것은 나뿐이었다고 한다.

『스바루すばる』, 2011년 2월호, 슈에이샤集英社

바스러진 대지에 하나의 장소를: '전야는 지금'의 기록
(2010년 기노쿠니야 인문대상 수상 기념 강연)

안녕하세요. 사사키 아타루라고 합니다. 고단하신데도 오늘 이 모임에 참석해주셔서 대단히 감사드립니다.

……방금 말씀드렸다시피 이 자리에 어려운 발걸음을 해주신 여러분처럼 제 친구들도 이번 지진재해[2011년 3월 11일에 발생한 동일본 대지진]에 관한 발언을 하라고 종종 말합니다. 각종 신문 기자들과 잡지의 편집자들로부터도 의뢰를 받습니다. 그중에는 '지식인의 책임'으로서 이 사건에 관한 발언을 '해야만 한다'라고 소신을 밝히신 분도 계셨습니다.

그러나 솔직히 말해서 저는 이런 분위기가 일종의 압력으로 느껴집니다. 권력작용이라고 해야 정확한 표현이겠지만 과장이 심하다 싶으신 분도 계실지 모르니 압력이라고 하겠습니다.

이러한 압력은 정당성이 의심스럽고, 적어도 부분적으로는 사고思考를 '부패'시킨다고 생각합니다. 어째서일까요.

문예비평가 롤랑 바르트는 파시즘을 이렇게 정의합니다. 발언을 '금하는' 것이 아니라 발언을 '강요하는' 것이라고. 또한 철학자 질 들뢰즈는 다음과 같이 말합니다. 우리는 소통의 단절로 괴로워하는 것이 아니라 발언을 강제하는 다양한 힘이 존재해서 괴로워하므로 '침묵의 기표'를 조절하는 것이 중요하다고. 그러고는 이어서 장난기 어린 투로 뭔가에 관해 아무것도 모른다고 하는 것은 정말로 기분이 좋다고도 했습니다.

그리고 들뢰즈가 했던 말들 중에도 참으로 인상적인 대사가 있습니다. 상세히는 말씀드리지 않겠으나 그는 언젠가 한 철학자 무리들을 가리켜서 '강제수용소와 역사의 희생자를 이용하고' 있다, '시체를 제물로 삼고 있다'라고 격하게 비난했습니다. 시큰둥하게 장난기 어린 투로 그토록 독특하면서도 수수께끼 같은 말을 했던 철학자가 달리 또 있을까요. 그가 했던 말 중에서는 가장 분노로 가득한 비난의 말입니다.

저는 두렵습니다. 제가 잘못한 일을 두려워하는 것이 아닙니다. 미래는 모르니까 잘못하지 않는 사람은 없습니다. 그러나 행여 참담하게 돌아가신 피해자 분들을 '이용'하는 것도 모자라 바르트와 들뢰즈가 비판한 '발언을 강제하는' 무언의 압력에 져서 발언할까봐 두렵습니다. 어쩌다 보니 이렇게 사람들 앞에서 강연하는 일이 직업의 일부가 되었지만 저와는 다른 이 자리에 참석하신 여러분 중에도 이러한 무언의 압력을 느끼시는 분이 계시리라 생각합니다. 곰곰이 생각하면 이 사회에는 '발언해야 한다', '가급적 세련되게 말해야 한다'라는 터무니없는 압력이 편재해 있습니다. 그래서 우리는 고통받습니다. 그뿐만 아니라 지금 최악의 사태에 처한 사람들 중에서도 가장 비참한 처지에 놓인 사람들을 굳이 말하면 '이야깃거리'로 '이용'하도록 등 떠밀고 있습니다. 이 불편한 진실을 어떻게 생각하십니까.

실로 어렵습니다. 말하라는 압력에 굴하지 않고, 죽은 사람과 피해자를 이용하지 않으면서도 진지하게 이 사태에 관해 억지로라도 말해야 한다면 이것은 거의 줄타기에 가깝다고 해도 무방합니다. 어떤 작가가 저에게 약간 침통한 어조의 글을 보낸 적이 있습니다. 요컨대 이 사건 역시 옴진리교 사건과 마찬가지로 2~3년은 문학계 그리고 사상계와 비평계에서 '이야깃거리'로 소비되다가 그대로 잊힐까 염려했습니다. 누가 압니까. 들뢰즈가 비난한 형태로 '이용'하고 시체를 제물로 삼는 사람들이 또다시 나타날지. 가령 이 지진을 소재로 한 소설이 잇따라 출판되거나 '9·11에서 3·11로' 같은 제목의 사상·비평 놀이가 벌어질지도 모릅니다. '자, 축제다. 대형 사건이 터졌어, 대형 사냥감이 생겼다고. 좋았어. 제목은 대지진과 원전사고야. 누가 가장 똑똑한지 겨뤄볼까?'라고. 그런 일이 없기를 바랍니다. 진심으로.

물론 잠시라도 그런 놀이판에 낄 생각은 없습니다. 거부하겠습니다. 실제로 이제껏 저는 이 지진에 관한 언급을 일체 거절해 왔습니다.

그러나 솔직히 말하면 철저히 거부하는 것만이 능사는 아닙니다. 이 참화를 둘러싸고 발언하시는 분들 중에는 가까스로 지진 피해자들을 이용하는 일을 면하고 진지하면서도 성실하게 이 사태와 직면하는 사람도 있기 마련이니까요. 없어서는 곤란합니다. 그렇다면 가능한 방법은 무엇일까요.

여러 말은 하지 않겠으나 최근에 〈라임스타 우타마루의 위크엔드 셔플〉이라는 TBS 라디오 프로그램에 출연해 조너선 토르고브닉Jonathan Torgovnik이라는 사진가가 르완다 학살사건을 찍은 사진집을 소개했습니다[259~269쪽 참조]. 그때 '성실하게 말문이 막히는'이라는 말을 했습니다. 그의 사진집은 위기일발인 르완다에서 자행 중인 처절하다는 말로는 부족한 학살을 조우했지만 궁지에 빠진 여성들을 이용하지 않았습니다. 그 여성들을 이해하기는커녕 '대변'조차 하지 못할 때 우리에게는 이런 과제가 남습니다. '어떤 방법으로 성실하게 말문이 막히게 할까', '그 말문이 막히는 실상을 어떤 시행착오를 거쳐 고스란히 사람들에게 전달해야 하는가?' 더욱이 토르고브닉은 실천으로서 그 여성들을 위해 기금을 마련하는 활동을 합니다. 그의 사진집을 사면 구체적으로 도움을 받는 사람이 있습니다. 여기까지 해야 간신히 '그럭저럭 면피했다'라고 할 수 있다면 역시 맘 편히 말할 수가 없습니다.

아시겠죠. 우리는 '당사자'가 아닙니다. 여러분은 오늘 지금 이 자리에 있습니다. 그 말은 곧 죽지 않았다는 뜻입니다. 필시 집도 가족도 잃지 않았을 테고요. 물론 사태의 본성상 우리도 언제 그들처럼 될지 모릅니다. 그런 의미에서 우리와 그들의 입장에는 '상대적'인 차이밖에 없다고 할 수 있습니다. 그러나 상대적인 입장의 차이 자체가 '절대적'입니다. 그러므로 경솔하게 대변하는 것, 그리고 안이한 나와 '그들'을 농일화하여 감정직이 되거나 '설교'하는 것은 제 안의 뭔가가 강력하게 금합니다. 반면에 한편에서는 할 수 있는 일을 찾는 것이 도리라는 책임감이 듭니다. 그래서 봄 추천도서 특집 때 공공전파를 빌려서 간접적으로 이야기했습니다. 저 자신의 과제로서가 아니라 여러분 개개인의 문제로서 받아들이게끔 하려는 계획이 성공했는지는 불분명하지만.

또한 지금 이토 세이코 씨와 즉흥으로 약 열 장 분량의 자선 연작 단편을 한 꼭지씩 인터넷에 발표해서 기부금도 모으고 있습니다. 단행본이지만 이토 씨나 저나 인세는 모두 기부하기로 했습니다. 여기서도 마찬가지로 사망자와 피해자들을 이용하지 않고 이 압도적인 현실에 소설로 응답하겠다는 취지입니다. 직접적으로 지진을 소설의 소재로서 다루면 '이용'이 됩니다. 해서는 안 되는 일입니다. 그러나 그래도 꼭 '지금' 써야만 한다면 어떤 소설이어야 하는지 참으로 어렵지만 시행착오를 거치면서 실천하고 있습니다.

이상 열거한 몇 가지 이유로 더는 발언하고 싶지 않습니다. 크게 실망하시는 분도 계실 테지만 '지식인의 책임'을 다하지 않는다는 비난도 달게 받을 작정입니다. 그래도 저는 '놀이판'에는 끼고 싶지 않습니다. 그런 이유에서 많은 의뢰를 거절합니다.

그러나 오늘은 네, 맞습니다. 수상 기념 연설을 해야 해서 오지 않을 수 없었습니다. 따지고 보면 무언의 압력이지요. (웃음)

이번 지진에 관해 제가 드릴 수 있는 말씀은 무척 적습니다. 지진학도 원자물리학도 배운 적이 없는 문외한일뿐더러 설령 배운다고 해도 10년, 20년 배워서는 명함도 못 내밀 만큼 오랜 노고가 필요한 학문이니까요. 원래 저는 '뭐든 알고 있다'라는 지식인의 만능주의를 굳이 피하다가 글을 쓰게 된 인간입니다. 도저히는 아니지만 덮어놓고 말참견하는 것은 못 합니다.

그냥 담담히 데이터만 말씀드리겠습니다. 다음에 소개할 자료는 근처의 여느 공립도서관에 가면 누구나 꺼내볼 수 있는 다양한 백과사전과 『이과연표理科年表』, 『현대용어의 기초지식』이나 혹은 위키피디아에도 실려 있을 법한 지식이므로 아무런 전문성도 주장하지 않겠습니다. 여기 계신 여러분 누구나 즉석에서 얻을 수 있는 지식만 말씀드리겠습니다. 물론 이런 일이 발생했으니 저 같은 사람도 관련 서적 몇 가지는 읽습니다. 그러나 어제오늘 벼락치기로 익힌 지식은 공개해도 쓸모가 없을뿐더러 저의 역할도 아닙니다. 따라서 이 이야기는 오늘의 본론이 아닙니다. 부록입니다.

아직 21세기가 된 지 얼마 안 되었지요. 그럼 그 21세기의 일본에서 매그니튜드[01] 7 전후의 지진은 몇 번이나 일어났을까요. 어림잡아 족히 열아홉 번은 일어났습니다. 2003년 도카치十勝 해상에서 발생한 지진은 M 8.0. 2004년의 니가타 주에쓰中越에서 일어난 대지진이 M 6.8로 68명 이상의 사망자를 냈습니다. 2007년 니가타 주에쓰 해상에서 일어난 지진도 같은 규모고, 15명이 사망했습니다. 2008년 이와테岩手 미야기宮城 내륙 해상에서 발생한 지진은 M 7.0이며 23명이 죽었습니다. 열거한들 무

---

01 magnitude: 지진의 규모를 나타내는 척도로 진원震源에서 100킬로미터 지점에 설치한 특정 지진계로 관측한 지진의 최대 진폭 수치를 상용대수로 표시하며 기호는 M이다. 리히터Richter 규모라고도 한다. 이하 M으로 통일한다.

슨 소용이 있나 싶으니 이쯤에서 그만하겠습니다. 그런데 이후에도, 다시 말해 2010년대에만 아홉 번이나 추가로 발생합니다. 그리고 2011년에 동일본 대지진이 일어났습니다.

'매그니튜드'라는 단위가 생긴 것이 1935년이고, 보급되기까지 약간 시간이 걸렸을 테니 엄밀하게 측정한 수치라고 하기는 무리일 수도 있습니다. 그러나 아무튼 20세기 일본에서는 M 7 이상의 지진이 예순한 번 이상 발생했다는 말입니다. 19세기에는 스물아홉 번, 18세기에는 일곱 번, 17세기에는 여덟 번입니다. 그럼 대지진이 점점 늘고 있느냐 하면 물론 아닙니다. 기록에 남아 있지 않을 뿐입니다.

가령 17세기인 1605년, 난토카이南東海(또는 도난카이東南海) 지방에 게이초慶長 지진이 있었습니다. 진원지에서 동시에 또는 짧은 간격으로 잇따라 지진이 일어나는 연동형 지진이었습니다. M 8로 추정되며 일설에 의하면 2만 명이 사망했습니다. 옛날이니까 사망자수도 꽤 불확실하지만. 1611년 게이초 산리쿠慶長三陸 지진은 M 8로 추정되며 사망자를 5,000명이나 냈습니다. 이름에 나타난 대로 이번 지진과 거의 마찬가지로 이와테의 산리쿠 해상에서 일어난 지진입니다. 1662년에 오우미近江 지진은 M 7.4에서 7.8로 추정되며 4,000명의 사망자를 냈습니다. 1703년 보소房総반도 남단을 진원지로 한 M 8의 겐로쿠元禄 대지진에서는 사망자 5,000명. 4년 후 M 8.7의 도난카이 지방에서 발생한 연동형의 호에이宝永 지진은 사망자 2만 명 이상. 1717년 M 7.4의 야에야마八重山 지진에 따른 대형 해일로 사망자 1만 2,000명.

1793년 다시금 M 8.4의 산리쿠 해상 지진으로 사망자가 100명 등등입니다. 아직 메모한 것이 남았는데 계속해서 읽을까요.

약간 띄엄띄엄 읽겠습니다. 19세기면 에도 시대지요. 기록에 남아 있지 않은 지진도 많을 테지만 또렷이 기록으로 남아 있고 다수의 사망자가 나온 지진만 말씀드리겠습니다. 1843년, 47년, 54년, 54년, 55년, 91년, 96년. 방금 1854년을 두 번 말했죠. 이 안세이安政 도카이·난카이 지진은 M 8.4로 추정되는데 1년에 두 번 일어났고 역시나 추정이지만 총 6만 명이 죽었습니다. 그 이듬해에도 안세이 에도安政江戸 지진이 발생해서 1만 명이 죽습니다. 2년간 대략 7만 명의 사망자가 나옵니다. 1896년 메이지 시대에 접어들면 메이지 산리쿠明治三陸 지진, 또 산리쿠네요. 아무튼 산리쿠에서 M 8.2에서 8.5의 지진이 일어나 2만 2,000명이 죽습니다.

20세기입니다. 1911년에 M 8.0의 기카이지마喜界島 해상 지진으로 사망자 12명. 1923년에 M 7.9의 관동 대지진으로 사망자 10만 5,000명. 1927년에 M 7.3의 기타단고北丹後 지진으로 사망자 2,900명. 1933년 M 8.1의 쇼와 산리쿠昭和三陸 해상 지진으로 사망자 3,064명. 또 산리쿠입니다. 1943년에 M 7.2의 돗토리鳥取 지진으로 사망자 1,083명. 이렇게 계속 이어집니다. 이제 충분히 아셨죠. 좀 건너뛰겠습니다.

그러나 3년도 못 돼서, 3년도 채 지나기 전에 M 7 이상의 지진이 발생해 수백 명에서 수천 명의 사망자가 나옵니다. 44년, 45년, 46년, 48년, 52년에.

여기서 주목할 것이 있습니다. 1960년대부터 80년대에 걸쳐서 큰 지진은 열네 번밖에(!) 일어나지 않았습니다. 그리고 가장 사망자가 많았던 것이 104명입니다. 1960년대부터 80년대에 걸쳐서 예외적으로 일본은 큰 지진이 적었다고 할 수 있습니다. 거꾸로 말하면 열네 번'밖에'라고 해야 하고, '104'명이 '적다'라고 느낄 만큼 지진 다발지대에 살고 있습니다. 그런데 예외적으로 지진이 적었던 이 2년 동안 모두 뭔가 잊어버리지는 않았을까요. 이어서 1995년 한신·아와지阪神·淡路 대지진으로 M 7.3이 기록되고 6,437명의 사망자가 나옵니다.

현재 1,000년에 한 번 일어날 대지진이라는 헤드라인이 신문과 텔레비전에 난무하고 있습니다. 완전히 새빨간 거짓말까지는 아니어도 이렇게 보면 상당히 괴상하다고 하지 않을 수 없지요. 이 열도에서는 10년도 지나기 전에 1,000명 이상의 사망자가 나오는 지진이 일어납니다. 그러한 땅입니다.

괜찮으세요. 이것은 누구나 주변의 작은 공립도서관에서 한 시간만 조사하면 알 수 있는 간단하고 초보적인 사실입니다. 명백한 사실입니다. 이제까지는 복습이고, 제 이야기는 아직 본론에 들어가지도 않았습니다.

은폐되지 않은 것만 열거해도 이 일본 열도라는 나라에서는 원전사고가 상당히 자주 일어납니다. 지금부터는 '레벨 2 이상'이라고 '인정된' 사고만 말씀드리겠습니다. 따라서 유명한 '고속증식로Fast breeder reactor, 몬주文殊(지혜를 맡은 문수보살의 앞 글자만 딴 것)'에서 일어난 다양한 사고는 빠져 있습니다.

1978년 그 후쿠시마 제1원전 1호기가 레벨 2~3의 사고를 일으킵니다. 당시는 보고할 의무가 없었으므로 2007년에야 공표되었습니다. 89년 후쿠시마 제2원전 3호기가 레벨 2의 사고를 일으킵니다. 90년 후쿠시마 제1원전 3호기도 레벨 2의 사고를 일으킵니다. 91년 미하마三浜 제2원전 2호기가 레벨 2. 같은 해 91년 하마오카浜岡 원전 3호기가 레벨 2. 97년 도카이무라東海村의 재처리시설에서 레벨 2. 99년 시카志賀 원자력발전 1호기는 호쿠리쿠 전력北陸電力이 8년 동안 검사결과를 임의로 고쳐서 은폐했던 사실이 밝혀졌습니다. 아시다시피 이런 짓을 했던 것은 호쿠리쿠 전력만이 아니지만 그 탓인지 제가 가진 자료집에는 레벨이 1이나 3으로 차이가 나서 난감했습니다. 혹시 이 강연장에 소상히 아시는 분이 계십니까.

그리고 99년 같은 해 11월 12일, 이번 사고가 일어나기 전까지 일본 최대의 원전사고였던 도카이무라 JOC 핵연료 재처리시설의 사고가 일어납니다. 레벨 4였습니다. 저는 당시에 열여섯 살로 옆 동네에 살고 있었습니다. 막 학교를 그만두었던 터라 사고가 벌어졌는데도 여러 번 이 시설 앞을 지나다녔습니다.

이보다 하위 레벨에 해당한다고 알려진 2007년에 발생한 가시와자키柏崎 원전사고는 빠져 있습니다. 앞서 말씀드렸다시피 '몬주'도 빠졌습니다. 그 밖에도 다양하지만 굳이 넣지 않겠습니다. 그래도 이 정도는 공식적인 사실입니다. 은폐하거나 임의로 고친 것, 보고하지 않거나 의혹이 있는 것은 전부 뺐습니다.

체르노빌 원전사고의 존재 자체를 알리지 않아서 고르바초프가 격분했다는 이야기는 유명하죠. 그러한 일이 되풀이되어왔습니다. 국외로 눈을 돌리면 역시나 10년도 못 됩니다. 여러분이 열심히 경청하시니 기쁘지만 좀 지겹고, 치욕을 느낍니다. 이러한 세상의 존립을 용납해온 책임은 극히 일부일지언정 잠정적으로 제게도 있다고 생각하므로. 그러나 좀더 계속하겠습니다.

1957년 우랄 핵 참사가 소련에서 발생합니다. 당초에는 무슨 일이 일어났는지조차 모른다고 했던 원전사고지요. 지금도 정확한 전모는 밝혀지지 않았다고 옛날에 어느 책에선가 읽었던 기억이 납니다. 57년에 일어났지만 자료가 공개된 것은 글라스노스트[02] 이후입니다. 고르바초프가 분노한 나머지 "우리는 30년 동안 과학자와 전문가, 장관으로부터 체르노빌의 모든 것이 안전하다는 말만 들어왔다. 우리는 그 사람들의 말을 신처럼 믿었다. 하지만 그게 아니었다. 담당 부서나 과학 연구기관 등 모두가 통제력을 상실했다. 전체 시스템이 아첨과 굴종, 지도자들의 파벌과 연줄에 지배되고 있었다"[『선택—미하일 고르바초프 최후의

---

02 glasnost: 페레스트로이카perestroika, 노보예 무이슈레니에(new thinking)와 함께 고르바초프가 추진했던 개혁정책. 페레스트로이카는 낡은 세계를 고쳐 세운다는 뜻으로 '재건', '개편'으로 번역된다. 민주주의 정책과 자유시장 경제체계의 원리를 도입하고, 제한적으로나마 자유기업을 장려했으며 서방과의 관계를 정상화했다. 그 결과 냉전 시대는 종식되었고, 고르바초프는 노벨평화상을 받았다. 한편 '글라스노스트'는 페레스트로이카를 추진하기 위해 사상과 정보를 자유롭게 공유하는 정책이다. 소리를 내다, 자유로이 발언하다, 공표한다는 뜻으로 '공개openness'로 번역되며 당 기관지와 국영통신 등을 통해 부정부패, 사회 부조리 또는 정책 과오 등을 공개 보도했다. 끝으로 노보예 무이슈레니에는 '새로운 사고'를 뜻한다. 국가, 민족, 계급, 이념적 가치와 이익 등 모든 이해관계에 최우선하는 보편적 가치인 인류 생존을 수호하기 위해 공동체 의식으로 상호 협력하여 핵전쟁 방지와 국제관계에서 무력 동원을 배제하자고 제창했다.

자서전』(프리뷰)]라고 했다고 하므로. 소련공산당의 슈퍼 엘리트 관료였던 그에게조차 알리지 않았던 것입니다.

같은 해인 57년에 영국의 윈즈케일Windscale 원자력발전소에서 사고가 일어납니다. 피난명령조차 내리지 않고 은폐가 이루어졌습니다. 이 윈즈케일 원전사고도 자료가 공표되어 명확히 밝혀진 것은 30년 후입니다. 숨겨져 있었던 것입니다. 윈즈케일은 당장이라도 운행을 중지해야 합니다. 비록 반세기가 지났어도 여전히 위험합니다.

그 후 4년이 지난 61년. 미국 해군의 SL-1이라는 군사용 시험로에서 사고가 일어납니다. 마찬가지로 사고의 규모와 원인은 규명되지 않았습니다. 단지 체르노빌 원전사고 이전에 유일하게 즉각 사망자가 발표된 원전사고입니다. 두 명인가가 즉사했습니다.

거듭 말하지만 이것은 특별한 지식이 아닙니다. 백과사전과 통상적인 자료집에 다 실려 있습니다. 특별한 사전은 이용하지 않았습니다. 영어와 프랑스어 백과사전도 확인하려고 한 차례 참조했을 뿐이며 지금 말한 것은 일본어로 된 자료집에서만 인용했습니다. 따라서 절대 선택된 특정한 사람만이 접할 수 있는 특별한 정보가 아닙니다. 누구나 찾을 수 있는, 막말로 '시시한' 사실에 불과합니다. 조금만 더 이야기하겠습니다. 2년 후인 63년 프랑스의 생로랑 데조Saint-Laurent-des-Eaux 원전 2호기가 용해를 일으켜서 레벨 4의 사고가 납니다. 3년 후인 66년 10월 15일 미국 디트로이트 엔리코 페르미Enrico Fermi 고속증식로가 노심용융 meltdown(또는 노심용해)을 일으킵니다. 그리고 79년에는 미국 펜

실베이니아 주 미들타운의 스리마일 섬Three Mile Island, 86년에는 체르노빌 원전사고가 있었지요. 87년에는 브라질의 고이아니아 Goiânia라는 지방에서 방사선 사고가 일어나는데 원자력발전소에 의한 사건은 아닙니다. 2008년 프랑스의 트리카스탱 원전Site nucléaire du Tricastin이 방사선 누출사고를 일으켜 100명이 피폭합니다.

10년에 한 번꼴로 반복되나요? 지긋지긋합니다. 실로 헛수고입니다. 이렇게 열거해본들 이것이 전부라는 보장은 어디에도 없으니까요. 국가를 막론하고 은폐를 자행하기 때문이지요.

엔조 도円城塔라는 분이 계십니다. 도쿄대 물리학 박사학위를 가진, 수줍음을 타지만 항상 유머가 넘치고 인격도 재능도 훌륭한 작가입니다[134~166쪽 대담 참고]. 그가 그답게 자못 대수롭지 않다는 투로 괜찮다고 했으니 솔직히 현시점에서는 믿기로 했습니다. 그가 '정말이지 난처하다'라고 하면 그때 가서 어찌 처신할지 생각해보겠습니다. (웃음)

그 엔조 씨가 "지금 음모가 있다면 알고 있는 것을 숨기는 음모가 아니라 모르는 것을 파악하고 있다고 우겨대는 종류일 것"이라고 지극히 명민하게 말합니다. 무척 감명받았습니다. 이유가 뭘까요. 우선 첫 번째는 도쿄전력이든 정부든 사태의 전모를 파악하고 있다고 착각할 뿐 실제로는 아무것도 모르며, 사태의 전모를 파악하고 있는 사람도 없는 것은 아닌지 우려되기 때문입니다. 그러나 그보다 더 심각한 사실은 이러한 원전사고의 상황과 정보를 은폐하거나 비밀스럽게 감추는 사람은 정작 '자신이 무슨 짓을 하고 있는지' 모른다는 겁니다. 가장 중요한 사실을 모르고 파악하지 못합니다. 그래서 자신만 알고 있고, 혼란을 방지하기 위해서라는 구실로 정보를 차단한다고 여깁니다. 대체 무슨 근거로 그런 판단을 한답니까. 자신이 무슨 짓을 하고 있으며, 어떤 귀결을 초래하는지, 미래의 인류에게 어떤 화근을 남길지, 정말로 알기나 할까요? 그럴 리가요. 모르지만 전부 안다고, 파악하고 있다고 믿기에 그런 흉내를 낼 수 있는 것입니다. 이런 때 경계해야 할 대상은 '나는 뭐든지 안다'라고 떠드는 사람입니다.

또 하나. 간단히 말해서 제가 열다섯 살이 될 때까지 냉전상태가 존속했습니다. 지금 전 세계에 핵탄두가 몇 발이나 있는지 아십니까. 그런 이야기입니다. 이른바 '민감한 핵기술Sensible Nuclear Technology'까지 언급하면 이야기가 길어지므로 다음 기회로 미루겠습니다. 다행히 조만간 강연회가 열릴 예정이니 한 가지만 말하겠습니다. 히로시마와 나가사키에 투하된 원자폭탄의 방사선은 캐나다에까지 도달했습니다.

냉전 중에 발생한 원전사고도 있습니다. 그리고 핵실험 때문에 피폭한 사람도 많습니다. 제5후쿠류마루福竜丸 사건만이 아니라 전 세계에서 일어났습니다. 원자력 잠수함의 침몰사고도 여러 번 발생했으나 본론에 들어가기도 전에 또다시 열거하면 피곤하실 테니까 간단히 말씀드리겠습니다.

원자력 잠수함의 침몰과 노심용융은 공표된 것만 미소 양군이 합쳐서 20회가 넘습니다. 원자력 잠수함의 군사행동은 기밀

사항이므로 거의 공표되지 않았다고 봐도 좋습니다. 그중에는 서너 발의 핵탄두를 실은 채 침몰한 것도 있습니다.

물론 당연히 원자력 잠수함은 원자로를 싣고 있으며, 지금도 해저에 가라앉아 있습니다.

자, 다시 지진 얘기로 돌아갈까요. 1976년 세계 최대의 피해 자를 낸 것은 중국의 탕산 대지진唐山大地震입니다.

M 7.8로 60만 명이 사망합니다. 탕산이라는 도시 자체가 매 립되어 고스란히 묘지가 되어버렸습니다. 최근에는 2008년에 쓰촨 대지진四川大地震으로 8,700명의 사망자가 나옵니다.

2001년의 수마트라 해상 지진은 M 9.3으로 22만 7,900명이 죽습니다. 1990년의 이란 지진에서는 3만 7,000명, 1999년의 터키 대지진에서는 1만 6,000명, 2005년 파키스탄 지진에서는 10만 명이 죽습니다. 또한 2010년 M 7.0의 아이티 지진에서는 30만 명 이상이 사망합니다. 이 재해는 여전히 기억에 새롭습 니다.

지진이 일어나지 않는다고 알려진 유럽에서도 발생합니다. 이 탈리아는 유사 이래 지진이 빈발하는 곳으로 20세기의 이탈리 아만 해도 5만 명가량의 사망자가 나옵니다. 지금부터는 뒤와 연결되는 이야기인데 포르투갈의 수도 리스본의 경우 대지진이 16세기와 18세기에 각각 일어나서 총 13만 명가량이 죽습니다. 칠레와 페루는 지진의 명산지로 1960년 M 9.5의 칠레 지진에 서는 직접적인 사망자가 1,700명이었고, 해일은 일본에도 왔습 니다. 1970년 M 7.7의 페루 앙카시Ancash 지진으로 6만 7,000명.

2010년 칠레 지진은 M 8.8, 사망자는 452명입니다. 최근 사건만 말했으나 사실 칠레와 페루에서 일어난 지진의 역사는 더 거슬러 올라갈 수 있습니다.

유사 이래 20만 명 이상의 사망자가 나온 지진은 십 수 번 일어납니다. 대지진은 전 세계에서 일어납니다. 단지 앵글로색슨족이 살고 있는 지역만 지진 발생 빈도가 드물 뿐입니다. 약간만 눈을 돌리면 전 세계에서 지진이 일어나고 있습니다. 실제로 고베神戸에서는 1,000년이나 지진이 없었던 곳이라고 해서 시민이 안심했다고 합니다. 그러나 알고 보면 여간해서는 안심할 수 있는 곳이 없습니다. 일본만이 아니라 세계적으로.

아셨죠. 원전사고는 일어납니다. 지진도 일어납니다. 일어나지 않는다니 말도 안 됩니다. 우리는 미증유의 재해 속에 살고 있습니다. '디 온리 원The only one'의 사태입니다. 하지만 그 사태가 곧 '원 오브 뎀one of them'임을 음미해야 합니다. 본인도 한신 대지진의 피해자인 나카이 히사오中井久夫[이 책의 269쪽을 참조] 씨가 온리 원이라는 자각과 원 오브 뎀이라는 자각의 균형이야말로 정신건강에 중요하다고 말씀하셨습니다. '둘도 없는 하나'인 동시에 '여럿 중의 하나에 불과하다'라는 말입니다. 넓게 보면 우리는 피해자입니다.

그러나 도호쿠의 직접적인 피해자 분들의 입장에서 보면 우리는 피해자가 아닙니다. 말하자면 '후방지원'을 맡아야 하는 입장입니다. 도호쿠의 직접적인 피해자 분들에게는 그분들의 경험을 '디 온리 원'으로서 다뤄야 합니다. 그러나 어딘가에서 자신의 고통이 '원 오브 뎀'이며, 많이 일어났던 고통, 많은 참화 중 하나라고 객관적으로 보는 냉정한 시선을 확보해두어야 직접적인 피해자의 '디-온리-원-니스The-only-one-ness'를 지킬 수 있습니다. 자기 연민에 빠지거나 조증상태manic state와 우울상태depressive state를 반복하며 우왕좌왕해서는 아무런 도움도 되지 않습니다.

자, 드디어 서론으로 들어가겠습니다.

처음에 지진재해를 둘러싼 언설 게임에는 끼고 싶지 않다고 밝혔습니다. 이유는 이미 말씀드렸지만 실은 한 가지가 더 있습니다. 조르주 바타유Georges Bataille 등이 간접적으로 말한 문명을 안겨주는 '계몽의 빛'이 실로 야만적인 학살을 초래하는 '핵의 빛'을 창조하고 말았다는 역설입니다. 이 계몽주의의 발전에 부분적이나마 어떤 지진의 존재가 동기로서 작용했습니다. 물론 계몽 프로젝트는 대지진으로 시작해서 대지진으로 끝났다는 과장되고 안이한 말에 몸을 내맡기는 지경에 이르지는 않겠지만 스스로도 금하려고 합니다.

1755년에 리스본 대지진이 일어났습니다. 아시는 분도 계실 겁니다. 제가 18세기 사상사에 각별히 조예가 깊은 편은 아니므로 저보다 정통한 분도 계실 겁니다. 따라서 지금부터 하는 말도 일단은 교과서를 읽어드리는 셈 치십시오.

리스본 대지진은 M 8.7로 추정되며 6만 명이 죽었습니다. 난처하게도 11월 1일 만성절All Saint's Day이라는 기독교 대축일에 일어났습니다. 하필이면 성인을 기리는 축제일에 그런 재해가 일어났으니 18세기 지식인은 매우 동요합니다. 가장 난처했던 것은 신학자입니다. 신학적으로는 좀처럼 설명할 수가 없으니까요. 목숨 걸고 신을 섬긴 성인들을 모시는 날에 왜 우리가 신의 벌을 받아야 하는지 도무지 모르겠습니다.

아무튼 그래서 볼테르를 비롯한 계몽사상가들은 신학을 통렬히 비판합니다. 비단 라이프니츠만은 아니지만 그로 대표되는 생각이 있었습니다. '신은 전능하시고 자비로우시다. 그렇다면 이 단 하나의 우주는 이미 상상할 수 있는 모든 우주 중 가장 뛰어난 우주일 것이다. 악을 포함한 우리의 우주는 이미 상상할 수 있는 모든 우주 중 가장 최고다'라는. 그러나 이러한 참화를 목도하자 그 사실을 도저히 믿을 수가 없었습니다. 볼테르와 루소, 그리고 좀더 후세 사람인 칸트에 이르기까지 이 사태를 계기로 생각했다고 해도 결코 과언이 아닙니다. 루소가 '자연으로 돌아가라'라고 한 것은 리스본이 인구가 과도하게 밀집된 도시였기 때문이라는 이야기도 있을 정도입니다. 노파심에서 당부하는데 아주 엄밀히 말하면 루소의 '자연으로 돌아가라'라는 말을 액면 그대로 받아들여서는 곤란합니다. 따라서 이것은 루소의 언설이 아니라 '루소주의적 언설'입니다. ……이 루소주의적 언설도 이번 지진으로 되풀이되지 않을까 걱정입니다. 지금은 그 언설의 옳고 그름을 따질 때가 아닙니다. 지금 여기서 프랑스어 원전을 읽고 루소론을 얘기한들 무슨 소용이 있겠어요. 다음으로 넘어가겠습니다.

괴테는 리스본 대지진이 있었을 때 여섯 살배기 어린아이였지만 '더는 신의 섭리, 신의 이성, 신의 선성을 믿을 수가 없다, 신은 대체 어디서 뭘 하고 있는 거지' 하고 생각했다는 의미의 글을 썼습니다. 심지어 리스본 지진이 칸트가 '숭고'라는 개념을 자신의 미학에 도입하는 계기가 되었다는 논자도 있습니다. 극히 개인적인 생각이며 미학 계통의 학문조차 배운 적이 없는 자의 허언으로 받아들이셔도 상관없지만, 저는 아무래도 이 숭고라는 개념이 빈약한 듯싶습니다. 어떤 의미에서, 특히 현재에는 사고의 시야를 차단할 수밖에 없는 연막이라고 생각합니다. 물론 이 숭고라는 개념은 프로이트의 죽음의 욕동欲動, Trieb, 즉 충동이라는 개념이나 자크 라캉의 향락이라는 개념과 결부시켜 생각할 수도 있으며, 그런대로 맥락이 통합니다. 하지만 여기서는 깊이 들어가지 않겠습니다. 어쨌든 칸트는 초기에는 당연히 과학자입니다. 뉴턴이 이미 선구자로서 존재했으나 과학자치고는 구닥다리가 된 설에 얽매였던 탓에 별로 훌륭하다고 할 수 없는 논문이 초기 논문집에 들어 있습니다. 그러나 그 안의 지진에 관한 몇 가지 논고는 현대 지진학의 기원이라고 할 만합니다.

여기서 결정적인 형태로 의의를 상실해버린 근본적 비유가 나옵니다. 바로 '근거'입니다. 자크 데리다도 찬사를 보낸 독일의 철학자이자 베를린대학의 교수였던 그 사람[헤겔]이 이 대지진과 '근거'의 비유에 관해 매우 명석한 논문을 썼습니다. 그러나 무척 안타깝게도 상세한 근거로 삼을 수가 없습니다. 이 논문을 독일어판과 영어 번역판 모두 갖고 있었지만 이번 지진으로 책장이 무너져 어디론가 사라져버렸거든요. 참으로 얄궂지요. (웃음)

이 '근거'는 하이데거가 20세기에 다른 식으로 비판적으로 회복하려고 했습니다. 하이데거는 「근거율」이라는 논문에서 볼테르가 비판한 라이프니츠를 다시 거론하며 근거란 무엇인가를 재검토합니다. 『야전과 영원』에서도 논했으나 근거 혹은 이성, 토대는 독일어로 '그룬트Grund'라고 합니다. 영어로 말하면 '그라운드ground'입니다. '대지', '토지'와 같은 말이지요. 발을 디디는 이 대지만이 근거이자 이유이며 이성을 활용하는 무엇입니다.

리스본 대지진으로 이 근본적인 비유가 상실되었거나 적어도 쇠퇴해버렸습니다. 그룬트가 동요해버렸기 때문이지요. 기독교에서 신은 '이성'이며, 만물의 '이유'이자 '근거'이며 '선'입니다. 그러면 세계의 대지, 그룬트가 흔들렸다는 것은 세계의 근거가, 이세계를 관장하는 이성이자 이유가 흔들린 것이나 다름없습니다. 이 세계에 살 수 있는 하나의 장소가, 발을 디딜 장소가, 근거가 사라졌다는 뜻입니다. 신은 선이며, 그 신이 창조한 이 세계는 이성적이고 선하므로, 언젠가 결국 신에게 구원받으리라는 '근거'가 흔들렸습니다. 심하게 말하면 이 기독교적인 '근거=대지'라는 개념이 분쇄되어버린 겁니다.

그 말을 받아서 하이데거는 이렇게 말합니다. 근거율이란 무엇인가. 다시 말해 그룬트의 원칙이란 무엇인가에 대해 '모든 것에는 근거가 있으며, 원인이 있고, 이유가 있다'라고. 제 책에서 누누이 되풀이했으므로 간략하게 설명하겠습니다. 이를 인정하기 전에는 어떤 언설도 불가능합니다. 과학적 언설만이 아닙니다. 근거와 이유가 필요 없다고 박박 우기는 사람들도 일단 유사

시에는 정보가 얽히고설키면 잽싸게 출처부터 묻습니다. 유언비어가 아닌지, 정확한 출처가, 근거가 있느냐는 말이지요. 근거가 명확한지 묻는 질문과도 같습니다. 지금 실제로 벌어지고 있는 상황입니다.

모든 것에는 근거가 있습니다. 그러나 하이데거는 아주 명쾌하게 '모든 것에는 근거가 있으며, 원인이 있고, 이유가 있다'라는 명제 자체에는 근거가 없다고 합니다. 근거가 있다는 근거율 자체에는 근거가 없다고. 그럼 복습을 마치겠습니다.

드디어 본론입니다.

17세기 말부터 18세기 초에 살다가 자살로 생을 마감한 하인리히 폰 클라이스트Heinrich von Kleist라는 위대한 극작가이자 소설가가 있습니다. 꼭 읽어보세요. 작품마다 이상하리만치 투명하고, 무서운 속도로 전개되며, 잔학한…… 더욱이 전혀 허세를 부리지 않는 훌륭한 작가입니다. 무엇을 읽든 재미있어서 「산토도밍고 섬의 약혼」이나 「성 체칠리아 또는 음악의 힘」[둘 다 『미하엘 콜하스』(창비)에 수록] 등 걸작이 많습니다. 카프카가 애독했던 작가라고 하면 그의 위대함이 전달될까요.

그에게 『칠레의 지진』이라는 단편이 있습니다. 이미 이 소설 한 권만으로 능히 짐작하고도 남습니다. 이어서 줄거리를 말씀드릴 텐데 걱정하지 마세요. 위대한 소설은 내용과 결말을 안다고 재미가 줄어들지는 않습니다. 반대로 사사키의 책은 만만해서 저마다 다른 방식을 이끌어내는 기쁨마저 용솟음칩니다. 진정한 예술작품은 그런 법입니다. 꼭 구해서 읽어보세요.

1647년의 칠레 산티아고에서 일어난 지진의 이야기라고 서두에 적혀 있습니다. 스페인의 식민지였던 칠레의 산티아고에 예로니모 루게라라는 젊은 남자가 귀족의 딸 요제페의 가정교사로 고용되었습니다. 그런데 두 사람은 어느새 사랑에 빠졌고 관계를 갖습니다. 화가 난 요제페의 아버지는 딸을 수도원에 집어넣습니다. 그러나 예로니모도 그리 간단히 포기하지 않습니다. 대담무쌍하게도 수도원에 숨어들어가 하룻밤을 보내고 요제페는 임신하여 필리프라는 아들을 낳습니다. 이는 당시로서는 엄청난 스캔들입니다. 수도원 안에서 그런 일이 벌어졌으니까요.

예로니모는 투옥되고, 요제페는 참수형에 처해집니다. 절망한 예로니모는 감옥에서 칠전팔도七轉八倒합니다. 갖은 고초를 겪은 그의 귀에 야속하게도 사형집행을 알리는 종소리가 울려 퍼집니다. 이젠 틀렸나 싶은 순간 지진이 일어나더니 감옥은 순식간에 허섭스레기가 산더미처럼 쌓입니다. 목숨만 겨우 건진 예로니모는 탈출합니다. 밖은 아수라장이지요. 시체가 나뒹굴고, 다들 우왕좌왕하며 유언비어가 난무합니다. 그러한 헛소문이 퍼지는 와중에 요제페의 목이 날아가는 장면을 자기 눈으로 똑똑히 보았다는 한 사내의 말을 듣고 예로니모는 아연실색합니다.

그런데 그대로 걸어가니 요제페가 있습니다. 아들인 필리프와 함께 살아서 감동적인 재회를 합니다. 실은 처형대가 지진으로 폭삭 무너졌고, 그 바람에 요제페를 고발한 수도원장도, 수녀도 모두 죽었습니다. 두 사람을 억압하고 단죄하려 했던 법도 질서도 제도도, 그것을 지지했던 사람들도 전부 날아가버렸습니다. 죄가 사라졌습니다.

여기서 언뜻 보면 지극히 기묘한 묘사가 이어집니다. "그러는 사이에 오직 시인만이 꿈꿀 수 있는 가장 아름다운 밤이, 놀랍게도 부드러운 향기와 은빛을 번쩍이며 조용히 다가왔다."[『칠레의 지진』(세종)] 매우 아름답지요. 법과 질서가 운산무소雲散霧消, 즉 흔적도 없이 산산이 흩어진 뒤 아름다운 밤이 오는 것입니다.

거기서 예로니모와 요제페는 친구이자 군사령관의 아들인 돈 페르난도를 만납니다. 돈 페르난도의 부인은 엘비레, 그 동생은 콘스탄체라고 합니다. 돈 페르난도도 아내인 엘비레와의 사이에 주앙이라는 아들을 두었는데 엘비레가 지진의 충격으로 젖이 나오지 않으니 요제페에게 나눠달라고 부탁합니다. 요제페는 쾌히 승낙하고 페르난도의 가족과 더불어 그 주변 사람들과 어울립니다. 그러자 매우 유토피아적인 아름다운 협력 공동체 같은 것이 등장합니다. 아까 말한 밤의 아름다운 묘사와 꼭 어울리는.

읽어드리겠습니다. 예로니모와 요제페는 이렇게 생각하지요. "그들은 다만 꿈을 꾼 것이 아닌가? 사람들은 그 무서운 지진이 강타한 후로 모두 화해를 한 듯했다. 사람들은 아무리 생각해보아도 그 지진이 있기 전의 일들을 기억할 수 없었다." 지진이 일어나기 이전은 흡사 꿈과 환상인 듯하다, 그 이전의 일은 기억하지 못하고 없었던 일이 되었다, 완전히 단절되어서 다른 세계에 살고 있는 듯하다고.

분명 거기서 불온한 예감이 드는 묘사가 끼어들기는 합니다. 살아남은 수도사들이 세상의 종말이 왔다고 악을 쓰거나, 목숨만 겨우 건져서 도망친 억울한 남자가 잔학하게 목이 졸려서 살해당하는 묘사도 나옵니다. 불길합니다. 하지만 "사실 모든 사람들의 지상의 재산이 파멸해가는, 그리고 전 자연이 파괴될 위기에 처한 이 끔찍한 순간에 인간의 정신이 마치 예쁜 꽃처럼 피어오르는 듯이 느껴졌다. 눈길이 닿는 한 들판에는 온갖 신분의 사람들, 영주와 거지, 귀부인과 농부의 아내, 국가 공무원과 일용 근로자가, 그리고 수사들과 수녀들이 어우러져 드러누워 서로를 동정하고, 서로 도움을 주고, 그들의 생명을 유지하기 위해 얻은 것이면 무엇이든 기꺼이 나눠주었으며 마치 다 함께 겪은 재난이 거기서 살아남은 모든 생존자들을 한 가족으로 만든 것처럼 보였다.

평소 세상 사람들이 차를 마시며 화제로 삼는 무의미한 이야기 대신에 사람들은 이제 놀라운 사실을 실례로 들면서 이야기했다. 평소에 사회에서 남들로부터 별로 주목받지 않았던 사람들은 로마의 무사와 같은 영웅적인 행위를 보여주었다고 했다. 예를 들면 수많은 대담성, 위험에 대한 기쁜 대결, 자기부정과 거룩한 희생, 쓸모없는 물건을 버렸다가 곧 되찾게 되는 것처럼 주저하지 않고 자신의 생명을 포기하는 것 등이었다."

지진으로 이 세상의 근거인, 즉 이 세상 법의 근거이기도 한 것이 동요했습니다. 이 세상의 선의 근거인 동시에 죄와 벌의 근거이기도 한 그룬트(근거, 대지)가 흔들렸습니다. 따라서 질서가 날아가버렸습니다. 그것은 거꾸로 말하면 우리를 가로막는, 우리를 구별하는, 우리를 차별하는, 우리 사이에 격차를 초래하는 질서 또한 파괴되었다는 뜻이기도 합니다. 고로 달콤한 꿈을 꾸는 자연상태(정치사회가 형성되기 이전의 상태)에서 아름다운 공동체 감정이 샘솟습니다. 질서 없는, 법 없는, 친밀하고 헌신적인 공통체가 나타납니다.

그런 와중에 유일하게 재난을 피한 도미니크회가 미사를 집행하는 취지를 알립니다. 도미니크회에 대한 인상이 어떠하실지 모르지만 남미에서는 억압받았던 현지인을 보호하는 수도사도 있는가 하면 여러 가지 복잡한 역사적 과정을 겪었습니다. 적어도 이 소설의 등장인물들에게는 이상한 단체는 하나도 없습니다. 불안하긴 하지만 다들 미사에 갑니다.

대사제가 죽었으니 그를 대신해서 대성당 참사회원이 연설을 시작합니다.

어딘가에서 들었던 것 같은 이야기를 꺼냅니다. 이 가공할 재앙은 산티아고 시, 나아가서는 칠레가 도덕적으로 퇴폐하고 사리사욕에 물들어서 만행을 저질렀기 때문에 신이 내린 천벌이라고 합니다. 거듭 말하지만 17세기의 이야기인데도 귀에 익은 소리죠. (웃음)

그리고 대번에 이 천벌을 초래한 장본인으로 예로니모와 요제페를 지목합니다. 그런데 이때 매우 기묘한 사태가 벌어집니다.

20세기 최대의 법학자 중 한 사람인 카를 슈미트Carl Schmitt는 대지Erde 혹은 대지와 같은 근거Grund를 법과 강하게 결부시킵니다. 영토성과 법은 깊게 다루지 않겠습니다. 그의 『대지의 노모스─유럽 공법의 국제법』을 다시 읽어볼 필요가 있을 듯합니다. 하지만 우리의 논리로 이해하면 쉬운 이치이므로 일단 제쳐두겠습니다. 법은 근거 없이는 존재하지 않으며, 그것 자체가 바로 누군가를 재판하는 근거이기도 합니다. 법은 근거지만 법에는 근거가 필요합니다. 여기에는 모순이 있습니다.

그런데 그 법의 근거이자 근거라는 법인 '대지'가 요동친 것입니다. 또한 우리의 법률상의 동일성, 아이덴티티identity는 법률로 보장됩니다. 법률이 있고, 법률에 의한 제도가 있으며, 거기에 등기되거나 등록되어 이를테면 '주민등록증'이 발행되고 법률적으로 '나'라는 것을 증명할 수 있습니다. 그러나 정말로 그런 모든 '근거'가 요동치고 질서와 함께 붕괴해버렸다면 무슨 일이 벌어질까요.

자기동일성을 상실해서 누가 누군지 모르고 식별할 수가 없습니다. 클라이스트는 그 상황을 다양하게 사실적으로 묘사합니다. "여기에 있소!"라는 절규가 울려 퍼졌을 때 페르난도는 그의 아들 주앙을 안은 채 요제페를 호위하고 있었습니다. 예로니모를 찾아내서 죽이려고 연신 "예로니모는 어디 있느냐!"라고 외쳐대던 군중은 공교롭게도 페르난도를 예로니모로 착각합니다. 누가 누군지 모르니까요. 페르난도는 군인이므로 잘 대응하지만 예로니모는 이번에도 도망치지 않고 "농담이 아니야. 예로니모는 나다. 죽이려면 나를 죽여라"라고 하며 앞으로 나섭니다. 그러자 페르난도도 기지를 발휘해서 예로니모를 가리키며

"이 사람은 예로니모가 아니다. 이 사람은 용기를 내서 나를 구하려고 했을 뿐이다"라고 합니다. 그야말로 난장판입니다.

요제페가 자기 아들과 돈 페르난도의 아들인 필리프와 주앙을 안고 도망치려는데 충격적인 일이 벌어집니다. "이놈이 예로니모 루게라다", "내가 안다. 왜냐하면 내가 그놈의 아비이기 때문이다"라고 외치는 소리가 나자마자 예로니모를 냅다 곤봉으로 내리쳐서 살해하고 맙니다.

이 대목을 설명 빼고 간결하게 한 줄로 써내려간 클라이스트는 천재라고 생각합니다. 설명이 아예 없어요. 정말로 이 말을 한 것이 예로니모의 아버지였는지 아닌지 일언반구도 없습니다. 그뿐만 아니라 아버지는 이제껏 한 번도 나오지 않습니다. 단지 그 말을 했던 남자가 예로니모를 죽였다고 썼습니다. 당연하지요. 동일성이 붕괴되어버렸으니 예로니모의 아버지라고 자처하는 대사만 한 줄 남긴 채 사라진 이 살인자가 정말로 그의 아버지가 맞는지 누가 압니까. 모르는 채로 예로니모는 간단히 살해당합니다.

계속해서 군중이 "요제페는 어디 있느냐"라며 찾습니다. 그리고 돈 페르난도의 아내의 동생인 콘스탄체 또한 요제페로 착각해서 가차 없이 잔혹하게 살해합니다.

그런데 다음 순간 또다시 군중 틈에서 "아니! 내가 진짜 요제페니 여기 있는 나를 죽여라!"라고 외치는 소리가 났고, 격분한 페르난도는 검을 빼들고 요제페를 도우려고 계속해서 맞서 싸웁니다. 자신이 존재하는 탓에 친구가 잇따라 살해당하자 견디다 못한 요제페도 스스로 자기 이름을 대고 곤봉으로 군중에게 맞아죽습니다. 페르난도는 남은 예로니모와 요제페의 아들 필리프와 자기 아들 주앙을 안고 차례차례 일곱 명을 때려눕힙니다. 이 대목은 정말 눈부시리만치 뛰어납니다. 그런데 돌연 곤봉을 든 페드릴로라는 구두장이가 페르난도의 품에 안겨 있던 두 아이 중 한 명의 다리를 낚아채더니 머리 위로 빙빙 돌리다가 교회 기둥의 모서리에 내동댕이쳐서 머리통이 박살나고 맙니다. 그 순간 누구의 아이가 죽었는지 독자는 짐작조차 못 합니다. 마지막 단락까지도 끝내 알 수가 없습니다. 죽은 아이가 주앙인지, 필리프인지. 동일성이 붕괴된 결과를 여실히 보여주는 장면입니다.

……죽은 아이는 주앙이었습니다. 페르난도와 부인 엘비레는 가까스로 도망쳤으나 품에 안겨 있는 것은 친아들 주앙이 아닌 필리프입니다. 페르난도는 필리프를 부둥켜안고 "내 친아들처럼 느껴져"라고 말합니다. 역시나 동일성, 아이덴티티를 상실했다는 말이지만 촌스럽게 이런 말을 되풀이해야 하나 싶을 만큼 이 소설은 선명하고 강렬하게 이 장면에서 막을 내립니다.

선명하고 강렬하다마다요. 구구한 설명이 참으로 가소로워 보일 정도로 단번에 말합니다. 그룬트(대지, 근거)의 붕괴에 의한 법과 질서, 그리고 동일성의 와해로 긍정직인 공동사회[03]와 부정적인 폭력이 동시에 출현할 가능성에 대해서. 이러한 사태를 결코 얕봐서는 안 됩니다. 자크 라캉이 『에크리Écrits』에 첫 번째로 실린 에드거 앨런 포의 소설 『도둑맞은 편지』[04]에 대한 논문에서 시니피앙signifiant(기표)과 (타인의) 욕망에 관해 철저히 고찰했듯이. 질 들뢰즈가 마르셀 프루스트와 카프카, 레오폴트 폰 자허마조흐[05]의 소설을 논하며 다양한 근원적인 사실을 고찰했듯이.

바르트나 푸코도 이러한 접근은 했습니다. 오로지 소설과 문학작품을 통해서만 생각할 수 있는, 이러한 예술작품을 통해야 훨씬 치밀하게 연구할 수 있는 것이 있습니다.

이를 구시대적인 문학 취미라고 부른다면 사카구치 안고의 말을 인용해서 대답하지요.

"나는 문학 만능이다. 왜냐하면 문학이란 꾸짖는 어머니가 없고, 화내는 내자가 없어도 돌아오면 야단맞는다. 그런 곳에서 출발하기 때문이다. 따라서 문학을 신용할 수 없다면 인간을 신용

---

03 Gemeinschaft: 독일의 사회학자 페르디난트 퇴니스Ferdinand Toennies는 인간관계와 사회결합의 유형을 공동사회와 이익사회Gesellschaft로 구분했다. 공동사회는 가족·친족·시골마을·민족처럼 땅·피·인종으로 이루어진 전통적인 집단으로서 구성원은 무조건적 이해와 공감을 바탕으로 정서적 유대를 구성한다. 하지만 집단에 대한 무분별한 찬양이나 집단 내·외부의 타인에 대한 억압의 근거가 되는 한계가 있다. 한편 이익사회는 도시·정당·회사·국가 등 구성원의 계약·조약·협정에 의한 단체로서 구성원 개인의 선천적 한계를 넘어 합리적 사유에 의한 자유로운 선택이 가능하다.

04 자신의 권위가 달린 매우 중요한 편지를 분실한 왕비와 편지를 훔친 장관, 왕비에게 일어난 일을 모르는 왕과 여왕의 명령으로 8개월간 편지를 찾는 경감(상상계), 사립탐정 뒤팽이 등장인물이다. 편지 자체가 기표, 즉 욕망이어서 드러나지 않을 때만 권능을 발휘하며(자아도취로 상상계에 해당하며, 언어학적으로는 욕망 달성이 가능하리라 믿기에 은유에 해당한다), 드러나면 위력을 상실한다(상징계로 바뀌어 환유가 된다). 요컨대 상상계와 상징계가 뫼비우스의 띠처럼 연결된 것이 실재계이며, 상징계 혹은 대타자Other가 주체의 위치를 규정한다는 라캉의 이론이 잘 드러나 있다.

05 Leopold Ritter von Sacher-Masoch: 1836~1895, 오스트리아의 소설가. 작품 속의 육감적인 묘사 때문에 그의 이름에서 마조히즘이라는 말이 유래되었다. 저서로 『모피를 입은 비너스』, 『영혼을 낚는 여자』, 『유대인의 생활』 등이 있다.

할 수 없다는 생각이기도 하다"라고. 이 말은 나중에 설명하겠습니다. 오늘 이야기의 주제는 안고론이니까요. 아직 본론이 아닙니다.

확인하면서 진행하겠습니다. '법은 근거이고, 그러나 근거는 법이다.' 여기에 모순이 있습니다. 그리고 이 모순에서 질서와 제도 혹은 도덕과 규칙이 파생해 우리가 우리 자신이고, 내가 나 자신이라는 자기동일성도 유지할 수 있습니다. 따라서 타인과 착각해서 살해당하는 일은 없습니다.

근거가 동요한다는 것은 믿을 수가 없다는 말입니다. 합리적인 것이든 미적인 것이든 근거가 없으면 신앙도 성립하지 않으니까요. 예로니모는 요제페가 참수당하는 것을 보았다는 헛소문을 믿을 뻔했죠. 하지만 뜬소문이었습니다. 그리고 형 집행이 중지되고, 법 없는 공동체가 출현합니다. 아름다운 협력, 아름다운 우애가 생깁니다. 그러나 공동체는 외부를 배제함으로써 성립하므로 무질서할 때 외부의 배제를 저지할 수 없는 것이 이치입니다. 그리고 처참한 폭력을 휘두르기도 합니다. 그것은 표리일체입니다. 물론 필연은 아닙니다. 아까 말한 라디오 프로그램에서도 말씀드렸다시피 폭력은 필연이 아닙니다. 그런데 클라이스트의 예술가로서의 예리한 자질이 여기서 똑똑히 그것에 경종을 울립니다. 그 울림을 들어야 비로소 깨닫습니다. 여러 말하지 않겠습니다.

어이없게도 우리 또한 지진 이후로 누구의 말을 믿어야 할지 종잡을 수가 없게 되었습니다. 의심이 의심을 낳는 상황에 내몰렸습니다. 자기가 옳다고, 정보를 갖고 있다고 주장하는 사람들의 말도 하나같이 정치적인 꿍꿍이속이 있는 것처럼 들립니다. 저 작자는 원전 반대파니까, 혹은 원전 추진파니까, 정부에서 돈을 받았다거나, 도쿄전력에 연줄이 있기 때문이라거나, 정부 고위 관료에게서 들은 이야기라거나, 비공개 사실이라는 둥.

곰곰이 생각하면 우리는 유럽 철학자가 했던, 서구의 말에만 존재하는 비유를 이용하여 잇속을 챙기는 이야기에 쉽게 걸려드는 것 같습니다. 그만큼 우리가 근대에 절어 있는 것입니다. 그런데 우리가 절대로 모르는 사실이 있습니다. 자신이 얼마만큼 근대에, 즉 유럽에 침식당했는지, 어디까지 침식당하지 않았는지를 모릅니다.

좀 전에 하던 이야기로 돌아가겠습니다. 자기동일성의 붕괴에 관한 정의를 말했죠. 제가 저라는 사실을 증명하려면 어떻게 하면 좋을까요. ID카드나 면허증을 제시해야만 합니다. 한데 이상하지 않나요. 내가 나인 사실을 누구보다 잘 아는 사람은 바로 본인입니다. 그런데도 외부에서 준 증표나 ID카드, 예를 들어 시청이나 경찰청의 도장이 찍힌 것을 보여주기 전에는 내가 나인 것을 인정해주지 않습니다. 내가 나라는 근거는 외부에서 구할 수밖에 없습니다. 그러나 외부의 근거가 동요하면 누가 누군지 모릅니다. 바꿔 말하면 내가 나인 것을 믿을 수 없다는 뜻이기도 합니다. 지진이 일어나기 전과 후의 내가 동일인물인 것을 믿을 수가 없습니다. 기억이, 역사가 사라집니다. 클라이스트도 묘사했듯이 이전의 나와 이후의 내가 차단됩니다.

한신·아와지 대지진에서 수집한 많은 증언이 이를 뒷받침합니다. 뭘까요. 임시주택에 모인 노인들이 자신들을 방문한 의사와 자원봉사자들에게 열심히 앨범을 보여줍니다. 지진 전의 자기 사진이지요.

그러면서 '이게 접니다'라고 말합니다. '여기 출신이고, 이것은 여차여차해서 이러이러할 때 찍은 사진으로 여기 이 사람과 저는 같은 사람입니다'라고 호소합니다. 단절을 느꼈기 때문입니다. 말할 필요도 없이 내가 나인 것은 개인사를, 자신의 이야기를 하면 보증됩니다. 어디서 태어나고, 어떻게 자라서 이런 고난을 극복해 지금 이 자리에 있다는 자신의 역사를 말하면 자신의 동일성은 성립합니다. 지진은 그것을 파괴해버립니다. 여러분도 지금 그런 감정을 갖고 계실지 모릅니다. 지진으로 기묘한 조증상태가 되거나 우울상태가 되는 사람은 대개 그렇습니다. 짚이는 데가 있으시죠.

내가 나라는 사실을 멍에로 느끼는 사람은 조증상태가 됩니다. 그리고 내가 나라는 사실을 기뻐하는 자의식이 과도하면 우울상태가 됩니다. 단지 그 얘깁니다. 차분해집시다. 여기에 있는 사람들은 필시 피해자가 아닙니다. 최전선에 있는 사람들이 아니니까요. 조증상태이거나 우울해하고 있을 판국이 아닙니다. 그럴 자격이 없습니다. 그뿐입니다.

이리하여 지진이란 그룬트의 동요이며 근거의 동요이므로 거기에서는 법과 질서와 신앙이 붕괴하고 동일성이 붕괴합니다. 클라이스트가 가공할 필력으로 썼듯이 근거 없고 끔찍하게 잔학한, 부도덕하고 암담하며 비도덕적이어서 우리를 무한히 뿌리치는 노골적인 현실을 드러낸 것이지요. 이 세상에 근거가 있다니 거짓말일지도 모릅니다. 하이데거가 말한 대로 모든 것에 근거가 있다는 명제 자체에는 근거가 없으니까요. 설령 이 세상에는 선과 도덕이 있고, 근거와 법이 있으며, 신앙이 있다는 말이 전부 거짓일지라도 그런 사실이 드러난 순간 진정한 협력, 공동체가 탄생하지만, 지독히 처참한 상황이 생길 가능성도 있습니다. 그러한 생각을 30장가량의 원고에서 한껏 표현한 것입니다. 클라이스트는 그 당시에 벌써.

자, 드디어 본론인 안고의 이야기입니다. 이 클라이스트가 묘사한 '현실'을 '고향'으로 바꿔 부르면 안고의 이야기가 됩니다.

사카구치 안고는 「문학의 고향」이라는 매우 유명한 수필에서 이렇게 말합니다. 근거도 도덕도 정의도 선도 아무것도 없다, 도덕이 없다, 비도덕적이다, 우리를 무한히 뿌리치는 참혹한 현실이 '문학의 고향'이라고. 더욱이 그 참혹한 현실을 '고향'이라는 그리운 말로 부른 것은 역시 클라이스트와 뭔가 공통성을 지닌 듯합니다. 자, 인용하겠습니다.

그리하여 종국에는 참혹한 것, 암담한 것만이 유일한 구원입니다. 비도덕적이라는 것 자체가 도덕인 것과 마찬가지이듯이 암담한 것 자체가 구원입니다.

저는 여기에서 문학의 고향 혹은 인간의 고향을 봅니다. 문학은 여기서 시작됩니다. 저는 그렇게 생각합니다.

여러분, 자못 안고답다 싶으시죠. '타락하라'라고 했던 사람답 습니다. 허망한 도덕, 허망한 선을 그만두고, 생생한 현실을 보 라고 말하는, 자못 안고다운 안고입니다. 분명 어느 정도까지는 맞는 말입니다. 어느 정도까지는 분명 안고는 그렇게 말합니다. 하지만 이 정도의 말은 누구나 할 수 있지요. 새삼스레 읽을 필 요도 없습니다. 조숙한 중학생도 할 수 있습니다.

지금 읽어드린 "종국에는 참혹한 것, 암담한 것만이 유일한 구원입니다. 비도덕적이라는 것 자체가 도덕인 것과 마찬가지이 듯이 암담하다는 것 자체가 구원입니다. 저는 여기에서 문학의 고향 혹은 인간의 고향을 봅니다"라는 부분은 다양한 안고론 에서 인용되는데 무슨 이유인지 여기서 인용을 멈춥니다. 제가 읽은 안고론은 전부 그랬습니다. 물론 모든 안고론을 읽은 것은 아니지만요. 그러나 제 생각에는 다음 문장이 가장 중요한 구절 같습니다. 거기서 그만둬서는 안 됩니다. 그럼 그 구절을 마저 읽겠습니다.

그리하여 종국에는 참혹한 것, 암담한 것만이 유일한 구원입니 다. 비도덕적이라는 섯 사체가 도덕인 것과 마찬가지이듯이 암담 한 것 자체가 구원입니다.
저는 여기에서 문학의 고향 혹은 인간의 고향을 봅니다. 문학은 여기서 시작됩니다. 저는 그렇게 생각합니다.

도덕관념이 없는amoral, **이 냉정한 이야기만이 문학이라는 말은 아닙니다. 아니, 저는 오히려 이런 이야기를 그다지 높이 평가하지 않습니다. 왜냐하면 고향이란 우리의 요람이긴 하지만 고향으로 돌아가는 것은 결코 어른의 일이 아니니까요**(필자가 강조).

……무슨 말일까요. 기묘한 반전이 여기에 있습니다.

안고는 이 수필에서 우선 근거 없는, 잔학하고 참혹한, 노골적인 현실을 직시해야 한다고 말합니다. 그러나 여기서 거기로 돌아가는 것은 어른이 할 일은 결코 아니라고 말합니다. 실제로 그렇게 적혀 있습니다. 대체 무슨 말일까요.

사카구치 안고의 대표작으로 일컬어지는 「타락론」이라는 아주 유명한 수필이 있습니다. '타락하라, 타락하라'라고 말하지요. 그런데 사람들은 이 에세이를 단순한 이야기라고 생각합니다. 과연 그럴까요. 천만에요. 굉장히 어렵고 난해한 수필입니다.

보통의 상식적인 독자라면 「타락론」을 다음과 같이 해석할 것입니다. 종전 후에 완전히 허구인 것이 드러난 허망한 도덕, 허망한 선이나 정의로부터 타락하라고 했다고. 허망한 정의와 선과 도덕을 부정하고 생생한 현실로 돌아가는 것이 타락하라는 뜻이라고. 그래서 무뢰파라고 합니다. 의지할 것이 없는 파이므로 근거가 없는 것이죠.

분명 안고 자신이 예를 든 바와 같이 천황 폐하를 위해 아름답게 구슬처럼 산산이 부서지려고 했던 특공대원은 먹고살기 힘들어지자 전후에 군수물자를 빼돌려서 돈벌이를 하는 암거래

상이 됩니다. 그 비참한 현실을 타락이라고 부른다면 타락하면 됩니다. 제 말이 틀렸나요. 정말로 사실인 모양이나 전쟁 중에 소설가는 전쟁미망인이 불륜을 저지르는 내용의 소설을 써서는 안 되었습니다. 절개가 굳은 여성은 일부종사해야 한다고 여기던 시대니까요. 그러나 전쟁으로 남편을 여읜 미망인도 재혼합니다. 이상한 처녀 신앙은 별것 아닙니다. 안고는 반드시 전쟁미망인도 새로운 모습을 가슴에 투영할 것이다, 특공대는 암거래 상이 된다, 천황 폐하를 위해 죽으라니 농담하느냐고 씁니다.

충분히 공감이 가는 말입니다. 전쟁 중의 도덕성이든, 괴상한 무사도든, 천황제든, 처녀성의 옹호든 뭐든 안고는 권위주의적인 도덕성을 비판합니다. 그리고 도덕관념이 없는 비도덕적인 우리의 온전한 생존, 삶이 고스란히 드러난 현실을 긍정하는 듯합니다. 분명 그렇게 보입니다.

그런데 전쟁 중에도 도덕적이었을까요. 정말로 그랬을까요. 사람을 죽입니다. 사람이 살해당합니다. 이상하지요. 제가 멋대로 하는 말이 아니라 안고 자신이 전쟁의 아름다움에 대해서 한 말입니다.

도쿄 대공습을 필두로 그는 잔학한 전쟁과 파괴를 조우합니다. 엄청나게 많은 사람이 무참히 사망했습니다. 그리고 그 처참한 운명이, 그리고 그 운명에 순종했던 사람들이 피차 한 치 앞도 모르는 처지지만 기묘하게도 한데 어울려서 서로 도우며 살아가는 모습이 아름답다는 글을 씁니다. 위대한 파괴도, 그것에 노출된 인간들도 아름답다고 안고는 「타락론」에서 말합니다.

천천히 진행하겠습니다. 읽어드리겠습니다. "그 위대한 파괴 아래서는 운명은 있었지만 타락은 없었다." 거기까지는 아시죠. 그러나 그다음에 이런 문장이 이어집니다. "성난 불길 속을 헤치고 무사히 도망쳐 나온 사람들은 불타고 있는 집 옆에 떼 지어 모여서 추위로 언 몸을 녹였다. 필사적으로 불을 끄는 사람들로부터 1자(30.3센티미터) 떨어져 있을 뿐인데 완전히 다른 세상에 있었다."

……아까부터 조금씩 뭔가가 합치합니다. 우리가 말해왔던 재해, 지진재해, 지진, 학살, 공동체, 전쟁, ……차츰 조리에 맞지요. 안고도 전쟁이라는 비상사태에서 그의 독특한 표현으로 '인간이 없는' 듯한 모종의 공동체가 나타났다는 의미의 말을 합니다.

그러나 안고의 말에 의하면 전쟁 중에는 타락하지 않았습니다. 도덕이 있었다는 말입니다. 지금 인용한 안고의 말을 다시 한번 음미해보세요. 비도덕적이지 않나요. 남의 집이 불타고 있건만 태연히 몸을 녹이고 있습니다. 바로 앞에서 그는 그러한 광경을 보는 것이 즐거웠다고 말합니다. 파괴의 광경이 아름다웠다고 말합니다. 안고의 이 말은 모순일까요. 혼란스러운 걸까요. 전혀 앞뒤가 맞지 않는 말을 그저 감정대로 휘갈겨 쓴 걸까요. 결단코 아닙니다. 오해입니다.

물론 전쟁 통에 도덕은 무슨 얼어 죽을 도덕입니까. 전쟁 자체가 비도덕적입니다. 단적으로 숱한 사람이 사지로 내몰리거나 살해당했습니다. 어리석은 이데올로기 때문이죠. 무슨 근거로 선이고 정의이며 이성이라고 하는지 황당합니다.

그러나 여기서 상황이 기묘해집니다. 안고의 타락하라는 말은 도덕성에서 비도덕성으로 이행하라는 의미라고 여겼습니다. 하지만 잘 생각해보면 그 '전쟁 중의 도덕성'은 '비도덕성'입니다. 전쟁 중에 도덕을 기대하기는 무리니까요. 고로 타락하라는 명령은 '비도덕성에서 비도덕성으로 이행하라'라는 의미가 되고 맙니다. 의미가 사라져버립니다. 타락하라는 말은 무의미한 명령인가요. 아닙니다. 아니라면 대체 무슨 의미일까요. ……실은 안고는 여기서 가장 니체에 근접한 말을 합니다. 읽어드리겠습니다.

위대한 파괴, 그 가공할 애정. 위대한 운명, 그 가공할 애정. 그것에 비하면 패전의 표정은 한낱 타락에 불과하다.

……타락하라고 하지 않았나요. 전쟁 중에 타락하지 않았으니 전후에는 타락하라고 했잖습니까. 그러나 여기서는 '패전의 표정은 그저 타락에 불과하다'라고 실제로 말합니다. 앞서 인용한 부분의 바로 뒷문장입니다. 마치 위대한 파괴가 더 훌륭했다는 듯이. 아시겠습니까. 이것은 「타락론」입니다. 같은 수필입니다. 같은 문장에서 전혀 반대의 말을 합니다. 그리고 다음 줄에서 이런 말을 꺼냅니다.

하지만 타락이라는 이 놀라운 평범함. 그 평범한 당연함에 비하면 저 처참한 파괴가 낳은 위대한 애정이나 운명에 순종하는 사람들의 아름다움도 물거품처럼 헛된 환영에 지나지 않는다는 기분이 든다.

기다리라고 말하고 싶어지죠. 어느 쪽입니까. 타락하라고 하면서 종전 후의 평범한 인생보다도 그 흉포한 파괴와 그 아래서 살고 있던 사람들은 아름다웠다고 말합니다. 그러나 그다음 줄에서 그 뻔뻔스럽게, 꼴사납게 살아남는 평범한 타락의 당연함에 비하면 전쟁의 위대한 애정, 위대한 파괴 따위는 대수롭지 않다고 단언합니다. 안고가 혼란스러워서 하는 말인가요. 비논리적인가요. 지리멸렬한가요. 아닙니다. 단연코 아닙니다. 그는 정확히 알고 있습니다. '비도덕성에서 비도덕성으로의 이행'이 타락이라는 것을 잘 압니다. 뚜렷한 증거를 제시하겠습니다. 계속해서 읽겠습니다.

전쟁에서 졌기 때문에 타락하는 것이 아니다. 인간이기에 타락하는 것이며, 살아 있기에 타락할 뿐이다. 그러나 영원히 타락하지는 못하리라. 왜냐하면 인간은 강철 같은 마음으로 고난을 견딜 수 있기 때문이다. 인간은 가련하고 연약하며, 그래서 어리석은 존재지만 철저히 타락하기에는 너무 약하다.

또 이상한 말이 끼어들었죠. 이 말에 의하면 타락은 '어려운 일'입니다. 위대한 파괴. 하루에 10만 명이 죽은 도쿄 대공습보다도 타락하기가 더 힘듭니다. 남들처럼 평탄하게 살기가 더 힘들다고. 타락이란 무엇인지 이쯤 되니 또 모르겠습니다. 대체 무슨 의미일까요.

「속續 타락론」으로 옮겨서 좀더 명확히 말합니다. 인용하겠습니다.

타락 자체는 언제나 시시하며 그저 악일 뿐이지만 타락이 가진 성격 중 하나에는 고독이라는 위대한 인간의 실상이 엄연히 존재한다.

타락은 시시한 것이었습니다. 그렇게 적었습니다. '비도덕성에서 비도덕성으로 이행하는 것'이므로 타락의 의미는 사라진다고 했습니다. 그래서 안고 자신이 타락은 시시하다, 무의미하다고 한 것입니다. 무슨 말일까요.

거듭해서 집요하게 묻겠습니다. 타락이란 무엇일까요. 지금의 우리에게도 필요할 타락이란, '타락하라'라는 명령은 대체 무엇일까요. 물론 그는 이렇게 말합니다. 천황제든 무사도든, 처녀성이든 무엇이든 우리가 빠져 있었던 것을 버릴지언정 자기 자신의 천황제와 처녀성, 도덕성, 본인이 믿는 법과 규칙과 근거를 발견하기 위해서만 철저히 타락해야 한다고. 안고는 "자기 자신의 처녀를 찔러 죽이고, 자기 자신의 무사도, 천황을 고안하려면 올바른 길로 철저히 타락하는 것이 필요하다"라고 말합니다. 그러나 끈질기게 물고 늘어집시다. 아직 모르겠습니다. 납득하려면 이 정도로는 미흡합니다. 고작 수십 쪽 분량의 책입니다.

계속해서 곱씹으며 읽읍시다. 안고의 책은 어느 시대나 읽을 수 있습니다. 그래서 그가 위대한 것입니다. 압도적입니다. 여러 번 말하지만 한 번만 읽어도 아는 책을 쓴다면 대단한 인물이 아닙니다.

타락하라는 말은 우선 '비도덕성에서 비도덕성으로의 이행'입니다. 그러나 동시에 '다른 도덕성을 도출하기 위해 비도덕성에서 비도덕성으로 옮겨가는 것'이어야 합니다. 안고는 그렇게 말합니다. 난해하죠. 잘 모르시겠죠. 읽어드리겠습니다.

나는 타락하라고 외치지만 실제 의미는 그 반대이며, 현재의 일본이, 그리고 일본적 사고가 지금 엄청난 타락으로 몰락하고 있어서이다. 우리는 이러한 봉건성이 잔존하는 계략으로 가득 찬 '건전한 도의'에서 추락해서 **알몸으로 진실의 대지에 내려서야만 한다.** 우리는 '건전한 도의'에서 타락함으로써 진실한 인간으로 복귀해야 한다(필자가 강조).

부합하지요. '타락하라'라는 말은 무의미한 '비도덕성에서 비도덕성으로의 이행'만은 아닙니다. 새로운 도덕을 수립하려면 먼저 도덕에는 근거가 없다고 직시해야 합니다. 그것을 가리켜 타락이라고 말합니다. 아시겠습니까. "알몸으로 진실의 대지에 내려서야만 한다." 오래된 대지가 분쇄되고 말았습니다. 그렇다면 새로운 대지를 창조해야 합니다.

앞서 니체와 비슷하다고 했지요. 니체에게 차라투스트라는 이렇게 말합니다. 예수가 너희들은 아이들처럼 순수하지 않으면 하늘나라에 갈 수 없다고 하자 이 말에 반항해서 차라투스트라는 이렇게 말합니다.

물론 그대들은 어린아이처럼 되지 않으면 저 하늘나라에 들어가지 못한다. 그러나 우리는 하늘나라에 갈 생각이 전혀 없다. 우리는 어른이 되었다. 우리는 지상의 나라를 원한다[『차라투스트라는 이렇게 말했다』(열린책들)].

그 책이 어떤 말로 시작했는지 기억해보세요. "초인은 대지의 뜻이다"로 시작했습니다. '타락하라'라는 정언명령categorical imperative(행위의 결과와 상관없이 행위 자체가 선이기 때문에 무조건 수행해야 하는 도덕적 명령)은 무엇을 의미할까요. 그것 자체가 근거 없는 근거, 비도덕적인 도덕을 탈피해서 피안으로 가라는 의미입니다. 그리고 역시나 근거 없고 비도덕적인지도 모르지만, 그래도 새로운 근거, 새로운 대지를 창조하라는 의미입니다. 피안으로 이탈하는, 아니 이탈이 아닙니다. 아까 말한 대로 일단은 '비도덕적인 것에서 비도덕적인 것으로의 이행'이므로 어디로 가는 것도 아닙니다. 도망칠 곳도 출구도 없으므로 탈출도 이탈도 아닙니다. 어디로도 도망칠 수 없습니다. 그렇다면 방법은 무엇일까요. 지금 여기서 바스러진 대지, 즉 근거를 새롭게 만드는 것이 아닐까요. 아무리 더럽혀졌을지라도 살 수 있는 근거를 새로이 발견하기 위해, 이 대지에 하나의 장소를 만드는 것입니다.

안고는 왜 문학 만능이라고 했을까요. 기억나시죠. 맞습니다. "문학이란 꾸짖는 어머니가 없고, 화내는 내자가 없어도 돌아오면 야단맞는다." 그렇습니다. 문학에는 돌아갈 곳이 없습니다. 필시 도망칠 곳도 없지요. 그것이 문학입니다.

타락이란 무엇인가. 모든 거대한 파괴, 방대한 죽음으로 모든 근거가 분쇄된 후에, 모든 도덕이 허망하다는 사실이 폭로되고 일체 믿을 수가 없게 된 후에, 그것들의 근거가 없다는 사실이 속속들이 알려진 후에 다시 창조해야 한다는 말입니다. 설령 앞으로 우리가 창조하는 것도 근거가 없으며 비도덕적이고 아무것도 아니어서 언젠가 또 무참히 박살날지라도.

타락하라, 타락하라, 그리고 문학만이 타락의 조건입니다.

벌써 시간이 다 되었군요. 몇 가지 인용하겠습니다. 『일본문화사관』입니다.

교토와 나라奈良의 오래된 사찰이 모조리 불타도 일본의 전통은 미동도 하지 않는다. 일본의 건축조차 미동도 하지 않는다. 필요하면 새로 지으면 된다. 판잣집으로 충분하다.

그런 뜻입니다. 하나 더. '불량소년과 그리스도'라는 다자이 오사무의 추도문입니다. 말하고 보니 그는 원폭이 투하되고 얼마 후 나가사키를 방문했습니다. 그의 출신지는 니가타 시내이므로 가시와자키柏崎 가리와제羽 원전에서 분명 전차로 90분도 걸리지 않았을 겁니다. 앞서 말한 이른바 '민감한 핵기술'을 언급하지 않으면 원자력의 평화적 이용은 허망하다는 사실을 모르실 테니 다음에 인용하는 문장을 어떻게 바꿔 읽을지 애매하네요. 음, 오늘은 이 정도면 충분하시죠. 아무래도 위대한 안고의 말에 결말을 짓기는 역부족이므로 방자하지만 마지막으로 어떻게 바꿔 읽을 수 있을지는 객석에 계신 여러분께 넘기겠습니다. 읽겠습니다.

원자폭탄을 발견하는 것은 학문이 아니다. 어린아이의 놀이다. 이것을 통제하고, 적당히 이용하여 전쟁일랑 하지 않고 평화로운 질서를 생각하는 한도를 발견하는 것이 학문이다.

자살은 학문이 아니다. 아이의 놀이다. 처음부터 한도를 아는 것이 우선 필요하다.

나는 이 전쟁 덕분에 원자폭탄은 학문이 아니다, 어린아이의 놀이는 학문이 아니다, 전쟁도 학문이 아니다, 라는 것을 배웠다. 과장된 것을 과대평가하고 있었던 것이다.

학문은 한도의 발견이다. 그래서 나는 싸운다.

우리는 이미 어른입니다. 고향에 돌아가는 것은 우리의 일이 아니었습니다. 우리는 지상의 나라를 원해야 합니다. ……이상입니다. 경청해주셔서 고맙습니다. 내단히 감시합니다.

2011년 4월 15일,
기노쿠니야 서던시어터 제81회 기노쿠니야 서던세미나에서

굴욕이 아니라 치욕을: 혁명과 민주제에 관하여

이번 사태의 추이를 보면 이렇게 생각할 수밖에 없습니다. 1981년에 이란·이슬람 공화국이 성립했을 때 미셸 푸코가 했던 말처럼 '이슬람을 혁명의 힘으로 살기'는 이제 불가능할 것이라고. 이란 혁명을 기회로 보인 동요와 그리고 최대한 진실하게 사고했던 그를 기억할 적마다 가히 침통한 심정에 사로잡히지만.

프랑스에서 정말로 오늘(2011년 4월 28일) 출간되는 책이 있습니다. 페티 벤슬라마가 쓴 『돌연 혁명이!*Soudain la révolution!*』라는 책입니다. 그는 튀니지 출신의 무슬림으로 피에르 르장드르를 본받아서 학문을 닦은 정신분석가입니다. 출판 전에 PDF 파일로 읽었는데 거기에도 증언으로 등장합니다. 역시나 그들은 화가 났습니다.

우선 이번 튀니지에서 일어난 혁명을 '재스민 혁명'이라고 부르는 것 자체에. 시위에 참가한 이백 수십 명이 살해당합니다. 그런데도 무혈 혁명으로 부를 수 있습니다. 무슨 말인가 하면 시위에 참가한 사람들이 저격대에게 일방적으로 사살당했으나 그래도 시위대는 폭력을 휘두르지 않았습니다.

그러한 혁명에 서구의 언론매체는 일방적으로 재스민 혁명이라는 이름을 붙였습니다. 다시 말해 매우 온건하고 길들여진 인상을 주려고 합니다. 튀니지 사람들은 당연히 달가워하지 않습니다. 그러니 오늘은 이번 사태를 시종일관 '튀니지 혁명'으로 부르기로 합시다.

하던 얘기로 돌아가겠습니다. 적어도 현 단계에서 이 사태는 1981년의 이란·이슬람 혁명과는 다릅니다. 이번에는 유럽 대 이슬람이라는 구도가 통하지 않습니다. 최소한 이른바 '이슬람 급진주의'나 일본에서 잘 통하는 '이슬람 원리주의'인지 뭔지 하는 이름의 혁명은 아닙니다. 참가자의 상당수는 무슬림이지만 세속적인 무슬림입니다. 유럽 대 이슬람이라는, 어떤 의미에서 통속적인 대립구도로는 이 사태를 가늠할 수 없습니다. 서구적 가치관 대 비서구적 가치관이라는 대립구도로도 수렴되지 않습니다. 또한 세속화된 유럽과 종교적 이슬람이라는 대립축도 성립하지 않습니다. 따라서 어떤 의미에서는 위와 같은 단순화시킨 구도의 테두리 안에서 '비유럽'의 혁명적 잠재세력을 찾는 태도도 통용되지 않습니다.

간단한 사실부터 지적하겠습니다. 튀니지의 지네 엘 아비디데 벤 알리Zine El Abidine Ben Ali 대통령도, 이집트의 무바라크도 국내에 신자유주의를 주입한 정치가입니다. 튀니지와 이집트, 일본도 그러하듯이 과거 수십 년에 걸쳐서 신자유주의의 실험장이었습니다. 당연히 중산층은 몰락하고 빈곤층은 확대됩니다. 일본은 젊은 층이 적지만 이 두 나라를 비롯한 아랍 국가들은 대부분은 젊은 층이 많아서 인구의 60~70퍼센트를 차지합니다.

그 젊은 사람들이 빈곤에 빠집니다. 학력이 있건 대졸자건 매한 가지예요. 그런 상황의 튀니지에 무하마드 부아지지라는 스물여섯 살의 남자가 있었습니다. 대학을 나왔으나 일자리가 없었습니다. 호구지책으로 광장에서 과일 노점상을 하려고 했더니 경관이 폭행하고 몰수해서 항의하려고 분신자살을 했습니다. 시너인지 가솔린인지는 몰라도 머리부터 뿌린 뒤 몸을 불살랐습니다. 분신자살은 여간해선 죽지 않아요. 2주 정도 연명하다가…… 결국 죽고 맙니다. 그 뒤 '우리는 무하마드 부아지지다'라는 말이 순식간에 퍼져서 혁명의 원동력이 됩니다.

부아지지가 죽었을 때 그를 추모하기 위해 삼삼오오 촛불을 들고 모여들었습니다. 불 밝힌 초를 밤의 광장에 늘어놓았습니다. 그러나 거기에 어리석은 이슬람 원리주의자들이 찾아와 추모객들과 촛불을 무참히 짓밟고 돌아다녔습니다. 이유는 부아지지가 자살했기 때문입니다. 일신교에서 자살은 금기입니다. 게다가 '촛불'이라는 물질로 추모하는 행위는 넓은 의미에서 우상숭배가 됩니다. 그래서 해산시키려고 찾아온 겁니다. 이런 완고한 원리주의를 용서하기 힘든 이유는 제 책에서 꼼꼼하게 이론을 세워 비판했으므로 반복해서 설명하지 않겠습니다. 그러나 부아지지를 추모하는 촛불을 태연자약하게 짓밟은 그들이 분명 이상한, 뭔가 결여된 인간들이라는 사실은 이유를 주워섬기지 않아도 아시겠지요.

튀니지는 원리주의의 힘이 상대적으로 약한 나라입니다. 따라서 그런 무리는 소수파에 불과합니다. 맘만 먹으면 얼마든지 힘으로 배제할 수 있습니다. 그런데 한 여성 블로거가 의연하게 이렇게 호소합니다. 그들에게 폭력을 휘두르는 것을 무하마드 부아지지가 바라겠느냐. 바라지 않는다. 멋대로 하라고 하라. 마음껏 짓밟으라고 내버려둬라. 그러거나 말거나 우리는 다른 장소에 몇 번이고 추모의 촛불을 다시 세우면 그만이라고.

그러므로 당연히 이슬람 급진주의의 발흥이 아닙니다. 단순히 서구 대 이슬람이라는 이야기가 아닙니다. 그렇다고 해서 '서구화'한 젊은이의 봉기도 아닙니다. 이러한 젊은이들이 무슬림이 아닌 것은 아니니까요. 물론 기독교적 가치관을 객관적·중립적·과학적이라는 미명하에 전 세계에 강요하며 반성하는 시늉도 하지 않는 서구의 자세는 얼마든지 비판적인 시선으로 주시해야 합니다. 그러나 여기서는 오히려 '이슬람 급진주의'와 '세속적인 이슬람'의 차이가 나타납니다. 이슬람으로의 원리주의적인 회귀를 바라는 것은 아닙니다. 여기에 일찍이 푸코가 희망을 걸었던 이란·이슬람 혁명과 현재의 아랍 혁명의 압도적인 차이가 있습니다.

아차……, 지금 경솔하게도 아랍 혁명이라고 불렀군요. 물론 이 호칭도 정확하지는 않습니다. 이슬람 급진주의에 의한 혁명은 분명 아닙니다. 이번 사태와 관련된 사람들은 아랍인만이 아니니까요. 종교의 경우도 이집트라면 콥트교도와 다른 기독교도도 있고 다신교도도 있습니다. 인종 또한 아랍인만이 아니라 다양한 인종이 있습니다. 상이집트Upper Egypt에서는 특히나 그러합니다.

그럼 민족주의nationalism의 발흥이냐 하면 그렇지도 않습니다. 여느 나라의 민족주의처럼 이집트 민족주의에도 얽히고설킨 갖가지 계보가 있습니다. 일례를 들면 20세기의 이집트 지식인에 의한 '파라오니즘pharaohnism'이 있습니다. 아랍·이슬람을 초월해서 고대 이집트로 회귀하라는 성격을 갖고 있지요. 하지만 주변의 신문기사 등을 보면 이것이 지금 부흥하고 있다고는 생각할 수 없습니다. 그런가 하면 미국의 한 저널리스트는 이번 사태가 일어나자마자 무슬림 형제단Muslim Brothers이 배후라고 했는데 천만의 말씀입니다. 바람직하지 못한 말을 한 사실을 눈치 챈 그들은 재빨리 꽁무니를 뺍니다. 그리고 다음 번 총선 때 반대로 무슬림 형제단이 갈 것이라는 말을 듣습니다. 향후의 추이는 모릅니다. 이런 일에는 항상 군부의 문제가 따르니까요.

다만 이집트 혁명은 분명 반이스라엘적 성격을 갖고 있습니다. 공공연히 행동하지 않은 것은 잘한 일이라고 생각하지만. 아시다시피 이집트의 무바라크 정권은 가자 지구의 남부 국경을 봉쇄함으로써 이스라엘의 대팔레스타인 정책에 협력했습니다. 당시 무바라크는 팔레스타인의 상황에 찬성하는 뜻을 표했습니다. 이것은 이집트인에게 무슨 의미일까요. 이스라엘은 야만적인 중동세계에서 유일한 민주주의 국가이며, 유럽적 가치관을 짊어진 '민주주의의 방파제'이므로 서구는 이스라엘을 원조해야 한다는 야비한 언설을 서구의 언론매체에 뿌립니다. 이 언설에 이집트인들도 찬성하는 뜻을 표명한다는 의미입니다. 강제로 찬성하라는 의미입니다. 나중에 상세히 설명하겠지만 이것은 순전한 '치욕'이며, 이번 사태는 이들이 당한 치욕에 대한 반항이기도 합니다.

튀니지도 이집트도 매우 재미있습니다. 그들은 처음부터 '반미'를 주장하지는 않았습니다. 그럼에도 하는 짓은 명백히 미국의 정책에 적대적입니다. 그러나 공공연히 '반미'를 주장했다가 무슨 일이 일어날지 아시죠. '지도자'라고 칭하는 자의 지시는 고사하고 정당의 지도도 없이, 동시다발적인 사건과 항의행동이 연쇄적으로 일어나서 우연히 정치적으로 매우 정교하고 치밀한 고도의 전략이 됩니다. 진정한 '전략'의 탄생이라고나 할까요.

요점은 이슬람 대 유럽이든, 민족주의의 발흥이든 그러한 알기 쉬운 도식에 수렴된 시점에서 이 혁명은 죽는다는 것입니다. 이름 붙일 수 없는 것, 이제껏 이름이 없었던 것의 봉기이기에 '혁명'이라고밖에 부를 수 없는 과정이 진행됩니다. 무엇이 봉기했는지 모릅니다. 반동적 이슬람이 아닙니다. 서양적 가치관을 가진 선진적인 젊은이들이 페이스북 등을 이용해서 벌인 일이라고 입방아를 찧지만 장담할 수는 없습니다. 서구의 부르주아는 부자인 학생 패거리가 벌인 짓이라고 하는데 말짱 거짓말입니다. 그럼 빈곤층이 많은 상이집트에서도 시위가 다발했던 사실은 어떻게 설명합니까.

그래서 무슨 일이 일어났을까요. 안이한 설명을 요구해서는 안 됩니다. 설명이 가능하다면 혁명은 끝났다는 뜻이니까요.

푸코가 이란·이슬람 혁명 때 뭐라고 했나요. 그는 원래 지식인이라는 호칭을 싫어했습니다. 무엇이든 설명할 수 있는 만능 지식인으로 불리기를. 하지만 당시에는 굳이 나는 지식인이다, 지금 내가 그렇지 않다고 했다면 웃음거리라고 했습니다. 그리고 지식인의 역할이란 특이성, 즉 달리 이름 붙일 수도, 비교할 수도 없는 독특한 무언가가 봉기했을 때는 단호히 그들 편을 드는 것이라고 말했습니다. 푸코가 그렇게 말했을 때와는 상황이 다르지만 이 통찰력은 여전히 통합니다. 물론 특이성은 꼬리표 붙이기에 어울리지 않습니다. 설명할 수 없는 것이 돌연 봉기하는 게 바로 혁명이며, 간편한 해설로 해결될 일이라면 혁명이 아닙니다. 당사자인 튀니지인, 이집트인조차 이렇게 되리라고는 예상하지 못했으니까요. 상황을 지켜보다가 오만불손한 태도로 득의양양하게 이렇게 될 줄 알았다는 듯이 설명하는 사람의 말에 절대 귀를 기울여서는 안 됩니다. 그것은 정확한 의미에서 '반혁명'입니다.

아무래도 그 이야기를 할라치면…… 화제의 순서가 바뀌었네요. 저는 신문을 거의 읽지 않으며, 이번 사건에 관한 전문지식도 전무합니다. 3월 11일부터, 아니 훨씬 이전부터 공부를 해오셔서 저보다 정통한 분도 많이 계실 겁니다. 그러니 혹시라도 틀리면 아무나 자유롭게 발언하시고 정정해주세요.

먼저 기본적인 것부터 확인하겠습니다. 6개소의 핵연료 재처리공장이 아오모리에 있지요. 전국의 원자력발전소에서 다 쓴 핵연료를 회수해서 재차 우라늄과 플루토늄을 회수하기 위한 공장입니다. 그 공장이 무슨 목적으로 존재하는지 아십니까. 핵병기입니다.

핵병기를 개발하는 권익을 일본이라는 나라가 보유하기 위해 존재합니다. 핵병기를 제조하기 위한 기술을 민감한 핵기술이라고 하는데, 핵병기 보유국이 아닌데도 이 민감한 핵기술을 전부 보유하고 있는 것은 이 나라뿐입니다. 이 기술은 우라늄 농축, 핵연료 재처리, 그리고 고속증식로로 성립합니다. 다시 말해 고속증식로도 몬주도 핵병기를 제조하기 위해서 존재합니다. 몬주가 1995년 나트륨 누설 화재사고가 발생한 후로도 여러 번 심각한 사고가 반복되었던 사실은 아시죠.

원자력을 평화적 목적이 아닌 그릇된 목적으로 이용하고 있다는 말은 아닙니다. 1954년 나카소네 야스히로中曾根康弘와 당시 개진당改進黨 의원들의 예산 제출을 발단으로 55년 말까지 일본 원자력 체제의 기반이 창설되어 56년부터 작동했습니다. 이를 잠정적으로 '일본 민감 핵기술 55년 체제日本機微技術の五五年体制'라고 부르는데, 이 체제는 처음부터 극명하게 국가정책으로 국가 안전보장을 위한 핵기술의 보유를 전제로 했습니다.

아시겠습니까. 일본의 원자력 발전은 아예 언제든 핵무장이 가능한 힘을 확보하기 위해 창설된 것입니다. 원자력의 평화적 이용이라는 주장은 허방합니다.

자……, 물론 다양한 의견이 있습니다. 헌법 제9조에 비춰서 '전력戰力'을 보유하는 것은 인정되지 않지만 전력에 해당하지 않는 핵병기라는 것이 있지 않은가, 전략핵이라면 몰라도 전술핵은 전력에 해당하지 않으니 보유해도 괜찮다는 국회 답변과 국회의원의 발언은 그 이후로도 줄곧 존재합니다. ……이 얼마나 너절한 궤변인가요. 전력에 해당하지 않는 핵병기? 눈 가리고 아웅 하는 꼴입니다. 용납할 수 없는 일입니다. 무슨 명분으로 그토록 구차한 술책을 동원하면서까지 핵병기 제조기술을 보유해야 하는지 알다가도 모르겠습니다. 이 나라에서 우리의 세금으로, 국민의 일원인 원전 노동자의 목숨을 희생시키면서 밀어붙이는 이 일에 대체 법적인 정통성이 있긴 한가요? 없습니다. 55년 체제는 종식되지 않았으며, 분쇄되어야 합니다.

원전은 기반시설 비용infrastructure cost이 비싸서 화력과 수력에 비해서도 매우 비효율적이라고 말하기 이전의 문제입니다. 구구한 논쟁은 모조리 건너뛰고 방자하게 이렇게 말해야 합니다. 헌법 위반이다, 주권자인 국민에 대한 반역이라고. 단순히 법률적으로도 이상합니다. 이 중에 원전 추진파가 계셔도 여기까지는 괜찮으시죠. 원전 추진파인 여러분은 원자력의 평화적 이용을, 에너지원으로서의 원자력 발전을 긍정하시는 거죠. 아니면 핵병기를 원하십니까. 안타깝지만 그것은 헌법상 무리입니다.

분명 이 나라에는 핵무장을 하고 싶어하는 사람들이 있습니다. 그래서 원자력 발전 체제를 유지하려고 합니다. 좋습니다. 그렇다면 그렇게 말하는 사람들은 정면으로 헌법을 바꿔야 합니다. 배후에서 엉거주춤한 자세로 살금살금 계책을 꾸밀 게 아니라. 아시겠습니까. 소박하게 묻겠습니다.

여러분은 핵병기를 원하십니까?

그런 문제입니다, 이것은.

어떤 사람이 최근 원자력 발전 추진인지, 원자력 발전 반대인지 국민투표를 하자고 한 모양입니다. 하지만 일본국 헌법은 국민투표는 헌법을 개정할 때만 실시한다고 규정되어 있습니다. 그 이외의 사안은 대상에서 제외됩니다. 그래서 군이 그 말을 꺼냈겠지만. 그러나 그보다 앞서 논의할 것이 있습니다. 일본이 핵무장을 해야 할 당위성의 여부부터 국민투표에 부쳐야 합니다. 헌법 제9조를 개정해야 하는지 아닌지 국민투표를 해야 한다는 말입니다. 결국은 거기로 귀착합니다.

그럼 국민투표를 하면 됩니다. 그렇죠. 단순하게, 간단히 생각하면 그게 결론입니다. 그런데도 자민당이나 민주당이나 피해 다니기만 합니다. 핵무장을 하느냐 마느냐 때문에 국민투표를 한다면 '핵무장을 한다'에 투표하는 사람은 상당히 소수일 테니까요. 원전 하나를 폐쇄하는 일만 해도 몇 년이 걸릴지 몰라서 야단법석이건만 핵탄두를 만들고, 핵탄두 제작에 필요한 원전과 증식로를 또 만들다니 제정신입니까. 그것도 언젠가는 전부 노후되므로 폐기해야 할 때가 오는 법입니다. 미국도 노후되어 위험한 핵탄두를 수십 년에 걸쳐 교체 중입니다.

군사기밀에 속하므로 거의 비공개지만 핵잠수함 사고도 몇 년에 한 번꼴로 발생합니다. 자료를 읽으면 '미소 핵잠수함 충돌사고, 상세불명, 침몰한 것으로 추정'이라는 한 줄로 끝납니다. 하지만 핵탄두든 원자로든 적재하고 있지요. 그럼 침몰한 그 핵잠수함들은 어디로 갔을까요. 그들은 원래 구닥다리가 된 핵잠수함용 원자로는 바다에 버리거든요. 육상의 핵병기 사고도 군사기밀이어서 알려지지는 않았지만 여러 번 있었습니다. 동해[일본해]에 버린 것도 있습니다. 미국과 소련에서 골백번이나 실시했던 핵실험으로 피폭한 희생자도 세계 각국에 있습니다. 그리고 원래 일본이 자국 부담으로 핵무장하려고 했다면 적어도 그 준비로서 최소한 몇 번은 핵실험을 해야 합니다. 어디서 할까요. 민감한 핵기술을 갖고 싶은, 즉 핵무장을 하고 싶은 사람들이 거기까지 생각이나 할는지 의문이군요. ……결국 원자력이든 핵병기든 전혀 통제가 불가능합니다.

아무튼 55년에 핵무장을 목표로 했던 것은 사실입니다. 화장실 갈 적 마음 다르고 올 적 마음 다르다고 참으로 어처구니가 없습니다. 사카구치 안고는 이렇게 말했습니다,

국방력이 없는 나라에 침공한 끝에 패배해서 비무장이 되지만 지금은 어디선가 흉악범이 쳐들어오기라도 하는 양 국방력과 군대가 필요하다고 호들갑을 떠는 꼴이 영락없이 무뢰한의 똘마니들이로구나. 유치장에서 나와 그 길로 냉큼 가슴에 비수를 품는 놈이 둘러대는 핑계다.

이것은 1952년에 발표한 수필입니다. 3년 후 그 무뢰한의 똘마니들이 품은 비수가 작금의 이러한 상태를 야기한 것입니다.

미국의 입장에서 보면 요즘 표현으로 '일본의 민주화'였죠.

여기서 중요한 것이 두 가지 나옵니다. 이집트와 아랍에서 일어나고 있는 일을 '민주화'라고 하는데 이 민주화라는 말도 딱지 붙이기입니다. 그렇게 오해해서는 곤란합니다. 결국 그들이 말하는 민주화의 의미는 서구인이 교만하게 우쭐대며 '야만적인 놈들이 우리와 가까워졌다'라고 하는 말에 불과합니다.

그런 방종한 민주화와 민주주의의 정의는 전혀 다른 수준에서 재고해봐야 합니다. 요컨대 민주제는 하나의 커다란 수수께끼이며, 존속하는 민주제는 이집트의 식민지였던 그리스에서 탄생했습니다. 원래 아프리카·아시아 문화의 파생물인 것입니다. 마틴 버널[01]이 말했듯이 그것이 아테네와 스파르타의 차이입니다. 어쨌거나 그리스는 이집트에 식민지화됨으로써, 그리고 저항함으로써 문화를 육성해왔습니다. 그 과정에서 민주제라는 이념이 도출되었습니다. 데모크라티아demokratia, 즉 데모스demos(민중)에 의한 크라티아kratia(지배)지요. 그러나 민주제란 무엇일까요. 무엇을 어떻게 하면 '데모스의 지배'가 성립할까요. 무엇을 하면. 선거? 의회를 열면? 헌법을 제정하면? 시위? 실은 민주제의 유일한 정의는 존재하지 않습니다. 역사상 정의하려는

---

01 Martin Gardiner Bernal: 1937~, 영국 출신의 역사학자로 코넬대학 명예교수다. 그리스어와 히브리어와 페니키아어라는 아프로·아시아어족 사이에 상당한 공통점이 있다는 사실을 바탕으로 간행한 대표작이 『블랙 아테나』(1~3)다.

시도가 없습니다.

아리스토텔레스가 말한 대로 대의제, 다시 말해 '대표'에 의한 지배제도는 아리스토크라시aristocracy에서 채택했던 통치법입니다. 아리스토크라시란 귀족제라고 번역하는데 실질적으로는 '부자의 지배'입니다. 플라톤의 『국가』에도 아리스토크라시에서는 빈민만 본다는 글귀가 나옵니다. 기원을 더듬어가면 민주제의 독자적인 제도라고는 할 수 없습니다. 선거도 그렇습니다. 아시다시피 중세 유럽에서는 선거왕제, 즉 제후가 투표로 황제를 선출합니다. 중세 유럽만이 아니라 선거로 주권자를 혹은 '대표자'를 선출하는 절차는 다른 문화에도 다양한 형식으로 발견됩니다. 결코 민주제의 본질이라고 할 수 없습니다. 그럼 '다수결의 원리'는 어떨까요. 물론 다양한 역사적 사실을 상세히 고증해야 하지만 한 가지 로마 교황 선출선거인 '콘클라베'가 결정적인 형식으로 추가된 제도적 장치라고 할 수는 있습니다. 지금도 다수결 원리에 입각해서 '결선 투표'로 가져가 '당수黨首'와 '원수'를 뽑는 절차가 이루어지는데 이는 콘클라베에서 유래한다고, 적어도 콘클라베에 의해 보급되었다고 할 수 있습니다. 로마 교황청의 어디가 민주제인가요. 그럼 민주제란 무엇인가요. 무엇이 민주제의 본질인가요. 헌법을 제정하고 왕권을 제한하며 의회를 설치해서 토론으로 하는 정치일까요. 그것은 정확히 말하면 '입헌제'의 제도적 기술이며 왕제 혹은 군주제와 양립이 가능합니다. 민주제 고유의 것이 아닙니다.

집요하게 물고 늘어집시다. 무엇이 민주제일까요. '삼권분립'

또는 '권력분립의 원리'인가요. 원래 이것은 중세의 '혼합왕정·혼합정체'라고 부르는 정치제도와 관계된 중세 정치이론에서 중세주의자인 몽테스키외가 도출했습니다. 그리고 단순한 역사적 우연으로 미합중국 헌법에 전면적으로 '수용'되었을 뿐이므로 역시 민주제의 본질은 아닙니다. 그럼 저항권과 혁명권일까요. 유감이지만 토마스 아퀴나스의 『신학대전』에 그 근거로서 정치학사에서 논하는 표현이 있듯이, 이것도 중세 정치신학 이론으로 이미 정교하고 치밀해졌습니다. 또한 지적할 것은 아테네의 직접민주제는 결코 뇌물과 파벌싸움, 문벌싸움에서 자유롭지 않았습니다. 아테네에서는 공직에 오를 사람은 추첨으로 뽑았으나 '장군'만은 예외였습니다. 군사만큼은 아테네 민주제의 울타리 밖에 있었지요. 어느 시기부터 근대에서의 쿠데타나 체제전복은 항상 '군부'나 혹은 군부와 결탁한 집단만이 일으킬 수 있었습니다. '문민통제'라는 문제를 초월해서 과연 군대와 민주제의 관계를 어떻게 파악하느냐는 새로이 재고해야 할 문제지요. 민주적인 군대는 가능한가. 과연 군과 민주제는 양립이 가능한가. 제비뽑기와 추첨이 민주제의 본질이라고 해도 좋은가. 민주제를 군대로부터 분리해 실질상 무력하게 만들지는 않는가. 이 통치에서의 군사의 예외성에 관해서는 『야전과 영원』에서 가볍게 다루었으므로 생략하겠습니다.

　반복하겠습니다. 아무래도 이렇게 질문해야 옳을 듯싶습니다. 민주제란 무엇인가. 현재 민주제가 가능하며, 가능해야만 한다면 그럼 우리의 민주제란 무엇인가. 우리에 의한, 우리 이외의 사람이 우리를 통치하는 것을 용납하지 않는, 우리의 통치란 무엇인가. 민중에 의한 민중의 통치란 무엇인가. 무엇을 어떻게 하면, 어떠한 통치기술이 어떻게 기능해야 진정한 민중의 통치가 성립하는가. 그러나…… 사실 민주제란 무엇인지 모릅니다. 그것은 수수께끼입니다. 아직 결정적인 해답이 나오지 않은, 영원한 수수께끼입니다. 이집트의 영향 아래 있었던 그리스인이 인류에게 던진 하나의 거대한 수수께끼입니다.

'아랍의 민주주의', '이집트의 민주화'가 얼마나 우스꽝스러운 표현인지 아시겠죠. 서구의 언론매체는 여기까지 생각하고 말하지 않습니다. 단지 극히 고압적으로 '우리와 비슷해졌다'라고 말할 따름입니다. 논외입니다. 그런 수법은 인정할 수 없습니다.

일본만이 아니라 비서구권에 속하는 사람들이 정치에 관해 사고할 때 왕왕 범하는 심각한 오류가 있습니다. 민주주의나 인권의 옹호라고 하면 곧바로 '유럽적 가치관이며 본래 우리와는 무관한, 서구에서 강요한 것'이라고 말합니다. 그러한 서구 대 자신들이라는 단순한 대립도식을 두다니 앞서 들었던 예와 마찬가지로 웃기는 태도입니다.

민주제는 원래 서구의 백인이 도출한 것이 아닙니다. 이집트의 식민지이며, 필시 아시아·아프리카적 뿌리를 인종적으로나 문화적으로 농후하게 갖고 있던 그리스가 도출했습니다. 그야말로 '블랙 아테나'가 창조한 것입니다. 여담이지만 예수 그리스도도 유대인, 다시 말해 '셈어족Semitic languages'의 일원입니다. 유대·팔레스타인·아랍·에티오피아·아람Aram을 포괄하는 어족의 사람입니다. 19세기부터 '반유대주의'는 실은 '반셈주의 Antisemitism'로 불렸습니다. 따라서 잠재적으로 반유대주의라는 말은 이들 모든 셈어족에 대한 차별이기도 합니다. 예수도 팔레스타인에 살았던 셈인이므로 자주 책형도에 묘사된 그런 백인일 리가 없습니다. ······예수 그리스도도 본인과 피부색부터 쏙 빼닮은 사람은 루이 라모스 씨라고 곧잘 농담하곤 한답니다. (웃음)

······이런 반응이 나올 줄을 몰랐어요. (웃음) 농담이 지나쳤습니다. 하던 얘기로 돌아가겠습니다. 서구적인 것 대 비서구적인 것이라는 도식이 사고의 함정이라고 얘기했죠. 잘 알려진 대로 그리스의 위대한 지적 유산은 즉각 서구에 계승된 것이 아니라 이슬람 지식인을, 그리고 이슬람권 내의 유대 지식인을 통해 서구가 이어받았다는 사실은 이미 상식에 속합니다. 그렇다면 민주제 하나만 해도 서구적인 것이 아닙니다. 서구인이 특별한 소유권을 주장할 처지도 아닙니다. 그러므로 자유를, 평등을 행사할 때 서구인에게 빚진 느낌에 쫓길 필요는 없습니다. 그들이 이 도식에 따라서 비서구인을 차별할 근거는 일체 없습니다. 그럼 이렇게 바꿔 말할 수도 있지요. 우리 비서구인이 이 도식에 따라서 서구적인 것에 반발하는 것도 무의미하다고. 지금 튀니지인과 이집트인이 골수부터 서구화하고 싶어서 혁명을 일으켰을까요. 아니면 급진주의적으로 서구적 가치관을 전부 부정하려고 혁명을 일으켰을까요. 결코 아닙니다. 그 어느 쪽도 아닌, 이러한 도식에는 들어맞지 않는 혁명이 이집트에서 현재 진행되

고 있습니다.

우리에게 그들이 가르쳐준 바가 있다면 바로 이러한 케케묵은…… 맞습니다. 일부러 '케케묵은'이라고 부릅시다. 케케묵은 대립도식을 초월해서 우리의, 우리에 의한 통치를 회복하기 위한 올바른 길은 무엇인가. 그 점이 지금 가장 절박한 문제입니다. 그들과 우리 사이에서. 아니 우리 사이에서, 우리 동지들 사이에서.

서서히 이야기가 연결되지요. 히라이 겐平井玄 씨가 『미키마우스의 프롤레타리아 선언』에서 기쿠치 히로유키菊地浩之 씨의 연구를 인용하며 매우 명석하게 지적한 중대한 사실이 있습니다. 일본의 매출 상위 50개사에 주요 은행과 9대 상사를 포함한 75개사의 중역의 혈연을 조사해보니 77퍼센트 이상이 친인척관계입니다. 그리고 이 75개사의 대기업 주위에는 무수한 계열기업이 잔뜩 모여 있습니다. 또한 이 혈연관계의 네트워크에서만 재계의 총수만이 아니라 정치가와 관료 혹은 어용학자들이 나옵니다. 즉 완전히 문벌이며, 혼인관계로 맺어진 족벌에 의한 세습지배입니다. 이 네트워크의 외부에서 우수한 인재를 일부 흡수하기도 하지만 혼인으로 흡수하는 유연한 구조도 존재합니다. 지금은 이 구조가 별로 제구실을 하지 못한다는 이야기도 들리지만 차치하겠습니다. 일본에는 귀족계급이 존재하고 그들이 지배합니다. 그 네트워크 속에는 당연히 언론도 포함됩니다.

단적으로 일본에서 민주제는 아직 존재하지 않는다는 말입니다. 극히 단순하게 설명하면 선거를 치른다고 합시다. 다섯 명

중에서 정치가를 뽑으라고 해서 투표소에 갔습니다. 당선될 전망이 극히 희박한 선거 후보자도 아닌 한 다섯 명 전원이 문벌에 소속되어 있다면 어떻게 하시겠습니까. 선택지가 이미 조작되어 있다면 그게 민주제인가요. 또한 여러분이 도쿄전력과 원자력발전소 마을을 운영하며 분노하는 이유는 모든 것이 이권 때문이었거나, 결국은 일부 특권계급의 돈 때문이었다고 믿기 때문입니다. 이번 지진피해와 원전사고로 기존의 이 족벌지배의 나쁜 측면이 여실히 드러났습니다. 민중을 빈곤과 죽음의 한복판에 유기하고도 일말의 가책도 느끼지 않는 족벌이 일본에는 수두룩합니다. 반복하겠습니다. 아직 우리의 민주제는 존재하지 않습니다.

그리고 또한 이것은 일본만의 이야기가 아닙니다. 레비스트로스Claude Levi Strauss가 『친족의 기본구조』에서 고대사회나 미개사회는 그 사회의 근본을 이루는 교환의 구조, 현재의 고등수학과 같은 구조 때문에 여성의 교환으로 성립한다고 했습니다. 이미 이 시점에서 당연히 페미니스트인 분들은 비판하겠지만 제가 스승으로 우러러보는 피에르 르장드르는 젊은 시절 다른 각도에서 맹렬히 비판했습니다. 사돈이 남 나무란다더니만 프랑스가 고등수학 운운할 처지냐고. 여느 때는 매우 온화한 사람인데 이렇게 말했을 정도면 꽤나 심기가 상했나 봅니다. 아시겠지만 표면상으로 프랑스는 자유·평등·우애의 나라입니다. 하지만 뒤에는 강력한 관료제도와 계급사회가 존재합니다. 특히 관료와 기업의 수준에서는 분명 친인척의 네트워크로 통치됩니다. 명가에서 명가로, 명가에서 엘리트로, 여성을 교환함으로써 연결됩니다. 그런 인습으로 사회를 유지하는 '야만적인' 프랑스인이 남의 문화를 왈가왈부할 자격은 없다는 말입니다. 민주화가 가장 발달한 프랑스 혁명의 부산물인 프랑스에서조차 '미개'한 구조주의는 약점을 간파하지 못한 의견이라고. 강렬한 비판이죠. 르장드르는 시골 출신으로 노르망디 끝의 가난한 집에서 태어났으나 공부를 거듭해서 국제연합의 법무 관료와 사법성의 고문까지 지낸 사람입니다. 그러므로 그런 족벌과 관료제의 부패를 지겹도록 겪었습니다. 일본도 프랑스도 그리고 아마 다국적 기업도 어느 정도까지는 마찬가지겠죠. 다시 말해 '인류사 규모의 수수께끼로서의 민주제의 문제'를 없었던 것으로 치부한 채 형식상의 민주주의의 간판만 내걸고 그 뒤에서 문벌귀족이 여성의 교환에 의한 통치를 합니다. 아랍 여러 나라도 판박이입니다. 아랍에서 일어나고 있는 일은 어디까지나 우리의 문제입니다. 그들이 이슬람 원리주의에 기대지 않았듯이 우리도 혁명을 완수하기 위해 보수 반동의 이데올로기나 천황이라는 시대에 뒤떨어진 산물을 끄집어낼 필요는 없습니다. 바로 이 점을 그들은 목숨 걸고 가르쳐줍니다.

중요한 내용이므로 반복하겠습니다. 앞서 말한 버낼의 논의에 따르면 민주제는 이집트 문화의 영향 아래 만들어진 하나의 미해결된 전대미문의 거대한 문제입니다. 그렇다면 이렇게 말할 수 있지 않을까요. 제가 이집트 지식인이었다면 시시콜콜 간섭하는 무리가 딴죽을 걸 것을 각오하고, 서구인에게 극히 소박하게 이렇게 말하고 싶습니다. '민주제는 너희들 깜냥으로 다루기는 벅찬 물건이었어. 민주제는 너희들의 장난감이 아니야. 전매특허도 아니고. 돌려줘, 민주제를. 우리가 만든 민주제를 돌려줘'라고.

이때 중요한 것이 있습니다. 저는 오늘 이 말을 하러 왔다고 해도 과언이 아닙니다. 지금까지는 서론에 불과합니다. 이제부터가 본론입니다.

혁명에 관해서 '치욕honte'과 '굴욕humiliation'이라는 두 가지 정치철학적인 개념을 구별해야 합니다. 제가 생각하기에 이 구별은 가능하며, 필요할 뿐 아니라 필수입니다.

들뢰즈는 「문학과 생」이라는 훌륭한 글에서 이렇게 말합니다. "남자un homme(인간)인 것의 부끄러움honte, 여기에 글을 쓰는 최고의 이유raison가 있지는 않을까"라고. 벤슬라마는 실로 오늘 출판되는 새 저서에서 이것을 다음과 같이 바꿔 말합니다. "남자(인간)인 것의 부끄러움, 여기에 혁명하는 최고의 이유가 있지는 않을까"라고. '글을 쓰는 것'과 '혁명'의 뗄 수 없는 이 절대적인 관계는 작년 가을에 나온 졸저 『잘라라, 기도하는 그 손을』에서 이미 상세한 사정을 밝히며 논했으니 자세한 내용은 그 책을 참조하세요.

한 사람의 남자인 것, 한 사람의 인간인 것이 부끄럽다, 치욕이다. 그럴 만한 사정이 있다는 사실은 잘 아시죠. 무하마드 부아지지는 분신자살을 했습니다. 항의하기 위한 분신자살은 아무나 할 수 있는 일이 아닙니다. 자살 중에서도 가장 고통스러울뿐더러 즉시 죽지 않으니까요.

어째서 그의 자살이 혁명의 발화점이 되었을까요. 실은 부아지지Bouazizi의 '부Bou'는 '아버지'라는 의미입니다. '아지즈aziz'는 돈으로 바꿀 수 없는, 헤아릴 수 없이 숭고한, 매우 소중한 가치라는 의미입니다. 부아지지 끝의 '이i'는 소유한정사(my, our, his, your, her, their, its처럼 명사의 범위를 구체적이고 특수한 경우로 한정하는 말)로 '내게'라는 의미입니다. 따라서 '부아지지'란 '우리에게 소중한, 둘도 없는 아버지'라는 의미지요. 더욱이 이름이 무하마드므로…… 튀니지인에게 면면히 전해 내려온 무언가가 지금 더럽혀졌습니다. '우리의 소중한 아버지, 무하마드'라는 남자가 치욕스러운 나머지 자기 몸을 불사를 수밖에 없는 상황이 있었습니다. 이 사실이 튀니지인들에게 충격을 주었습니다. 그저 말장난이 아니라 상징적인 의미가 있습니다. 샤를 드골의 '골'이 본인도 말했듯이 골족Gaulle의 후예인 프랑스인에게 '무언가'를 의미한 것처럼.

이슬람의 교리에 반하면서까지 남자이자 아버지라는 이름을 짊어진 자신의 몸을 불사릅니다. 불살라야 한다고 결단하게 한 치욕이 있었습니다. 알라Allāh에 대한 부끄러움이 아닙니다. 그 결단이 놀랍습니다. 거듭 말하지만 자살은 죄니까요. 우리가 이 사회에 살고 있다는 이유만으로 짓밟히고 있는 뭔가가 있습니다. 이런 장소에서 이렇게 살아갈 수밖에 없는 것이, 치욕이라고 느껴지게 하는 뭔가가 있습니다. 그것을 불태웁니다. 자신의 온몸을, 치욕을 불사릅니다. 무하마드 부아지지라는 매우 이상한 이름의 소유자가 이룩한 일은 이것입니다. 거기서 혁명의 과정이 발동했습니다.

치욕, 그것은 개인적이거나 심리적인 혹은 내면적인 개념이 아닙니다. 정치적인 그리고 정치철학적인 개념입니다. 들뢰즈가 다른 인터뷰에서도 말한 대로 텔레비전을 틀어도, 신문을 봐도 이런 일을 용납해도 될까 싶어서 치욕을 느낍니다. 그의 말마따나 그것은 나치를 용납한 이 세계에 느끼는 치욕과 동질입니다. 그 치욕에서 비롯되기에 모든 철학은 정치철학이 된다고 했습니다. 우리가 항상 정치적으로밖에 사고하지 못하는 까닭은 치욕 때문입니다.

그럼 굴욕이란 무엇인가. 간단합니다. 우리는 무슬림인데 서구적인 가치관에 침해당하고 있다거나, 헌법 제9조는 미국의 강요로 만들어졌으니 재군비해서 일본 남아의 긍지를 회복하라는 그런 감정입니다. 굴욕은 자신이 남자인, 이 사회에서 이렇게 살고 있는 남자라는 사실에 부끄러움을 느끼지 않습니다. 결국 그 굴욕은 남의 탓으로 돌릴 수밖에 없습니다. 고통과 고난으로 자신을 변용시킬 생각은 하지도 않습니다. 이것이 굴욕입니다. 한편 치욕은 자신의 삶 자체의 변혁을 내포합니다. 이렇게 마지 못해 사느니, 비굴하게 목숨을 부지하느니, 이용당하고 사느니 차라리 몸에 불 지르고 죽는 편이 낫다는 절대적 순간에 이르기까지의. 이 지진피해가 일어나기까지 일본의 원자력 체제에 관해 몰랐던, 알려고도 하지 않았으니 치욕으로 여겨야 할 일 아닌가요. 도쿄전력이나 정부 탓을 하거나, 자민당이나 민주당,

관료들, 언론의 잘못이라는 생각은 틀리지 않습니다. 그래도 어쨌거나 그것은 결국 굴욕입니다. 자신들의 손만큼은 말짱하다고 생각하는 것이지요. 그러나 굴욕에서는 절대로 혁명이 일어나지 않습니다. 반동, 폭력, 차별, 그리고 현 상황의 추인과 포기만 생길 뿐입니다. 혁명을 일으키는 것은 언제나 치욕입니다. 우리의 손은 피로 얼룩져서 더럽혀졌습니다. 그러나 우리 자신이 그것을 묵인해온 일은 용납할 수 없습니다. 그것이 치욕이라는 정치적 정동情動입니다. 우리도 더럽혀졌습니다. 원자력발전소가 이런 상태였던 것은 알고 있었습니다. 그런 내용의 책도 출간되었습니다. 자료도 있었습니다. 숨기려고 해도 미처 숨길 수 없는 사실이 있었습니다. 그럼에도 저를 포함한 우리는 손가락 물고 바라보았던 것입니다. 문벌귀족이 있다는 사실을 어렴풋이 알기는 했지만 그냥 방관했습니다. 아닌가요. 우리는 이러한 체제를 용납하고 묵인했습니다.

얼마나 큰 치욕인가요. 이 치욕을 자초한 우리는 속죄해야만 합니다.

아시겠습니까. 따라서 '모두에게' 책임이 있으니 이제 더는 누군가에게 '책임을 전가'하지 말자는 말이 아닙니다. 모두의 책임이라면 이미 책임이 아닙니다. 책임은 국한되어야 책임으로서 기능할 수 있습니다. 모두에게 책임이 있다니요. '1억 총참회02'의 '무책임한 체계'를 재탕하자는 말인가요. 개별적으로 책임을 져야 할 사람은 있습니다. 하지만 그러기 위한 봉기에는, 또 이 사회를 '고쳐 쓰기' 하려면 굴욕이 아니라 치욕만이 필요합니다.

단지 치욕이. 오로지 그것만이. 이러한 정열에서만 혁명은 봉기합니다.

그렇다면 우리는 충분히 치욕을 느꼈을까요. 우리의 이 세상에, 우리가 살아갈 이 터전에, 우리의 통치 자세에, 유유상종하는 관계의 실체에, 그리고 무엇보다도 우리 자신에게. 이제 느끼지 못하지는 않나요. 희망을 갖거나 절망하는 것조차 불가능해서 완전히 마비되어버리지는 않았나요. 일본은 민주화하고 있다, 근대화하고 있다, 선진국이라고 생각했으니까요. 어불성설입니다. 분수도 모르고 우쭐거리는 야랑자대夜郎自大는 금물입니다.

치욕, 그것은 '남자인 것의 부끄러움'입니다. 그렇다고 해서 자동적으로 모든 여성이 거기에서 벗어나는 것은 아니라고 자크 라캉이 분명히 말합니다. 이미 다른 책에서 썼으므로 반복하지 않겠습니다. 왜냐하면 지금부터 한 가지를 보류해둬야 하니까요. 저는 이집트 혁명에 전적으로 찬성한다고는 할 수 없습니다. 꺼림칙한 것이 있거든요. ……언젠가 관련된 보도가 있겠거니 하고 기다리는데 없습니다. 저는 신문과 잡지도 보지 않고, 정보를 대량으로 모으는 사람도 아닙니다. 평소에는 인터넷도 끊고 음악만 들어서 못 봤을 뿐이려니 생각했습니다. 그런데 웬일인

---

02 一億 総懺悔: 패전 처리 내각의 히가시쿠니노미야 나루히코東久邇宮稔彦 수상이 1945년 8월 28일 기자회견에서 했던 '1억 국민이 모두 참회해야 한다'라는 발언. 식민지배와 반인륜적 범죄행위에 대한 천황과 일본 지배층의 책임을 희석시키는 간교한 발언으로서 '1억'에는 우리 민족도 포함된다. 이 발언에 대해 가라타니 고진柄谷行人은 "아무도 책임지지 않는 도덕적 세리머니"라고 비판했다.

지 오늘 이 시간을 위해 조사해도 찾을 수가 없었습니다. 벤슬라마도 듣지 못했다고 합니다. 이집트 여성의 90퍼센트가 여성 할례를 받는다는 사실을 아세요. 이 '90퍼센트'라는 통계가 틀렸기를 진심으로 바랍니다. 물론 계급과 지방에 따라서 양상은 다르지만 이 여성 할례의 실태야말로……. 여성분들 앞이지만, 아니 여성분들 앞이니 감히 말하겠습니다. 물론 더러는 살짝 잘라내는 정도로 끝낸다고도 하나 경우에 따라서 클리토리스를 완전히 절제해서 대음순과 소음순을 전부 도려낸 뒤 질을 꿰맵니다. 간신히 생리 때 피가 나올 만큼의 통로만 남기고. 이런 짓은…… 할례도 무엇도 아닙니다. 그저 학대이자 폭력입니다. 종교적인 근거는 무슨. 참으로 허황된 주장입니다. 무려 90퍼센트입니다. 그런데도 개선되었다는 이야기는 듣지도 보지도 못했습니다. 그 악습을 바꾸기 전에는 혁명이 아닙니다. 바꿔야 혁명입니다. 이슬람에서건 어디서건 이런 일은 정당화할 수 없어요. 저는 쿠란(=코란) 외에는 읽지도 않습니다. 엄밀히 말하면 일본어 번역과 프랑스어 번역이므로 정확한 의미에서는 쿠란조차 아니지만 쿠란에도 그 따위 일은 적혀 있지 않을 것입니다.

튀니지는 아직 양호합니다. 튀니지를 대표하는 대학인 튀니스대학University of Tunis의 학장은 여성입니다.

여성 사장도 여성 관료도 일본보다 훨씬 많습니다. 벤 알리 정권 때 일고여덟 명이던 여성 관료가 혁명 후에는 두세 명으로 줄어들었습니다. 튀니지인은 그 점을 철저히 문제 삼고 비판합니다. 이 섬나라는 훨씬 심각합니다.

이탈리아의 수상 베를루스코니라는 사람이 있지요. 그는 열일곱 살의 여성을 돈으로 사서 섹스파티를 했다고 공언하는 인간입니다. 세계경제포럼World Economic Forum이 발표한 작년도 남녀평등지수 순위에서 이탈리아는 74위였습니다. 그래도 반복되는 수상의 여성 차별 발언으로 현재 이탈리아에서는 10만 명 규모의 시위가 벌어지고 있습니다. 10만 명 규모입니다. ……그런데 문제는 74위인 이탈리아는 선진국 최저 순위가 아니라는 사실입니다. 어째서일까요. 바로 이 나라가 있기 때문입니다. 일본은 94위입니다[한국은 104위, 2017년에는 117위로 더 떨어졌다]. 한마디로 참담하죠. 국제연합 가맹국은 190여 개국입니다. 선진국 파티라는 OECD 가맹국은 34개국입니다. 그중에서 94위니 치욕입니다. 이것이 치욕이 아니고 뭡니까. 이런 나라가 원전사고를 일으키고도 정보조차 명시하지 않습니다.

우리는 더는 치욕을 느끼지 않습니다. 마비되어버렸습니다. 이 말은 여기가 남녀평등은 고사하고 민중의 통치도, 완전한 언론의 자유도 없는 그런 나라라는 의미입니다. 순전한 치욕이므로 우리는 치욕의 정동을 단련해야 합니다.

반복하겠습니다. 민주제는 서구의 전매특허가 아닙니다. (굴욕을 느낄 필요 없으니) 당당하게 민주제를 요구하세요. 어차피 굴욕에 불과합니다. 민주제와 자유, 평등을 서구가 강요한 이념이라고 생각할 필요는 없습니다. 인류에게 민주제라는 거대한 하나의 수수께끼를 던진 그리스인이 분명히 아프로-아시아 어족[03] 적인 이집트인의 영향 아래서 키웠으니까요. 우리야말로 민주제를 되찾고, 또 계속해서 되찾을 의무가 있습니다. 물론 그리스인은 여성 차별적인 사회를 운영했습니다. 그렇다면 바꾸면 됩니다. 도래하는 우리의 민주제, 우리가 만든 민주제는 빌린 것도 가짜도 아닙니다. 거꾸로 말하면 가짜여도 상관없습니다. 이집트도 어딘가에서 전래된 문화일 게 뻔합니다. 역사에 남아 있지 않을 뿐이죠. 사카구치 안고가 말한 대로 제9조조차 '가짜라고 비웃는 쪽이 이상하다'라는 말입니다. 가짜인지 어떤지는 그다음이고, 오직 옳은지 그른지만이 문제입니다. 가짜 삶이 굴욕이라면 제 손에 장을 지지겠습니다.

문제는 여러 가지가 있으나 적어도 튀니지인과 이집트인은 '치욕'을 느낍니다. 왜 그들에게는 가능한 일이 우리에게는 불가능한가요. 혁명은 대단히 구체적인 일로 촉발됩니다. 자신이 처한 상황을 충분히 치욕으로 느끼느냐 마느냐가 관건입니다. 다짐하건대 부끄러움과 죄라는 한 어용학자가 생각해낸 탁상공론, 즉 일본의 문화는 부끄러움의 문화이고, 유럽은 죄의 문화라는 인종 차별적인 이론과는 애초에 무관하니까요.

데모스의 지배를, 데모스에 의한 데모스의 통치기예를 우리는 아직 발명하지 못했습니다.

우리는 우리의 민주제를 새롭게 창조해야 합니다. 우리는 우

03 Afro-Asiatic languages: 북아프리카와 동아프리카, 사헬, 서아시아 등지에서 쓰이는 240여 언어의 어족으로 셈함어족 또는 함셈어족이라고도 한다. 대표적으로 아랍어, 히브리어, 이집트어, 튀니지어 등이 있다.

리를 지배하지 못합니다. 여러분 자신을 지배하는 것이 자기 자신뿐이라고 실감할 수 있습니까? 이 나라의 이 제도 아래에서? 실감 못 합니다. 그렇다면 여기에는 민주제가 없습니다. 우리는 민주제를 도출해야만 합니다. 제 말이 과격하다고요? 그렇지 않습니다. 무려 몇천 년 전에 그리스인이 했던 말입니다. 어떻게 우리만이 우리를 통치하는 상황을 고안하는가. 무엇이 데모스에 의한 데모스의 지배인가. 몇천 년간 이어져온 이 문제는 미해결상태로 우리 눈앞에 가로놓여 있습니다. 그리고 이 문제를 떠맡은 당사자는 항상 우리입니다. 우리를 통치하고, 오로지 우리만이 우리를 통치하도록 용납하는, 우리의 문제입니다. 지금 여기에는 없는, 까마득히 먼 훗날 도래할 '우리'를 불러 모으기 위해. 그 우리를 통치하는 것은 우리 이외의 그 누구도 아닌 그런 세상의 기초를 마련하기 위해. 여기서 우리가 아닌 남의 잘못으로 돌리는 굴욕이 문제가 될 수 없는 것은 이미 이해하시죠. 우리의 손만 더럽혀졌다는 치욕만이 지금 여기에는 없는 민주제로 가는 혁명의 이유가 될 수 있습니다. '근거'가 될 수 있습니다. 이것은 완벽히 일관된 이야기입니다.

2011년 4월 28일, '아마추어의 반란素人の乱 난' 12호점에서

'밤의 밑바닥에서 귀를 기울이다'

저자의 주註

이것은 2011년 2월 6일 교토 미디어숍Mediashop에서 했던 강연 테이프의 내용으로 만든 원고에서 12개의 짧은, 그리고 지극히 기본적인 주석과 고찰을 발췌한 것이다. 강연 내용을 그대로 발표하지 않고 이러한 조치를 한 것에는 몇 가지 이유가 있다. 우선 당일 공연장에서 젊은 청취자의 미세한 반응을 감지했다. 가볍게 고개를 끄덕이다가 거의 의식적으로 갸우뚱한다든지, 살짝 놀랐는지 갑작스레 눈을 껌뻑껌뻑하는 등의 징후가 간간이 반복되었다. 그래서 그날은 아예 처음부터 논지를 설명하기로 했다. 객석은 어둡고, 청중과 가까운 위치에, 흰 벽에 반사된 조명이 눈부시게 내리쬐도록 연출한 것도 한 원인이리라. 그리고 지금까지 발표한 저서 혹은 이『바스러진 대지에 하나의 장소를』과 화제가 중복되는 부분이 많아서 이 책을 읽는 독자에게는 지루하겠다고 확신했다. 또 한 가지 이유는 고립을 부끄러워하지 않는 이상하게 담담하고 늠름한 느낌에 부합하는 이 교토라는 거리의, 그리고 이 서점의 지극히 친밀한 분위기에 이끌려서다. 덕분에 언제나 바싹 몸을 사리던 나는 경계를 풀고, 자유

091

로이 다양한 이야기를 할 수 있었다. 거기서 얻은 바는 컸지만 다음 저서는 물론이고 다음의 다음 저서, 아니 20년이 훌쩍 지나서 실력을 기르면 써볼까 했던 저서의 내용도 모자라 하마터면 거듭해서 정독하고 고찰할 문헌도 말할 뻔했다. 무책임한 발언으로 치우친 듯싶었다. 그래도 이 원고를 버리지 않았던 것은 그날 그 자리를 마련해준 사람들, 또한 찾아와서 진지한 질문을 던졌던 사람들에 대한 우애와 존경의 마음 때문이다. 혹은 사정이 생겨서 오지 못한 탓에 만날 수 없었던 사람들과 다음 기회를 기약하는 가벼운 인사말 대신이며, 그리고 그중 작고해서 두 번 다시 만날 수 없는 사람을 추도하는 마음 때문이다.

1. 예술은 이해관계에 초연하지 않다. 예술은 이익(관심interest)과 무관한 것이 아니다. '미적일 수밖에 없는' 예술을 우리檻 안에서만 생존하도록 허용한 것은 고작 200년 전이며, 극히 지리적이고 역사적으로 한정된 사태에 지나지 않는다. 미술관과 박물관에 갇혀서 아름다움에만 봉사하는 삶 자체를 한낱 이차적인 장식물이자 사치품에 불과한 고답적인 것으로서만 이해하는 '예술'은 당연하지만 이미 문제가 아니다. 그러므로 예술을 부정하는 것도 무의미하다. 그저 진부한 수이자 이미 아무런 재기才氣도 노력도 필요치 않은 방종한 수법이다. 실제로 비판적일지언정 미를 단순한 제도로 환원시키는 사고방식은 미를 미에 대한 특정한 태도로 귀착시키는 칸트 미학의 사고방식과 같은 형식이며 실은 같은 뿌리다. 예술art, Kunst은 라틴어로 아르스ars, 즉 그

리스어 테크네techné의 번역어다. 이는 자연nature, Natur을 뜻하는 나투라Natura 또는 피시스physis의 반의어다. 구태여 좀더 단순하게 말하면 아르스 혹은 테크네는 나투라 혹은 피시스에 저항해서 생존할 수 있도록 하는 허다한 기술을 의미한다. 생존을 위한 '궁리'로도 옮기므로 필시 곤충에는 곤충의 아르스를, 초목에는 초목의 아르스를 생각할 수 있다. 기존에는 항상 삶의 기예, 생존을 위한 기술이었고, 지금도 앞으로도 그러하다. 따라서 생존하기 위한 기예로 간주할 수 있다면 전부 예술일 수 있다. 의식주를 포함해서 아르스는 일반적으로 수태를 위한 아르스이며, 테크네는 모두 아이를 낳아 기르기 위한 테크네다. 우리의 광기를 부지하기 위해선지, 제정신을 부지하기 위해선지조차 명확치 않아도 여전히. 반복하겠다. 예술비판은 의미를 형성하지 않는다. 예술을 포기하는 것은 삶을 포기하는 것을 의미한다. 아르스는 죽지 않는다. 테크네는 죽을 수 없다.

2. 유럽 예술은 다른 문화의 예술에 비해 시각이 편협하다(예를 들면 당초부터 정밀하기 그지없는 사실적 묘사를 으뜸으로 쳤던 유럽 회화의 역사를 이슬람의 장식적인 회화문화의 역사와 비교하라). 웬일인지 다른 일신교에서는 (성전에서 다양한 논의가 이루어져야 할 부분은 있을지언정) 원칙적으로 무한자無限者, the infinite인 신은 유한자有限者, the finite인 인간의 유한한 일개 기관인 눈에는 보이지 않는다. 그러나 기독교에서는 예수가 신인 동시에 인간이라고 여긴다. 신과 아들 예수가 신성으로 '하나'이며 '동일본질Homoousios'이라고 여

긴다. 예수는 십자가 위에서 죽음으로써 인간인 것을 증명하고, 부활함으로써 신인 것을 증명했다. 인간이기에 예수는 그림으로 그릴 수 있다. 그러므로 기독교 문화권에서는 비할 데 없는 가치인 신을 그릴 수 있다. 신인 자가 일찍이 자신과 같은 이 세상에 존재하고, 발자취를 남기며, 또한 그것을 눈으로 보고 그리려는 욕망이 유럽에서 시각문화의 우위를 창조했다.

3. 건축architecture의 어원에는 의외로 여러 가지 설이 있다. 라틴어의 아키텍투라architectura에서 유래하는데 이 말은 본디 '건축가'를 뜻하는 아키텍투스architectus에서 생겼다거나 '도편수', '목수의 우두머리'라는 의미의 그리스어 아키테크톤arkhitekton에서 나왔다고 일단 말할 수 있다. 그러나 파생어까지 포함해서 검토하면 논자에 따라 차이가 있다. 물론 일견하면 이해할 수 있듯이 아르케arkhé(원초原初 혹은 근원)와 테크네techné까지 거슬러 올라가는 것은 불가능하지 않다. 다만, 하이데거가 『예술작품의 근원』에서 최초로 건축, 즉 '신전'을 예로 들어 세계를 건립하고 대지Erde를 확립하는 것으로서 정의했던 점은 명기해야 한다고 생각한다. 이른바 "예술작품은 세계를 건립하고 대지를 내어 세운다."[『예술작품의 근원』(예전사)] "작품은 대지를 대지답게 특징 짓는다." 근원적인 아르스, 다시 밀해 다른 모든 예술 혹은 창조 행위를 가능하게 하는 예술이 있다면 그것은 대지나 '영토성'과 관련된다. 살 수 있는 장소를, 시공을 확보하지 않고는 예술은 불가능하다. 그러나 필시 그 시공의 확보는 예술 없이는 불가능

하다. 그리고 그것 자체가 바로 예술이다.

4. '구조structure'의 어원은 라틴어의 스트룩투라structura다. 본래는 '건축하는 것, 목공작업을 하는 것, 짜 맞추는 것'을 의미했으며, 건축architecture과 동의어로 여겼다. 르장드르가 비트루비우스[01]를 인용해 말한 대로 이것은 '자연이 아닌 인공적인 것을 마치 자연인 양 보이게 하는' 기예를 말한다. 가령 산업혁명으로 파괴된 후 다시 나무를 심어서 조성한 영국의 아름다운 전원풍경은 구조이며 건축이다. 인류학 기록에 의하면 의자라는 것이 없는, 의자에 앉을 수 없는 부족이 있었다. 우리가 지금 여기서 긴 시간 의자에 앉아 있는 것도 구조이자 건축이다.

5. 예술은 영토 취득과 관련된다. 또한 법과 관련된다. 카를 슈미트가 말하길 "대지는 법의 어머니다."[『대지의 노모스』(민음사)] 대지는 풍성하게 익은 오곡백과로 부를 산출하고 또한 장소와 경계선을 확정해 분배를 가능하게 한다. 그리스어의 노모스nomos(법, 관습)는 '소유하는 것', '분할·분배하는 것', '목축하는 것'을 의미하는 네메인nemein이라는 말에서 유래한다.

---

01 Marcus Vitruvius Polio: 생몰연도 미상, 건축을 구조, 기능, 미라고 정의한 기원전 1세기경 로마 시대 최고의 건축가. 저서로 로마 시대 건축술과 이론을 집대성한 『건축십서 De Architectura』(기문당)가 있다.

6. 어떤 대지를 자연에 저항하고, 그러나 자연과의 투쟁 속에서, 그래서 자연과의 특정한 형식 속에서 유지하는 것, (물론 '대지'와 '영토'를 곧바로 동일시할 수는 없으나 어쨌든) 대지를 분할하고 영토화하는 것은 예술의 전제이며, 게다가 예술 그 자체다. 어쩌면 지금 말한 '특정한 형식'을 고안하는 것마저도 예술이다. 그것은 또한 건축이며 구조다. '인간화된 자연'의 자명성은 그 결과에 지나지 않는다.

7. 눈은 감을 수 있다. 입은 다물 수 있다. 그러나 귀를 닫을 수는 없다. 정신의학의 지견을 봐도 귀는 감정에 개방된 기관이다(나카이 히사오 씨와 간다바시 조지[02] 씨를 참조). 예술을 개시하기 위한, 영토를 천명하기 위한 예술은 청각과 관련된다. "어둠 속에 있는 한 아이는 무섭기는 하지만 낮은 목소리로 노래를 흥얼거리며 마음을 달래보려 하고"로 시작하는 들뢰즈와 가타리가 공저한 『천 개의 고원』의 「1837년―리토르넬로에 대해」라는 참으로 아름다운 글을 읽겠다. 리토르넬로Ritornello(합주와 반주가 되풀이되는 음악의 한 형식), 즉 후렴refrain이, 반복되는 노래와 리듬만이 영토를 확보한다. 하이데거와 들뢰즈와 가타리의 차이(신전 건축 혹은 시각예술과 음악의 차이), 혹은 슈미트와 들뢰즈와 가타리의 차

---

02 神田橋條治: 1937~, 일본의 의학자·정신과 의사·정신분석가·의학박사. 규슈대학 신경정신과에서 오랜 세월 정신분석요법을 전공했으며 정신분석과 정신요법의 달인으로 알려져 있다. 저서로는 『발달장해는 낫습니까?発達障害は治りますか?』, 『치료를 위한 정신분석 노트治療のための精神分析ノート』 등이 있다.

이(법을 둘러싼 차이)를 발견하기는 쉽다. 그러나 우리는 다음과 같이 생각하자. 구조, 곧 대지의 건립·영토 취득·법의 주춧돌을 놓는 건축의 생성에서 음악이 지극히 중요한 역할을 한다고(물론 여기서 하이데거가 말하는 근거인 대지Grund의 복합모순Problematique도 재고해야만 한다. 근거는 법의 문제이기 때문이다). 그리고 이 전 과정의 모든 국면을 예술이라고 부를 수 있으며 그것은 반드시 수태의, 번식의 예술이다. 역사마저 초월해 영속하는 장구한 세월 속에서는 한순간이고, 일개 겨자씨만도 못하지만 우연한 순간에 태어난 아이가 또 아이를 낳을 수 있으려면 이 대지에 하나의 장소를 요구한다. 그것이 예술의 목적이며 또한 예술 그 자체다.

8. 여기서 인간의 개념을 이중화하는 것이 요청된다. 우리는 '후마니타스humánitas'가 아니라 '안트로포스Anthropos'다. 『야전과 영원』 제2부 제5장 51절을 참조하라. 인간 중심주의의 비판은 전부는 아닐지라도 왕왕 서양인의 자작극에 불과하다. 인간이 아니면 동물이라는 것은 서구 중심주의적·인종 차별적 사고다.

9. 예술의 기원이 되는 예술을 한 가지 더 생각한다면 그것은 춤이다. 춤은 인류사적으로도 가장 오래되었다. 그리고 또한 모든 춤은 '기형적'이며, 그 자체가 각양각색의 신체 활용 버전이다. 거듭 말했듯이 사회는 우리를 안무한다. 그 안무의 다양성만큼이나 춤은 다양하다. 르장드르가 흥미로운 예를 기술했다. 발레라는 춤의 형식은 기묘하고도 기형적으로 '높이' 뛰어오르

려고 한다. '유럽'을 유대교, 이슬람교, 기독교, 세 가지 일신교가 공존했던 광의의 지중해안 지방으로 정의하는 것은 이미 역사 학자들 사이에서는 통상적인 견해다. 그 '광의의', 필시 북유럽 도 포함한 지중해 연안 지역에서는 오랜 세월에 걸쳐서 집단으 로 춤을 추는 관습이 존재했다. 그 춤들은 높이 뛰어오르려고 하지 않으나, 발레는 높이 뛰어오르려고 한다. 르장드르는 댄스 를 금지한 어느 교황의 칙령에서 그 근거를 찾는다. 거기에는 금 지의 이유로서 신은 인간을 뛰어오르도록 창조하지 않았기 때 문이라고 적혀 있다. 춤과 뛰어오르는 것을 비슷하게 생각한 적 조차 없었던 사람들도 춤을 금지한 이유가 도약의 금지와 결부 된 이 순간부터 침범을 위해 '뛰어오르는' 것을 중시하게 되었 다. 이후로 급속히 도약하는 기예를 연마해 발레라는 위대한 예 술로 결정結晶을 맺는다. 법과 춤의 특이한 관계이며 그것을 자 명하게 여기는 '구조'의 성립이다. 아울러 기독교와 음악의 뒤틀 린 관계도 참조해야 하지만 시간이 없다. 이어서 춤은 '플로어 floor'를 전제로 한다. 어느 정도 안정된 평평한 공간을 필요로 하 므로 건축을 전제로 한다. 그런데도 실은 '춤추는 집단'만큼 '영 토성'을 주장하는 것은 없다.

춤과 건축은 각각이 서로를 전제로 한다. 또한 한 발자국 딛 는다고 춤이 되지는 않는다. 리듬도 되지 않는다. 두 발자국, 세 발자국, 네 발자국을 밟아야 그제야 박자가 생긴다. 춤은 단독 으로 리토르넬로다. 그것은 영토를 주장한다.

10. 중요한 것은 예술은 바꿀 수 있다는 사실이다. 영토성도, 그 형식도, 법도, 건축도, 구조도. 단, 다른 저서에서 말했다시피 '전략가 따위는 존재하지 않는다.' 그것은 오직 '도박'으로서만 가능하다.

11. 펑크란 무엇인가. 리토르넬로다. 시간적 여유가 없어서 오 프비트[03] 문제에는 접근하지 않겠지만 제임스 브라운은 '멜로디'와 '리듬'의 구별을 없애버린 음악가다. 따라서 그것은 폴리포니 polyphony(다성음악)도, 폴리리듬polyrhythm(룸바처럼 상이한 두 가지 이상의 리듬을 동시에 연주하는 방법)도 아니다(바흐와 스티브 라이히[04]와 JB의 차이를 보라). 각각의 모든 리듬에는 음계를 대응시킬 수 있으며, 버나드 퍼디[05]가 말했듯이 드럼은 멜로디 악기이기도 하다. 그리고 모든 멜로디가 치는 각각의 음은 리듬이다. 이렇게 멜로디와 리듬 사이에 있고, 어디에나 있으며, 어디에도 없는 것이

03 offbeat: '비트를 벗어나'라는 뜻으로서 리듬이 교란되거나 중단되어 악센트가 예상치 못한 곳에 놓일 때 절분음이 되는데, 이를 대중음악이나 댄스음악에서는 '엇박자'라고 한다. 록은 재즈처럼 4박자를 기조로 하지만 재즈가 두 번째와 네 번째 비트에 강조를 주는 반면, 록은 주로 세 번째, 가끔은 첫 번째를 강조한다. 따라서 재즈의 리듬감은 일반적인 록 음악의 정상적인 리듬에서 벗어난 '엇박자'의 리듬(이른바 스윙)이다.

04 Steve Reich: 1936~, 단순한 모티브와 화음의 반복과 조합을 바탕으로 하는 미국 미니멀리즘 양식의 대표적인 작곡가. 대표작은 〈18명의 음악가를 위한 음악〉, 〈The Cave〉, 〈It's Gonna Rain〉, 〈Come Out〉, 〈Drumming〉, 〈Tehilim〉, 〈The Desert Music〉, 〈Different Trains〉 등이다.

05 Bernard Purdie, Bernard 'Pretty' Purdie: 1939~, 미국의 영향력 있고 혁신적인 펑크 뮤지션으로 펑키 드럼의 최고봉으로 꼽힌다. 주요 앨범으로는 《Coolin' 'n' Groovin》, 《The Hudson River Rats》, 《Nina Simone Sings The Blues》 등이 있다.

무한히 얽히고설킨다. 그것이 펑크의 본질이다. 펑크는 하나의 멜로디의(혹은 리듬의) 전제專制를 원리적으로 용납하지 않는다. 그런 이상 그 성질은 생각 외로 난해하다.

펑크는 통상적인 팝 뮤직의 생리에 따라서 몇 분 만에 끝날 필요가 없다. 끝을 모른다. 끝날 필요가 없다. 원칙적으로 제임스 브라운 이후 팝 뮤직은 모두 포스트 펑크 뮤직이다. 디제이 DJ가 섞을 수 있는 음악은 실은 원칙적으로 전부 펑크 뮤직이며, 제임스 브라운은 자칭 모든 댄스 뮤직의 조상이라고 하는데 틀린 말은 아니다. 사람은 리듬만으로 춤을 추는 것이 아니라 멜로디로도 춤을 출 수 있다. 좀더 정확히 말하면 사람은 리듬과 멜로디 사이에 울리는 뭔가에 이끌려서 춤을 춘다. 들뢰즈와 가타리는 자신의 리토르넬로 개념을 설명하면서 '리듬적 인물personnage rythmique'과 '멜로디적 풍경paysage mélodique'을 구별한다. 하지만 충분히 설득력이 있다고는 말하기 힘들다. 그들은 작은 새가 반복하는 노래를 예로 들지만 작은 새가 리듬과 멜로디를 구별할까? 하물며 거기서 '리듬적 인물'의 모범 사례는 바그너다. 니체는 그것에 항거해 '춤추는 가벼운 발을 가진', '갈색 피부'의 '지중해' 음악을 추구했다. 조르주 비제Georges Bizet? 아니다. 그 지중해를 카리브 해로 바꾸면 모든 것은 납득이 간다. 그 북쪽 끝에 뉴올리언스를 가진 카리브 해로.

12. 푸앵카레Henri Poincare의 추측을 푼 불세출의 수학자, 페렐만Grigori Perelman의 일화다. 소년 페렐만은 수학문제를 풀 때 바

지의 넓적다리 주변을 문지르면서 상반신을 앞뒤로 흔들기 시작한다. 점점 격렬해진다. 문제가 어려우면 작은 목소리로 노래를 흥얼거리기 시작한다. 페렐만의 장소, 아무도 들어갈 수 없는 그 영토. 작은 수학자의 리토르넬로, 그가 걸었던 어둠의 깊이, 그리고 거기에서 답파한 길의 길이는.

2부

반시대적인 것을
두려워하지 마라

문학과 예술

(이소자키 겐이치로磯崎憲一郎와 나눈 대담)

시력 3.5 이상

이소자키/ 사사키 씨는 「밝은 시력을 잃다」(이 책에 수록)라는 에세이에서 어릴 적 시력이 3.5 이상이었다고 쓰셨던데 정말인가요?

사사키/ 네, 사실입니다. 가히 천리안이었지요.

이소자키/ 야마테센 차량의 맨 끝자리에 앉아서 반대쪽에 있는 광고의 글자를 진짜로 읽을 수 있다고요?

사사키/ 그럼요. 똑똑히 보였으니까요. 그래봤자 어차피 과거지사예요.

이소자키/ 스물여섯 살 때 노안이 왔다면서요?

사사키/ 지금은 몸 상태에 따라 보이고 안 보이고의 차이가 심해서 0.6 정도 됩니다.

이소자키/ 그 에세이를 읽고 『중요한 아이肝心の子供』01의 신통한 재주를 지닌 라훌라Rahula를 생각했어요.

사사키/ 듣고 보니 그렇군요. 그나저나…… 제가 본인 소설의 등장인물이라는 엄청난 말씀을 어쩜 그리 태연하게 하세요. (웃음) 아무튼 너무 잘 보여서 탈이었지요.

이소자키/ 그런 능력을 가진 사람에겐 책임이 따릅니다.

사사키/ 책임이라. 지금은 잃어버렸지만 그 능력을 상실하면 그 책임에서도 해방되는 것 아닌가요.

이소자키/ 타고난 능력이 어디 가나요?

사사키/ 팔자소관이려니 했어요. 자세한 것은 그 에세이를 읽으시면 아시겠지만 시력은 좋을수록 좋은 것은 아니니까요. 대략 3.5 이상일 거예요. 3.5 이상이면 측정할 수 있는 기계가 없습니다. 아마도 어릴 때는 5.0 정도가 아니었을까 싶어요.

이소자키/ 젊은 시절에 출장 갔던 케냐에는 카메라 사파리, 요컨대 동물들의 사진을 찍는 버스 투어가 있더군요. 나이로비 거리에서 약간 벗어나 360도로 지평선을 조망할 수 있는 광활한 초원으로 갔더니 가이드가 '저기에 코뿔소가 있다'라고 하는 거예요. 근데 웬걸, 제 눈에 보이는 거라고는 지평선 끝뿐이어서 뭔 개소리야, 뻥을 쳐도 엔간히 쳐야지 하고 생각했습니다. 그런데 차로 30분가량 달리자 정말로 코뿔소가 있더라고요. (웃음) 차로 30분 거리에 있는 걸 보다니 세상에는 별 희한한 사람도 다 있

---

01 인간인 부처와 부처의 아들인 라훌라('속박'이라는 의미)와 부처의 손자인 팃사 메테이야Tissamettcyyasutta 삼대의 일화를 쓴 짤막한 소설로서 부자간의 관계가 중요한 주제다. 라훌라는 주위의 모든 대상을 미세한 차이까지 정확히 인지하며 생명이 깃들어 있다고 느끼는 탓에 무엇 하나 함부로 버리지 못한다. 또한 숲에서 곤충을 벗 삼아 편모슬하에서 자란 팃사 메테이야는 죽어가는 곤충이 불쌍해서 시행착오 끝에 투구벌레와 하늘가재를 번식시키는 데 성공한다. 이 밖에도 부처의 아내 야쇼다라, 부처의 이웃 나라인 마가타의 국왕 범비사라와 그의 아들 아자타삿투와의 이야기가 어우러져서 세계가 존재하는 것과 자신이 살아 있는 것의 근거와 의미를 일깨워준다.

구나 싶었죠. 시력은 금방 알지만 다른 능력은 알기가 힘듭니다. 보통 사람에게는 없는 능력을 지닌 사람에게는 그만한 책임이 따른다고 생각합니다. 자부심과는 별도로 천리안을 지닌 사람은 능력에 걸맞게 성과를 내야 합니다.

자신과 세계를 동일시하고픈 욕망

이소자키/ 우선 『잘라라, 기도하는 그 손을』에 관한 이야기부터 하겠습니다. 가장 용기를 북돋워준 것은 닷새째 밤입니다. 가령 230쪽의 "자신이 살고 있는 시대가 특권적인 시작이나 끝이고, 자기가 살고 있는 동안 역사상 결정적인 일이 일어나주지 않으면 곤란하다는 병든 사고의 형태가 있습니다"나 267쪽의 "그것은 자신이 뭔가의 원인이고 행위의 주체라고 생각하는 사고의 오류에서 오는 거짓 문제에 지나지 않습니다" 그런 이야기가 나오는데, 제 소설에도 구조적으로 현재 중심주의 같은 것에 대한 비판이 짙게 깔려 있습니다. 현재, 지금 여기라는 것에서 현재 이외의 과거와 미래를 더더욱 상대화해가는 구조와, 자신과 타인이나 외계, 자신이 아닌 타인과 외계에 더 비중을 두는 구조가 비유적으로 비슷하기는커녕 동일하다고 생각합니다. 종종 말하지만 지금 그 사람이 불행하다는 말이 반드시 불행하다는 의미라고는 할 수 없습니다. 결과만 좋으면 과정은 문제가 되지 않는다는 사고방식이 있지요? 결과란 지금을 말하는데 그것 못

지않게 자신의 불행이 전 세계의 불행을 의미하지 않는다는 사고방식에도 강한 위화감이 듭니다. 어떻게 생각하십니까?

사사키/ 니체는 '나와 세계'라는 표현을 야유하고, 이 '와'라는 표현이 이미 우스꽝스러운 웃음거리라고 했습니다. '나'는 세계의 방대한 생성의 일부에 불과합니다. 동등할 리가 없으니 '와'라는 접속조사를 이용해도 두 가지를 하나로 묶기는 불가능합니다. 이소자키 씨는 그런 뜻으로 말씀하신 듯합니다.

첫 번째는 '세계'를 시간으로 파악하면 '방대한 과거와 미래'가 되므로 그것에 비하면 현재란 기껏해야 '내가 살고 있는 이 짧은 시간'입니다. 이 말은 곧 자신과 자신이 살고 있는 날들과 다른 것, 즉 타인과 과거와 미래를 '모멸'하거나 '숭배'하려는 행동은 결국 같다는 뜻입니다. 그들과 모멸도 숭배도 아닌 관계를 가질 수는 없다는 의미지요. 이소자키 씨가 행불행으로 말씀하셨다시피 방종하게 자신과 세계를 동일시하지 않는다는 말이기도 합니다.

반복을 두려워하지 않는 것이 저의 신조이므로 (웃음) 다양한 자리에서 누누이 했던 얘기를 한 가지 하면 흔히들 특권시하는 '현재'는 실은 진정한 의미의 '현재'가 아닙니다. 결국 현재를 쫓아가는 사람이 쫓는 것은 1년 또는 반년 전부터 대략 어제까지의 '가까운 과거'이지 현재와 현실이 아닙니다. 쫓는다는 것은 모방한다, 다시 말해 '의식이 퇴행'한다는 뜻입니다. 따라서 진정으로 생생한 '현재', '지금 여기'는 있을 수 없습니다.

기무라 빈[02]이라는 정신의학자가 계십니다. 저는 그의 논지에 일관되게 비판적이지만 이탈리아의 유명한 철학자 조르주 아감 벤Giorgio Agamben도 기무라 씨가 독일어로 쓰신 책을 여봐란 듯이 인용할 정도입니다. 그 기무라 씨가 울鬱이란 '포스트 페스툼 post-festum'의 의식, 우리말로 하면 '행차 뒤에 나팔', '사후 약방문'에 해당하는 의식이라고 했습니다. 요컨대 과거에만 집착해서 '그때 그렇게 했더라면 좋았을 걸' 하고 후회합니다. 현재를 쫓는 사람은 앞서 말한 대로 실은 과거를 봅니다. 사람을 무한히 쇠약하게 하고 힘을 뺏는 사고입니다. 그런 과거지향적인 사고에 저항하는 구체적인 방법은 무엇일까요. 그래서 저는 '지금 여기'와 가까운 과거인 '현재'를 나누어 생각합니다.

이소자키/ 향수nostalgia는 결국 지금이 중심이지요. 지금을 특권적인 위치로서 봅니다.

사사키/ 물론 그 안에도 문학적으로나 음악적으로 적절한 표현이 있을 테지만 향수는 자신이 살았던 시대든 그전이든 과거와 자신을 동일시하는 겁니다. '그 시절이 좋았지' 하는 말은 실은 오만한 언사예요. 자신이 무엇을 잊고 무엇을 기억하는지에 관한 두려움이 없어요. '그 시절'에 고단한 인생을 살았던 사람을 잊었고, 바로 그 시절에 지금의 비참한 상황이 싹텄을지도 모릅니다.

---

02 木村敏: 1931~, 교토대학 교수를 거쳐서 현재 가와이河合 문화교육연구소 주임연구원으로 재직 중이다. 서독에서 필리프 프란츠 폰 지볼트상Philipp Franz von Siebold-Preis을 수상했으며, 프랑스 니스로부터 국제철학·정신의학학회 표창을 받았다. 저서로『비정상의 구조異常の構造』, 『시간과 자기時間と自己』, 『기무라 빈 저서집』, 『정신의학에서 임상철학으로精神醫學から臨床哲學へ』(마이니치 출판문화상 수상) 등이 있다.

이소자키/ 자신의 관점이나 지위에 대한 특권의식이 있지요. 자신이 사는 지금보다 나중에 더 좋은 시대가 오지 않기를 바라거나, 자신의 시대가 오기 전에 이미 좋은 시대가 끝났다고 여깁니다. 그러나 자신이 처한 현실을 받아들이느냐, 못 받아들이느냐의 차이는 큽니다. 예술에 대한 자세로서 그 점이 중요하다고 생각합니다. 『잘라라, 기도하는 그 손을』로 말하면 149쪽의 무하마드 부분입니다. 자기 앞에 12만 4,000명의 선지자가 있었다고 무하마드가 말하지요. 자기의 절대화를 회피하는 듯한 말을 할 때의 그가 가장 쾌활하고 강력하게 빛납니다. 저의 이번 소설도 정체성과 자기동일성의 극복, 다시 말해 죽음을 극복하는 내용인데 그러한 지속저음03이 울렸으리라고 생각합니다. 현재와 현재 이외랄까, 미래나 과거라는 대립항対立項은 자기와 타인과 비슷하기는커녕 같지 않나요. 비유적으로 하는 말이 아니라 관계성은 물론이고 구조도 동일하다는 것에 대한 비판입니다.

사사키/ 무엇에 대한 비판이라고요?

이소자키/ 그러한 자의식을 긍정하는 예술에 대해서겠지요.

사사키/ 현재와 현재 이외, 그리고 자신과 자신 이외를 대립항으로 간주하는 것 자체가 바로 자기애가 유달리 강한 '자아'의 구

03 thoroughbass: Generalbass, basso continuo. 17~18세기 바로크 시대의 유럽 음악에서 독주악기가 쉴 때도 건반악기가 계속해서 낮은 음의 반주를 넣는 방식. 단, 이때 반주는 작곡자가 화음만 기록해놓고 연주자가 그때마다 즉흥적으로 화음에 맞는 반주를 만들어 넣어야 하므로 연주자의 실력의 척도가 되기도 한다. 다른 말로는 '통주저음', '계속저음'이라고도 한다.

조이므로 예술은 그것을 극복해야 한다는 말씀인가요. 매우 설득력 있는 이야기군요. 그러나 주의할 것은 이 '자신과 자신 이외', '현재와 현재 이외'를 '대립'으로 파악하는 구조는 이 두 항을 은연중에 '동등한 것'으로 보는 것을 전제로 합니다. 동등한 것으로서 보므로 안심하고 대립을 설정합니다.

앞서 말한 가까운 과거가 아닌, '진짜 현재', '지금 여기'는 엄청나게 포착하기 힘듭니다. '지금 여기'라고 한 순간에 과거가 되고 말지요. 거기서는 현재와 현재 이외라는 대립, 동등성을 설정한 이후의 대립이 성립하지 않습니다. 그래서 가까운 과거인 현재에 입각한 '자아'는 점점 좁아지고, 표현이 묘하지만 단순하게 말하면 진짜 '지금 여기'에 저촉되는 '자아'는 좁아지기는커녕 도리어 벌어집니다.

이소자키/ 이를테면 자아가 외부로 개방되는지, 정확히 현재에 들어 있는지에 관계된다고 봅니다. 현재도 더 긴 흐름 속의 현재로 파악하자는 제안인지도 모르지만. 하나의 주제라기보다도 전부를 포괄하는 주제인 듯합니다. 또 하나 『구하 전야九夏前夜』에서 신경 쓰였던 것이 있습니다. 예술을 생각했을 때 '자신'이랄까, '자기', '나'와 더불어 세계 같은 커다란 뭔가가 존재하고, 거기서 풍경이나 현상, 구체성을 가진 뭔가로 자신을 파악한다고 할까. 예술은 구체성 때문에 뭔가를 쫓아갈 수밖에 없어요. 매우 사적인 것을 통해서만 추구해야 한다니 이상한 구조지요. 그래서 소설을 생각하면 신기하다 싶어요. 과거라는 아주 한정된 자신의 사적인 것을 통해서만 뭔가를 쫓아가야 한다는 얘긴데 호사카

씨라면 신체성이고, 후루야 도시히로[04] 씨라면 가난입니다. 이를 사소설로 파악하기는 위험하지만 제 생각에는 그러한 구체성을 통해서만 조명되는 뭔가가 이상합니다.

특이성과 세계성

사사키 / 사물의 본질을 찌르는 이야기라고 생각합니다. 또한 이점이 이소자키 겐이치로라는 소설가의 특이성입니다. 이소자키 씨의 소설은 신체성이라거나 구체성 혹은 방금 하신 말로 표현하면 '가난'에서 더욱더 터무니없이 광대한 영역으로 확대됩니다. 그러나 그 방식, 회로를 여는 방법이 피상적이지는 않습니다.

지금부터 하는 이야기는 문학이론을 공부한 사람이면 누구나 아는 교과서적인 지식으로 보이지만 실은 대단한 학식을 필요로 합니다. 하물며 학문적 소양이 부족한 제가 공개 대담을 하는 이런 자리에서 함부로 문헌상의 출처를 열거할 수도 없으니 단순하게 말하겠습니다. 저보다 정통한 분이 계셔서 간결하게 보충설명을 해주시면 좋으련만. 문학의 우의寓意[05]와 상징에

---

04 古谷利裕: 1967~, 화가. 1993년에 도쿄조형대학을 졸업하고 가와사키 IBM 시민문화 갤러리(2005, 가나가와), A-things(2006, 도쿄) 등의 개인전을 열었다. 그 외에도 『세계에 배어드는 뇌―감각의 논리, 이미지가 꾸는 꿈世界へと滲み出す脳―感覚の論理, イメージのみる夢』, 『사람은 어느 날 갑자기 소설가가 된다人はある日とつぜん小説家になる』 등의 저서가 있다.

관한 이야기입니다. 우의는 예를 들면 이렇습니다. 옛날이야기에
는 고유명사가 나오지 않습니다. '공주님'이나 '인어'나 '임금님'
이나 '마녀'처럼 등장인물이 일반명사로 나옵니다. 그것이 '우의'
이며, 개별성은 문제가 되지 않습니다. 남녀 등장인물들의 주체
성인 내면은 중요하지 않습니다. 그러나 이후의 근대소설은 구
체적인 이름이 나옵니다.

다시 말해 '왕자님과 공주님'이 알콩달콩 살았다는 행복한 결
말이 아니라 고유한 이름을 가진 개개인의 자의식과 개성을 정
교하고 치밀하게 말합니다. 우의는 무대배경같이 생동감이 없
는 혹은 아동용 동화처럼 유치한 것으로 간주합니다. 어떤 의미
에서 '이름 없는' 사람을 이야기합니다. 그러나 반대로 그 '개별
성'에 대한 집착이 곧 일반성으로 가는 길입니다. 개체를 분석
하면 만인에게 타당한 일반성으로 빠지는 길이 있습니다. 바로
'상징'입니다. 발터 베냐민의 『독일 비극의 원천*Ursprung des deutschen
Trauerspiels*』에도 인용된 괴테의 『잠언과 성찰*Maximen und Reflexionen*』
에서 옹호하는 입장이지요. 그 책에서 괴테는 상징을 '특수 속
에서 보편을 보는 방식'이며, '문학의 본질'을 이룬다고 말합니
다. 특수하고 개별적인 것을 철저히 분석해서 묘사하면 만인에

---

05 allegory: 그리스어의 '다르게Allos'와 '말하기Agoreuein'가 합성된 Allegorei가 어원이
며, 은유적이거나 의인화된 표현으로 표면적 의미와 이면적 의미를 동시에 갖도록 하
는 수사법을 말한다. 하나의 단어나 하나의 문장과 같은 작은 단위에서 구사되는 표현
기법인 은유와 달리 알레고리는 이야기 전체가 하나의 총체적인 은유로 관철되어 있다
는 차이점이 있다.

게 타당한 일반성으로 빠질 수 있습니다. 이것이 근대소설의 상징적인 트릭입니다. 상징과 우의의 구별에 관해서는 새뮤얼 테일러 콜리지[06]도 참조해야 하지만 이야기가 길어질 테니 생략하겠습니다.

이는 이소자키 씨가 말씀하셨듯이 일본의 독자적인 어휘로 말하면 '사소설적'으로도 보이는 트릭입니다. 개별성을, '개성'을, 즉 자신의 체험과 내면을 토로하면 모두에게 해당하고 적용될 것이라는 식의 방종을 어느 정도 가능하게 하지요. 물론 상징적인 위대한 문학은 많으며, 괴테가 자신의 작품에서 그러한 방종에만 빠져 있었던 것은 아닙니다. 우의를 옹호한 벤야민은 진심으로 괴테를 존경했으니까요.

그러나 어쨌든 이 자아에서 일반성으로 가는 회로야말로 저질 근대소설이 지닌 일종의 시시함입니다. 이 회로의 함정을 이소자키 씨는 지극히 교묘하게 벗어났다고 생각합니다.

『세기의 발견』에 대한 짧은 서평에서 논한 적이 있으나 이소자키 씨의 소설은 역시 특이합니다. 분명히 거대한 우주의 생성 같은 것을 다루려고 합니다. 현재의 보잘것없는 자신에게 매달리는 소설은 절대 아닙니다. 그러한 자아와 개성, 개별성을 거의 개의치 않고 글을 씁니다. 그렇다고 해서 모조리 그 생성에 말려들어 용해하고 융화되어 개체성과 구체성을 잃고 생명의 바

---

06 Samuel Taylor Coleridge: 1772~1834. 영국의 시인 겸 평론가. 저서로 『서정가요집 Lyrical Ballads』, 『콜리지 시선』, 『문학평전』 등이 있다.

다의 유구한 흐름으로 동일화한다는 주장도 결코 하지 않습니다. 개체성이나 구체성 혹은 어휘적으로 구별하기 위해 특이성이라는 말을 써도 무방하지만 아무튼 그러한 것을 줄기차게 견지해온 소설가입니다.

이소자키 씨의 소설에 어처구니없는 문장이 나옵니다. 바로 50년을 산 거북이 이야기입니다. 거북이는 인간처럼 '고독하다'고 생각하는 것이 아니라 "거북이는 거북이 나름의 방법으로 고독하다는 것을 알고 있었다"라는 훌륭한 글귀가 있습니다. 독자들은 이 한 줄로 소름끼치는 감성을 단련해야 하고, 이런 식의 엉뚱한 문장을 쓰는 것이 문학입니다. 철학이 이 한 줄에 도달하려면 방대한 논문이 필요합니다. 그러한 인식이라고 생각합니다.

잠시 반론하자면 이소자키 씨의 최신작 『꼭 닮은 남남赤の他人の瓜二つ』에서도 등장인물이 죽는 장면에서 "이것은 무수한 죽음의 하나에 불과하다"라며 웃으면서 죽어갑니다. 이 말이 세 번 반복됩니다. 대단히 가슴 뭉클하고 인상 깊은 문장들이자 반복입니다. 어떤 의미에서는 '정신적으로 건강'하다고 할 수 없는 대사입니다. 그래서 무시무시하지만.

왜냐하면 여기서 나는 '다수 중 한 명에 불과하다one-of-them-ness'라고나 할까요. 그런 주장이 두드러지기 때문입니다. 자신이 '유일한 사람only-one-ness이라는 것'에 과도하게 집착하는 사람은 정신적으로 병들었다고 할 수 있습니다. 하지만 '다수 중 한 명에 불과하다는 것'에 휘둘리며 사는 사람도 병들었기는 매한가지입니다. 옛날에 도쓰카戸塚 요트스쿨이라는 곳에서 신경증과 우울증을 치료했습니다. 환자를 발로 차서 바다에 빠뜨리면 대개의 환자는 갑자기 삶에 대한 집착이 싹트서 눈이 뒤집히거든요. 물론 가혹하고 극단적인 치료랄까, 단지 폭력에 불과해서 도저히 정당화할 수 없긴 합니다. 그런데 조현병을 앓는 사람의 경우 더러는 삶에 대한 집착이 없습니다. 수많은 사람 중 한 명에 불과하다는 생각으로 삽니다. 자신을 소중히 여기지 않는 탓에 바다에 떨어뜨리면 바르작거리지 않고 가라앉아버려서 도쓰카 씨는 애가 탔나 봅니다. 달리 표현하면 '자신의 유일성/특이성only-one-ness unique-"I"-ness'이라고나 할까요. 아무튼 자신이 유일무이한 존재라는 평범하고 자기애가 과잉된 사고와 비교하면 훨씬 과격한 것 같습니다. 또한 일반적으로 '정신건강'을 유지하려면 이 두 가지 사고의 균형이 중요하다는 사실은 누구나 대번에 압니다. 반복하지만 이소자키 씨의 경우 불현듯 유일성one-of-them-ness에 강하게 치우치면서도 특이성, 구체성, 이물감은 잃지 않습니다. 희유한 일이죠.

이소자키/ 이슬람교도는 어떤가요. 자신의 죽음에 관해서 무하마드는 어떻게 생각하나요?

사사키/ 그는 마지막 선지자였습니다. "나 이후에 선지자는 나타나지 않는다"라고 했습니다. 그토록 자신을 상대화하는 언사를 했지만 한편으로 어떤 말이, 어디까지가 무하마드 본인의 말인지 모르겠습니다. 아랍어도 못하는 제가 심오한 이슬람 문헌학의 역사를 파고들어서는 곤란하니까요.

　재차 강조하면 개체성과 주체성을 극복하려다가 왕왕 커다란 함정에 빠집니다. 이른바 삶의 철학 같은. 요컨대 우리는 개체로 분리되었다, 불완전한 소통으로 고독에 시달리며 진정한 유대와 바야흐로 공동성이 사라져버렸다는 등의 너무도 저급한, 그것 자체가 어떤 의미에서 환상에 불과한 생각에 시달리고 있습니다. 그래서 이 개체를 극복하기 위해 자신의 개체를 말끔히 없애고 전체에 동화하려고 합니다. 생명이라든가 유전자라든가 하는 커다란 흐름에 흡수되어가는, 도취적인 융합의 환영에 유혹당합니다. 전체주의라고 해도 무방한 환영에.

이소자키 씨는 완전히 다른 회로로 생각합니다. 이소자키 씨가 묘사하는 우주의 방대한 생성의 사실과 구체적인 거북이의 고독, 특이성은 모순되지도 대립하지도 않습니다. 개체를 파고들면 상징적으로 일반에 도달하는, 개체를 말끔히 없애고 전체성으로 융합해 회귀하는 것을 뭉뚱그려서 '개체성과 전체성의 회로'라고 부른다면, 이소자키 겐이치로라는 작가는 이러한 회로에서는 작동하지 않습니다. 비슷한 듯 보이지만 전혀 다른 회로를 열어서 생각하고 글을 씁니다. 따라서 다른 표현을 써야 합니다. 예를 들면 '특이성과 세계성Weltlichkeit의 회로'라든가.

……방금 저처럼 말로 설명하기는 쉽습니다. 그러나 실천으로 보여주기는, 글로 제시하기는 유난히 까다롭습니다. 소설책은 이제 달랑 한 권 쓴 초보자 주제에 감히 선배 작가의 소설을 이렇게 거침없이 설명하다니 뻔뻔하죠. (웃음) 부끄러워서 얼굴이 화끈거리네요. (웃음)

여간해서는 쑥스러워서 얼굴 맞대고 못 하니까 이 자리를 빌

117

려서 말하는데, 용케도 이런 질 높은 작품을 속속 발표하시니 입이 안 다물어집니다. 그런데 아쿠다가와상을 수상한 『마지막 거처』라는 소설은 이소자키 씨의 소설 중에서는 가장 완성도가 떨어진다고 생각합니다. 그 평가를 바꿀 마음은 없습니다. 방금 한 이야기는 앞서 기술한 서평에서 상세히 적었으므로 생략하겠습니다. 그러나 '여성'의 모습이 특이한데다 '죽음'을 둘러싼 사고가 걸림돌이 되어서 '개체성과 전체성의 회로'의 함정에 걸려든 부분이 있다고 생각합니다. 이소자키 씨가 가장 취약한 부분은 여성입니다. 이 양반은 소설에 여성이 등장하면 맥을 못 춘다니까요. (웃음)

이소자키/ 그건 그래요.

강연/ 강연장 (웃음)

사사키/ 그러나 이후의 작품 『페넌트』와 『꼭 닮은 남남』을 읽고는 송구했습니다. 이소자키 씨는 알고 있었다는 확신이 들어서.

방대한 유전자의 흐름 속에서 우리라는 개체는 그 흘러가는 바다에 뜬 한낱 그릇이자 통과점이라고 곧잘 말합니다. 방금 전에 했던 이야기와 비슷한 전체주의적인 사고지요. 왜냐하면 '전체'인 '유전자의 바다'는 원래 '개체'가 없으면 존재하지 않으니까요. 개체가 멸종했다면 바다는 바짝 말라붙습니다. 그럼 어떻게 될까요. 요컨대 우리의 개체 하나하나가 바로 유전자의 바다입니다. 이 두 가지는 하나입니다. 우리는 바다의 보잘것없는 일부가 아니라 바다입니다. 구체성과 특이성을 지닌 온전한 바다입니다. 최근의 과학적 식견을 별로 추종하지 않으므로 그 분야에서 보면 말이 지나칠지도 모르지만, 철학적으로는 이렇게 말할 수 있습니다.

이소자키 씨의 소설은 이러한 '개체성과 전체성의 회로'의 함정을 벗어나는 중노동을 가뿐히 해냈습니다.

'이 세계'가 '나의 사후'다

이소자키/ 『세기의 발견』의 서평(『제자리걸음을 멈추고』에 수록)에서 쓴 '단적인 죽음'은 무슨 말인가요? 설명을 부탁드립니다.

사사키/ 인간적인 죽음이 아닌 죽음, '개체성과 전체성의 회로'에 들어가지 않는 죽음을 말합니다. 죽음은 인간의 유한성 그 자체입니다. 따라서 개체성과 전체성을 분리하고 접합하는 것이 '죽음'입니다. 그런데 이소자키 씨가 말하는 죽음은 이러한 회로에 들어가지 않습니다. 자신의 죽음을 철저히 상대화하는 동시에 세계로의 융합으로도 구원으로도 쓰지 않습니다.

뭐랄까. 한마디로 개체와 전체는 그 결과에 불과합니다. 혹은 죽음과 삶이 흐름이 아니라 그저 그 결과인 듯한 운동성이 거기에 존재합니다. 오늘은 미묘한 뉘앙스 하나로 비슷하지만 전혀 다른 두 개의 회로를 나눠서 설명하려니 정말 힘드네요. 여하튼 움직이는 것, 생성을 반복하는 것이 있기에 그 결과로서 죽음과 삶이, 개체와 전체가 구별됩니다. 그러한 세계의 생성이라고 할 만한 수준의 글을 이소자키 겐이치로라는 작가는 씁니다. 어설프게 해서는 죽도 밥도 안 되지요. 그런데도 이소자키 씨는 선뜻 그 수준으로 갑니다. 이유가 뭘까요?

이소자키/ 몰라요. (웃음)

사사키/ 딴청 부리시기는. (웃음) 이소자키 씨의 서평에 적었으니 간략하게 이야기하겠습니다. 삶이란 우리 개개인에게 적나라하게, 가장 잔혹하게 유한성을 들이대는 법입니다. 우리 개개인은 어차피 모두 죽습니다. 그러나 그 '어차피 죽으니까'라는 동기 때문에 이루어지는 행위는 으레 옴진리교나 나치 같은 폭력적인 행위로 귀착되곤 합니다. 피폐한 인생의 말로에 희열을 맛보고 싶어서일까요. 그런데 자신들의 죽음을 특권으로 여기고 행위의 동기로 삼으려는 이유는 결국 자신의 삶이, 자신이 살고 있는 시대가 영광스럽기를 바라기 때문입니다. 그러한 생각의 소유자는 자신이 죽은 뒤에 지금보다도 근사한 세계가 존재하는 것을 견딜 수가 없습니다. 그러니 병든 사고라고 할 수밖에요. '자신의 사후세계'는 엄연히 존재합니다. 그러나 이 세계 밖에 있지 않습니다. 천국도 지옥도 아닌 '여기'이고, 실로 '이 세계'가 '나의 사후세계'입니다. 견디기 힘든 가혹한 사태이긴 하지만 잘 생각해보면 당연합니다. 견디고 못 견디고의 문제가 아니라 인지상정입니다.

이소자키/ 제 생각도 그렇습니다. 다만 긴혹 인간이 제대로 산다면 저렇게 되지 않을까 싶을 때가 있습니다. 노인들은 담백하시잖아요. 초목을 보며 즐기시고. 계간지 『한밤중』에 실린 에세이에도 썼지만 5~6년 전에 신주쿠에 볼일이 있어서 어린 딸아이를 데리고 점심을 먹고 있었습니다. 그 순간 옆에 앉아 있던 노부부가 무심코 "한창 좋을 때야"라고 하시더군요. 길에서 좋은 분들을 만나서 반가운 마음에 할머님께 고맙다는 인사를 드렸습니다. (웃음)

사사키/ 제게도 그런 행운이 왔으면 좋겠네요. (웃음)

이소자키/ 그런데 그때 문득 노인이란 인생의 황금기를 보내고 사는 삶이라는 생각이 들었어요. 견디기 힘들 만큼 괴로울 테죠. 절대로 자신의 앞날에 더는 인생의 황금기가 없다는 사실을 받아들이면서 사는 것은. 그러나 설사 끝내 받아들이지 못할지언정 모름지기 언젠가는 죽음을 맞이하는 법이므로 영원히 사는 사람은 없습니다.

사사키/ 그럼요. 방금 또 불쑥 굉장한 말씀을 하셨어요. 이소자키 씨는 마치 새로운 발견을 한 듯이 어김없이 죽는다고 하는데, 실은 어김없이 죽지 않는다는 사실이 전제가 되어야 그런 말을 할 수 있거든요. 철학적 입장에서 마냥 이야기할 수 있지만 오늘은 그만두겠습니다. 이소자키 씨, 계속해서 말씀 부탁드립니다.

이소자키/ 사람에 따라서 잘 받아들이고 못 받아들이고의 차이가 있겠지만 인간은 그런 식으로 생겨먹지 않았나 봅니다.

사사키/ 방금 하신 말씀을 들으니 이소자키 씨는 역시 60~70세가 되어서도 전혀 끄떡없이 소설을 쓰실 것 같습니다. 정년이 되면 반색하면서 '됐다! 시간이 생겼어!' 하며 이후로 30년가량 더 소설을 쓸걸요, 이 양반은. (웃음)

이소자키/ '소설은 그것을 읽을지도 모르는, 아직 보지 못한 단 한 사람의 독자를 위해 써야 한다'라는 내용이 닷새째 밤[「발소리를 내지 않고는 배겨나지 못할 터다」를 참조]에 나옵니다. 종종 제게 글을 써야 하는 이유를 묻습니다. 특히 젊은 사람들에게 그런 질문을 자주 받지요. 제가 소설을 발표하는 이유는 아직 보지 못한 단 한 사람의 독자가 존재한다고 믿기 때문입니다. 소설만이 아닙니다. 예술에 봉사하는 직업은 다 그러하리라 생각합니다. 왜 소설을 쓰느냐고 묻는다면 '읽어버렸으니까'라고 대답할 수밖에 없지 않나요?

사사키/ 19세기 후반에 성립된 오스트리아-헝가리 제국에 프란츠 카프카라는 이름의 노동자 상해보험회사 직원이 있었습니다. 그는 평범한 월급쟁이 생활을 하면서 소설을 썼습니다. 그가 설마 본인이 죽은 지 80년 가까이 지나서 극동의 섬나라에 사는 이소자키 겐이치로라는 월급쟁이가 자신의 소설을 읽고 감명을 받아서 왕성하게 소설을 쓰고 있으리라고 기대나 했겠어요. 하물며 자신의 유작을 전부 태워달라고 한 사람이. 그럴 리가요. 꿈같은 애기지만 그래도 도착했습니다. 조이스와 베케트도 받았고, 또한 그들이 보낸 바통을 우리도 누군가에게 보내야 합니다. 아무리 확률이 낮아도, 가망이 없어도.

이소자키/ 오늘은 생략하겠지만 '0.1퍼센트의 가능성에 건다'라는 말은 그런 의미지요. 작품에 대한 반응은 요즘에는 블로그에서 확인할 수 있습니다. 이소자키 겐이치로로 검색하면 홋카이도의 고등학생이 읽고 작성한 블로그를 볼 수 있습니다. 아마존을 보면 『마지막 거처』를 읽었는데 당최 무슨 소린지 이해할 수가 없었다고 쓴 평이 많으나 그래도 0.1퍼센트가량은 제 책에서 뭔가를 느낍니다. 따라서 그런 독자의 존재를 믿는다는 의미로 저도 예전에 읽었으니 써야만 하는 소설이 있습니다. 이는 실은 단적인 죽음과 같은 이야기라고 생각합니다.

사사키/ 맞아요. 카프카의 사후지만 같은 세계에 몸담고 살아가고 있으니까요.

화제를 바꿔서 이소자키 씨의 『꼭 닮은 남남』은 반응이 어땠는지 대략 상상이 갑니다. '현실을 따르는 듯싶다가 황당무계한 이야기로 발전한다'라는 반응이 가장 흔한가요? 『중요한 아이』의 역사적·전기적으로 보이고 시공이 뒤틀리며 요동치는 독특한 이야기와, 『눈과 태양』에서 비롯되어 『세기의 발견』에서 극에 달했던 현실에 입각한 여느 소설처럼 불온한 내용이 담긴 이야기가 있습니다. 이 두 가지가 『꼭 닮은 남남』에서는 병렬되고 통합되는데, 어느 비평가는 그것을 가리켜서 이소자키 겐이치로라는 작가의 집대성이라고 말합니다. 그러나 그것은 평범한 견해이고 오히려 이 두 이야기를 동일하게 관통하는 것을 간파해야 합니다.

또 하나. 서두에 '나는 이러하다', '나는 이렇게 생각한다'라는 일인칭이 여봐란 듯이 자주 나옵니다. 한데 이 '나'가 돌연 사라지더니 어디에서도 찾을 수가 없습니다. 이 기법을 최초로 선보인 사람은 귀스타브 플로베르Gustave Flaubert인데 소설 『보봐리 부인』에서도 일인칭인 '나'가 등장하자마자 사라집니다. 이를 흉내낸 소설은 이 밖에도 많으므로 어떤 의미에서 이 이소자키 씨의 신작은 20세기 모더니즘 이후에 발전한 전위소설의 기법을 다양하게 구사했다고 이해할 수 있습니다. 기법이 문제가 되는 소설은 아니련만 일일이 지적하며 '대단하다'고 하는 시시껄렁한 비평가는 그저 자신이 만물박사라고 말하고 싶을 뿐입니다. 본인을 추켜세우려고 '이소자키 겐이치로는 이토록 문학에 정통하다'라고 말하는 척하는 것입니다. 물론 그러한 의식적인 혹은 무의식적인 계승에 주의하지 않는 비평은 논외로 하겠습니다.

차후에 자기동일성의 붕괴라는 지극히 진부한 상투어를 꺼내거나 정체성이 붕괴한 포스트모던한 소설이라는 쓸모없는 말을 꺼내는 비평가가 등장할 수도 있습니다. 그렇지 않기를 바라지만. 그들은 헛똑똑이입니다. 이제껏 얘기했듯이 다양한 의미에서 동일성에 입각한 '전체성과 개체성의 회로'와는 별개의 특이성과 세계성, 구체성이 존재하며, 이소자키 겐이치로는 다른 회로로 생각한다는 사실을 모르는 사람들입니다. 제대로 알지도 못하면서 비평이랍시고 아무 말이나 해서는 곤란하지요. ……앞질러서 부적합한 비평의 유형을 대충 말했습니다. (웃음)

이소자키/ 그래도 대단히 좋은 말씀입니다. 다른 소설을 읽고 이 소설을 읽었더니 끝내주던걸요. (웃음)

사사키/ 또 시작이군요. (웃음)

이소자키/ 내가 썼다고는 생각할 수 없을 만큼 좋지만 레드 제플린Led Zeppelin의 메디슨스퀘어가든 공연을 바탕으로 한 실황녹음 앨범 겸 영화 〈영원한 시The Song Remains the Same〉에서 레드 제플린의 리드 보컬인 로버트 플랜트Robert Plant가 〈천국으로 가는 계단Stairway to Heaven〉을 부르기 전에 "이것은 희망의 노래다This is song of hope"라고 말합니다. 저는 〈천국으로 가는 계단〉은 별로 좋아하지 않지만 이 『꼭 닮은 남남』은 희망의 소설입니다. 그 말만은 하고 싶군요.

사사키/ 얘기가 길어지니 간단하게 말하면 이소자키 겐이치로 씨는 간접화법과 직접화법, 그리고 자유간접화법의 전환이 뛰어납니다. 기법에 의존하지 않아서 도리어 이상하지만 저는 낫표(「 」)로 묶는 직접화법으로 쓰는 소설은 질색이어서 가급적이면 평생 쓰지 않을 생각입니다[일본어는 세로쓰기 형식이어서 따옴표에 해당하는 부분을 낫표로 표기한다]. 낫표는 인용에서만 씁니다. 그러나 이소자키 씨는 융통무애融通無碍하게, 쉬운 말로 하면 자유롭고 유연하게 낫표를 씁니다. 그런데 낫표를 쓴 부분이 이상한 위화감을 남깁니다. 그래서 반대로 이소자키 겐이치로 씨가 직접화법을 쓰면 엄청 재미있습니다. 왜냐하면 보통은 「타로는 말했다」, 「이 책은 재밌어」처럼 낫표 안에 대화를 넣는 것이 소설의 규칙이잖아요. 그것이 이소자키 겐이치로 씨의 소설 속에 나오면 매우 위화감이 듭니다. 위화감이 생기도록 쓴 거죠. 그런데 잘 생각해보면 낫표 안에 등장인물의 말이 들어가야 한다는 규칙은 없어요. 이소자키 씨는 불쑥 모두가 당연하다고 생각하는 소설 규칙의 허구성을 드러냅니다.

나는 고치고 싶지만 소설이 거부한다

이소자키/ 『잘라라, 기도하는 그 손을』에서 베케트가『고도를 기다리며』란 무엇이냐는 질문을 받고 '공생입니다'라고 대답했다고 합니다. 누가 질문했더라?

사사키/ 제임스 & 엘리자베스 놀슨[07]의『새뮤얼 베케트의 증언록 *Beckett Remembering, Remembering Beckett*』에 나옵니다. 필시 젊은 배우가 했던 소박한 질문이었을 거예요.

이소자키/ 무릇 소설가라면 써야 하는 말인 듯싶군요. 저도 그런 생각으로 글을 쓴다고 말한 적이 있습니다.

사사키/ 그러나 이소자키 씨가 말하는 '좋은 이야기'와 보통 사람이 말하는 '좋은 이야기'는 정의가 다릅니다.

이소자키/ 다르지요. 매우 위험한 말이지만 저는 부정적인 말은 일체 쓰지 않을 작정입니다.

사사키/ 제 소설에서 주인공이 오른발을 다칩니다. 항상 아파하다가 결국에는 감각을 상실하는 묘사가 나옵니다. 이소자키 씨는 그 부분을 '발칙하다'라고 합니다. 아픔을 글로 전하려 해서는 안 된대요.

이소자키/ 마음을 온전히 글로 전달하기는 무리입니다. 날려버리

---

07 James & Elizabeth Knowlson: 1933~, 새뮤얼 베케트 연구의 세계적 권위자로 베케트가 "내 작품을 가장 잘 아는 사람이다"라고 한 20년 지기다. 영국 래딩대학의 불문학 교수로 재직 중이다. 동 대학의 베케트 문서자료실(현재 베케트 국제재단)을 창설하고, 잡지『베케트 연구 저널 *Journal of Beckett Studies*』을 창간해 베케트 연구 발전에 힘썼다.

세요. 아픔과 가엾음은 글에 담아낼 수가 없어요.

사사키/ 가여운 마음이 든다면 성공한 셈 아닌가요. 이소자키 씨의 소설 『마지막 거처』의 주인공인 회사원은 진짜 불쌍해요. (웃음)

이소자키/ 불쌍하다마다요. (웃음)

사사키/ 11년이나 소 닭 보듯이 지냈다니 그의 부인도 참 지독해요. (웃음)

이소자키/ 주인공이 아침에 역에서 우유와 빵을 먹으면서 하얀 입김을 내쉰다. 그 장면은 정말 눈물 난다니까요. (웃음)

강연/ 강연장 (웃음)

사사키/ 본인 소설을 대놓고 칭찬하시네요. (웃음) 저도 인간인지라 나니와부시[08]에 다소 마음이 움직인 적은 있어요. 하지만 이소자키 씨의 소설에 감동하는 것은 그런 차원이 아닙니다. 더 직접적이고, 당돌하며, 맥락도 없이 확 사로잡는다고나 할까요. 어린 시절에 싸우다가 관자놀이를 맞으면 아프다고 지각하기 전에 꽝 하고 충격만 느끼죠. 머리가 도기나 철기처럼 덜덜덜 흔들립니다. 아프다고 감정을 형언하기 전에는 순수한 충격만 느낍니다. 이소자키 씨의 소설이 주는 감동은 그 느낌입니다. 이소자키 씨의 노림수가 아닌가 합니다. 때리려거나 목적을 위해서가 아니라 발버둥을 치며 고투하는 모습이 우연히 독자에게

---

08 浪花節: 일본 전통음악의 장르로서 로쿄쿠浪曲라고도 한다. 서민적 의리와 인정에 호소하는 작품이 많으며, 가부키에서 따오거나 그 시대의 시사적인 내용을 소재로 한다.

적중해서 그 충격에 눈물이 납니다. 그런 성질의 작품입니다.

따라서 이소자키 씨가 곧잘 '내 소설은 좋은 이야기다'라고 할 때의 '좋은 이야기'와 우리가 일반적으로 눈물겨운 드라마를 보며 말하는 '좋은 이야기'의 질은 전혀 다릅니다.

이소자키/ 매번 말하지만 저는 소설을 쓸 때 설계도 같은 것 없이 정말로 '이 문장 다음에 무엇을 둘까'만 생각하며 쓰는데, 유독 이번 작품은 어떤 방향으로 결말을 낼지 도무지 갈피를 잡을 수가 없었습니다. 가장 긴 장편인 탓도 있지만 작품의 진행 방향에 대한 고민과 중간에 그만둬버리고 싶은 마음이 유달리 강했습니다. 그런 의미에서 탈고하고 나면 정말로 내 책이 아닙니다. 그래서 출판사가 "여기를 고치면 어떨까요?"라며 교정쇄를 보내오면 자주 농담 반, 진담 반으로 "고치고 싶은 마음은 굴뚝같지만 소설이 거부해요"라고 하지요.

사사키/ 공감합니다. 글 쓰는 작업은 자신이 쓴 글을 지배하는 것이 아닙니다. 지배욕으로 쓰면 결과물이 달라질지도 모릅니다. 그러나 엄연히 써야만 하는 부분은 있습니다. 또한 미친 듯이 쓰고 또 쓰다가 빠져나온 순간 그 작품에게 버림당하기도 합니다. 저자가 파면당하고, 해임당하는 순간이 찾아옵니다. 자신이 쓴 글을 다시 보고 '대체 누가 쓴 글이야, 이건' 하고 눈을 부라리는 순간이 없으면 예술작품이 아닙니다. 실은 논문도 마찬가지입니다. '그동안 각종 자료를 섭렵하고, 공부한 내 머릿속에서 이런 허접한 논문이 나왔을 리 없어, 애초의 의도와는 딴판이잖아'라는 말이 나와야 정상입니다. 내가 아닌, 자신을 초월한 글이 등장해서 별안간 생소해집니다. 그래서 '고치고 싶지만 소설이 거부한다'라고 하신 겁니다.

단련한 끝에 오는 비약의 순간

이소자키/ 잊기 전에 말하겠습니다. 요코 다다노리[09] 씨랑 하부 요시하루[10] 씨와 11월경에 식사를 했습니다.

사사키/ 대단한 조합이군요. 세 분이서 마음만 먹으면 세계 정복도 가능할걸요. (웃음)

이소자키/ 별말씀을 다 하세요. 보통은 셋이서 개찰구에서 만나거든요. 어쨌거나 그때 셋이서 대화를 나누다가 그림이든 장기든 소설이든 준비된 기량을 펼치는 동안은 별 볼일 없다고 의견 일치를 보았습니다. 그 국면과 흐름 속에서 그림을 그린 의도나 이런 수를 둔 이유가 드러났을 때야말로 대단하다는 의미에서. 그러므로 타동성他動性이랄까, 수동受動이 관건입니다. 하부 씨도 "제 유일한 관심사는 오직 얼마나 좋은 장기를 두었는지뿐입니

---

09 橫尾忠則: 1936~, 일본의 앤디 워홀이라 불리는 일본 팝문화의 선두주자. 그래픽, 디자인, 일러스트레이션, 회화, 광고, 영화, 디지털 아트 등 일본 대중문화에 큰 영향을 주었다. 1997년부터 『주간신초週刊新潮』의 표지그림을 담당했으며, 국내에선 사진을 조합한 환상적인 그림 (Y자형 골목)으로 유명하다.

10 羽生善治: 1970~, 중학생 때 프로 장기기사로 데뷔한 후 최초로 7관왕 독점을 달성한 인물.

다"라며 공식적으로는 7관왕을 목표로 한다지만 승리에는 별로 연연하지 않는다더군요. 의외의 묘수가 나온 그 순간만이 유일한 관심사라는 그의 말에 공감했습니다.

사사키/ 하부 씨도 그렇군요……. '그 순간'이란 앞서 말한 '가까운 과거인 현재'와는 다른 진짜 '지금 여기'죠. 어쨌든 예술과 장기에 국한된 이야기가 아니라 여러분이 흔히 경험하는 성장과정일 수도 있습니다. 악기를 배워서 연주하든, 스포츠나 노래를 하든, 랩이나 디제이를 하든 훈련을 거듭하면 별안간 비약해서 '내가 이걸 해내다니 거 참 신기하네'라고 하는 순간이 옵니다. 엄두도 못 내던 일을 저지르고 마는 순간이. 자신에 대한 감지기가 예민한지 아닌지의 문제일 뿐, 실은 일상다반사입니다. 기본적으로 사전에 정해둔 설계도와 프로그램이 엄연히 있건만 내가 아닌 다른 사람이 썼다고밖에 생각할 수 없는 문장이 졸지에 나타나거나, 제대로 쳐본 적이 없는 소절을 연주합니다. 문제는 그런 우연성과 비약을 배제해야 완성도 높은 창작을 한다고 생각한다는 점입니다. 하지만 그것은 부정확한 인식입니다. 아마 재즈를 생각하시면 금방 이해하실 겁니다. 단련한 끝에 갑자기 비약하는 순간이 와야만 예술이라고 할 수 있습니다. 단련을 거듭했어도 이때다 싶으면 모조리 날려버리고 다음 수를 둘 수 있는, 글을 쓸 수 있는 사람은 역시 강합니다.

이소자키/ 『구하 전야』는 처음에 100장 읽기도 힘들었어요. 그러나 『와세다문학 π』의 20쪽에 "우리 집안에 구전되어온 얘기를 듣고 생각건대 할아버지가 늘그막에 경조증hypomania 때문에 구입한 별장은 별로 으리으리한 집은 아니었고, 돌아가신 뒤 오랫동안 방치되어 누추한 헛간처럼 덜컹거리고……"라는 대목부터 대단히 감동적입니다. 이 부분에서 겨우 알았지만.

사사키/ 그 앞은 필요 없나요? (웃음)

이소자키/ 아니요, 저는 20쪽이 무척 좋았는데 이 소설에 대해서는 다들 피상적인, 요컨대 문체의 호불호로 논합니다. 비평가들끼리도 그런 부분에서만 평합니다. 제가 읽어보고 느낀 것은 『그리스 기행: 마루시의 거상』이었어요. 헨리 밀러Henry Valentine Miller 컬렉션에 들어 있는 걸작입니다. 2년 전쯤 사사키 씨와 제가 『문예文藝』에서 '독자들이 좋아하는 세 권'으로서 꼽았던 책이기도 한데 아주 기가 막힙니다.

사사키/ 정말로 훌륭한 작품이지요. 헨리 밀러는 독특한 작가여서 요즘 여성이 읽으면 약간 여성 차별적이므로 짜증나는 표현도 없지는 않습니다. 하지만 근본적으로 '지금 여기'의 삶을 믿는 작가이며, 『그리스 기행: 마루시의 거상』에는 그의 긍정적인 면이 다양한 방식으로 분출되어 있습니다.

이소자키/『구하 전야』의 풍요로운 여름의 사실적인 묘사에서 이 책이 연상되었습니다. 같은 느낌을 받았거든요. 그래서 오기 전에 『그리스 기행: 마루시의 거상』의 어떤 대목을 발췌하면 좋을까 찾아봤습니다. 소개하겠습니다. "그리고 몸을 뒤로 젖혀 하늘을 올려다보았다. 전에는 이런 식으로 하늘을 본 적이 한 번도 없었다. 정말이지 굉장했다. 유럽에서 완전히 떨어져 나온 기분이 들었다. 자유인으로서 새로운 영역에 들어온 것이다. 모든 것이 하나로 합쳐져서 이 경험을 독특하고 비옥하게 만들어주었다. 세상에, 정말 행복했다. 하지만 평생 처음으로 지금 행복하다는 사실을 온전히 인식한 상태에서 행복했다. 그냥 평범하게 행복한 것도 좋은 일이고, 자신이 행복하다는 것을 아는 것은 그보다 조금 더 좋은 일이다. 하지만 자신이 행복하다는 것을 이해하고, 연쇄적으로 이어진 일이나 상황 때문에 그 이유와 방법과 경위까지 알면서도 여전히 행복한 것은, 그러니까 행복하면서 동시에 행복을 아는 것은 뭘까. 행복을 넘어선 희열이다. 만약 조금이라도 분별이 있는 사람이라면 바로 그 자리에서 자신의 목숨을 끊어버려야 할 것이다. 그때 내가 바로 그런 기분이었다. 그 자리에서 당장 목숨을 끊을 용기나 힘은 없었지만. 자살하지 않아서 다행이었다."[『그리스 기행: 마루시의 거상』(은행나무)] 이 장황함! 사사키 아타루랑 닮았지요.

사사키/ 장황하다고 하지 마세요! (웃음) 그래도 완벽하잖아요. 과연 밀러는 훌륭해요.

이소자키/ 저는 자살하지 않아서 다행이었다는 이 말이 좋습니다.

사사키/ 좋고말고요. 진지하다고 할까, 정말 진심으로 긍정할 수 있다고 할까.

이소자키/ 문체나 표면적인 부분의 호불호로 이 경지에 도달할 수 없는 것이 작금의 문예비평입니다. 아무래도 상관없지만.

사사키/ 이제는 이소자키 씨와 이야기하면 대개 비평가는 바보라는 이야기로 결론이 나요. 1년 내내 그런 식이라니까요.

이소자키/ 제가 언제 그런 말을 했어요?

사사키/ 했잖아요! (웃음) 소설 쓰기 전에 저더러 소설 쓰지 말라고 벌써 족히 열 번은 말씀하셨거든요.

이소자키/ 제가요?

사사키/ 보셨죠? (웃음) 여러분, 이소자키 씨가 이런 사람입니다. (웃음) 이 양반은 무슨 말을 했든 나중에는 언제 그랬냐며 발뺌한다니까요.

이소자키/ 아니, 내 말은 소설을 쓰겠다면 평생 쓸 각오로 써야 한다는 뜻이었어요.

사사키/ 예, 그 말씀은 소중히 간직해두었습니다. 그 메일을 받은 뒤에 버젓이 출판까지 했다는 것은 그 충고에 따르겠다는 표시입니다.

3년 후쯤에도 여전히 소설을 쓰고, 이렇게 대담을 나누고 싶군요. 또 '내가 그런 말을 했던가?', '가엾다!'라고 하면서. (웃음)

2011년 1월 15일, 아사히 컬처센터 신주쿠 교실에서

이것은 '문학'이 아니다:
Absolute/『Self-Reference twin-ENGINE』
(엔조 도와 나눈 대담)

배가 고파서 글을 쓰기 시작했다

엔조/ 사사키 씨의 지금까지의 활동을 살펴보면 『구하 전야』의 출판은 뜬금없다는 느낌이 듭니다. 의도하시고 쓰신 건가요? 소설을 쓰시게 된 동기는 모르지만 돌연 작정하고 쓰는 사람도 있잖아요.

사사키/ 엔조 씨는 어떠셨어요?

엔조/ 저는 배가 고파서 어쩔 수 없이 썼어요.

사사키/ 입버릇처럼 하시는 말씀이지만 목구멍이 포도청이어서 소설을 쓰다니요. 더욱이 엔조 씨가 쓰시는 그런 소설을요? 하여간 희한한 분이세요. (웃음)

엔조/ 저도 잘못이라고 생각하지만 달리 할 줄 아는 일이 별로 없어서요.

사사키/ 표정을 봐서는 그다지 잘못이라고 생각하지 않는 눈치신데요. (웃음)

엔조/ 사실, 그렇긴 해요. 1년가량 여유가 있었어요. 그 무렵에는 대학에서 연구직을 맡고 있었거든요. 다만 임기가 다 되어서 끝난 후에는 뭘 할까 궁리하다가 글을 쓰기로 했습니다. 당장 내 일부터 끼니를 걱정해야 하는 형편은 아니었어요. (웃음)

사사키/ 그래서 '배가 고플 테니까 소설을 쓰자'라고 가볍게 생각하고 『Self-Reference twin-ENGINE』이라는 소설을 썼다는 말씀인데, 과연 작가 엔조 도 씨의 재능은 놀랍군요. 다시 한번 묻겠습니다. 어째서 소설인가요?

엔조/ 달리 할 줄 아는 일이 없거든요. 취직자리나 알아보라고 할지도 모르지만.

사사키/ '할 줄 아는 일이 없다', 그렇게 말씀하시니 더는 할 말이 없군요. 1950년대였나, 프랑스의 『리베라시옹Liberation』이라는 일간지의 특별호에서 전 세계의 유명한 작가를 대상으로 글을 쓰는 이유에 대해 설문조사를 했습니다. 앙드레 브르통01, 카뮈 등 유명한 작가가 모두 생존해 있던 시기입니다. 제 생각에 그중에서 개인적으로 가장 아름답고, 짧고, 완벽한 대답을 했던 사람은 새뮤얼 베케트입니다. "봉 카 사Bon qu'à ça." 영어로 옮기면 "온리 굿 포 댓Only good for that" 혹은 "댓츠 올 아임 굿 포That's all I'm good for"가 되려나. '달리 재주가 없어서', '달리 할 줄 하는 것이 없어서'라고 새뮤얼 베케트가 대답했습니다. 지금 엔조 씨가 갑자기 베케트와 같은 말을 해서 떠보려고 재차 반문했더니 두

이것은 '문학'이 아니다: Absolute/『Self-Reference twin-ENGINE』

01 Andre Breton: 1896~1966, 초현실주의 운동의 대부라 불리는 프랑스 시인. 시가 일상 생활 속으로 침투해 들어가는 현상이야말로 모든 혁명의 전제조건이라고 생각했다. 저서로 『초현실주의 선언』, 『나자』, 『섹스 토킹』 등이 있다.

번 다 같은 대답을 하시더라고요. (웃음)

　달리 할 줄 아는 것이 없기 때문에. 그것이 소설을 쓰는 가장 올바른 동기라고 생각합니다.

　새뮤얼 베케트도 말했고, 그 말의 기원인 듯싶은 것이 베케트의 스승인 제임스 조이스의 글귀입니다. 20세기 전위문학가에 속하는 사람이 쓴 『지아코모 조이스』라는 빼어난 연애시지요. 훌륭한 작품이니 여러분도 꼭 읽어보셨으면 합니다. 그 시에 "여기가 청춘의 끝이다. 써라. 그것을 써라. 달리 뭘 할 수가 있느냐?"[『제임스 조이스 전집 1』(어문학사)]라는 구절이 나옵니다. 사제지간이었던, 20세기 문학을 뒤집어엎은 베케트와 조이스의 글 쓰는 태도를 잘 보여줍니다. 여담이지만 『구하 전야』의 마지막 줄에 존경하는 마음을 담아 이 시를 인용했습니다. 엔조 씨도 '달리 할 수 있는 일이 없어서' 소설을 쓰셨나요?

엔조/ 돈이 없었던 거죠. 진짜로 그 이유밖에 없었어요. 결정적인 계시를 받지는 않았으니까요.

사사키/ 저도요.

엔조/ 강한 사명감도 없고요.

사사키/ 아무렴요. 가장 근본적이고 성실한 대답이지요. 달리 할 일이 없으니까. 달리 아무것도 할 수 없으니까. 곱씹어 생각해도 도달하는 결론은 그것입니다.

엔조/ 소설은 시간을 내야 그럭저럭 쓸 수 있지만 시간이 없을 때도 썼으므로 잘 모르겠어요. 마침 시기가 맞아떨어졌던 것 같기는 해요.

사사키/ 시기도 중요하지요. 상세한 이야기는 하지 않겠지만 저는 스무 살 전후에 부모님의 가업이 파산한 뒤부터 고학을 해서 먹고사는 일은 그럭저럭 잘합니다. 쓸데없이 생존능력이 강하고 주변머리가 좋아서 제 앞가림은 합니다. 그러니 밥벌이는 별 문제가 아니었어요.

엔조/ 사사키 씨와 달리 저는 생존능력이 떨어져서 최대한 형편에 맞춰 삽니다. 생활비가 간당간당할 때라면 모를까. 다행히 아직까지는 빠듯한 적이 없었어요. 작가 생활을 시작한 후 처음 1년가량은 잔돈까지 탈탈 털어서 아침과 저녁에 빵 한 개씩 사먹으며 살았지만 회의가 들지는 않았어요.

사사키/ 비장한 느낌이 들지 않아서 좋네요. (웃음)

엔조/ 그 무슨 섭섭한 말씀을. 얼마나 비참했다고요. 침대에 멍하니 누워만 있었다니까요.

사사키/ 침대에 누워 있는 것이 어때서 비참한가요?

엔조/ 이 꼴로 살면 1년 후에는 죽을 수도 있겠다고 멍하니 생각하곤 했거든요. 거동이 불편한 것도 아니고 사지육신 멀쩡한데도 일할 생각은 못 했으니 인생을 꽤 허비했지요.

사사키/ 그래서 보통은 소설을 쓰려고 하지 않아요. 버티면 된다는 보장도 없는데 선뜻 결심하기가 어렵지요.

엔조/ 결심했다기보다는 고약한 장난에 가깝습니다. 주머니에 들어 있는 마지막 동전으로 빵을 살까 담배를 살까 고민하는 꼴이었어요. 폴 오스터[02]가 『굶기의 예술』에서 인용했는데 본문에 담배를 사는 사람이 나오죠?

사사키/ 그 사람은 담배를 사잖아요. 담배 끊은 지 3년이 되었지만 저도 담배를 살 거예요.

엔조/ 그렇게 말한 사람은 저세상에 가버렸고, 저는 지금 다행히 살아 있으니 만족해요. 그 이상의 가치관은 없어요.

사사키/ 점점 베케트 같네요. 저도 '할 줄 아는 것도 없고, 무능해서'라고 말합니다. 엔조 씨가 베케트를 좋아하는지는 모르지만. (웃음)

　베케트는 독특한 사람이어서 1951년에서 1953년경까지, 그의 나이로는 마흔다섯 살부터 마흔일곱 살쯤에 걸쳐서 『몰로이』, 『말론 죽다』, 『고도를 기다리며』, 『이름 붙일 수 없는 자』 등 이른바 대표작들을 모조리 썼습니다. 이 3년 동안 문학의 판도가 뒤집혔다고까지 생각합니다. 그 후 오랫동안 슬럼프에 빠져서 일을 작파하는 시기가 이어집니다. 그런데 실은 나중에 알고 보니 지극히 중요한 작업을 꾸준히 했습니다. 그러나 정작 본인은 스스로 나태하다고 입버릇처럼 읊어댔던 모양입니다. 베케트를 동경해 멀리 뉴욕에서 찾아온 비평가에게 "자네 앞에 있는 사람은 자네가 동경하는 그 새뮤얼 베케트가 아니야"라는 비통한 말을 합니다. 자신의 재능을 숨기는 도회韜晦인지, 정말로 자신을 과소평가하는 비관적인 사람인지, 반어 형식인지, 이젠 잘

02 Paul Benjamin Auster: 1947~, 우연의 미학이라는 독창적인 문학세계를 구축한 미국의 소설가. 『남자 없는 여름』, 『당신을 믿고 추락하던 밤』으로 유명한 시리 허스트베트가 부인이다. 저서로 『달의 궁전』, 『내면 보고서』, 『뉴욕 3부작』, 『선셋 파크』, 『디어 존, 디어 폴』, 『겨울 일기』 등이 있다.

모르겠습니다. 그럼에도 작품이 비관적이냐 하면 단연코 그렇지 않습니다. 묘한 유머가 넘칩니다. 마찬가지로 엔조 씨의 소설은 전혀 비관적이지 않은, 어떤 의미에서 '뜨거운' 소설이라고 생각합니다. 담담히 진행되다가 마지막 줄에서 죽이거든요.

엔조/ 그렇긴 하죠. 베케트처럼 반전이 가능하면 좋을 텐데…….

사사키/ 저도 제가 지극히 깨인 사람이라고 생각해요. ……뭐죠. 그 의외라는 표정은?

엔조/ 본인 입으로 자신을 그렇게 평가하시니 신기해서요. (웃음)

각주에 각주를 연거푸 달았다

사사키/ 그런데 엔조 씨의 소설에는 난데없이 비치는 빛처럼 모종의 서정성이 깊숙이 파고듭니다. 그 점이 대단히 매력적이지요. 그리고 노마野間 문예 신인상 수상 기념사에서 "난해하다고 생각하시는 것은 제 부덕의 소치입니다"라는 말씀에 '방금 부덕이라고 했어!?' 하고 웃음보가 터졌습니다. (웃음) 이처럼 이해하기 쉽고 인용하기도 편해서 수상 기념사로 했을 정도로 소설 속에는 훌륭한 유머가 풍깁니다. 지극히 난해하고, 기발할지도 모르지만 재미있는 부분은 따로 있어요. 아울러 이번 『오유차담烏有此譚』03이라는 소설과 문예지 『신초新潮』에 실린 「이것은 펜입니다」라는 소설도 훌륭합니다.

저희 둘 다 박사학위 소지자라는 이상한 공통점이 있으므로 노파심에서 말하겠습니다. 앞서 했던 이야기로도 아시나시피 박사학위는 떼지 않으면 찝찝하고 떼어도 먹을 수 없는 발바닥에 붙은 쌀알 같은 것이라는 상스러운 농담이 대학가에서 활개를 치는 실정이므로 하등 자랑거리가 못 됩니다. 그나저나 『오유차담』은 주가 많이 달려 있어서 '나라면 이런 식으로 주석을 달지 않을 텐데. 물리학과 철학은 각주를 다는 방법도 다른가?' 하고 의아해하며 재미있게 읽었습니다. (웃음) 각주에 각주를 연거푸 다는 지극히 실험적인 소설을 쓰셨거든요.

굉장히 교활하다고 생각했어요. 저는 라캉의 정신분석과 미셸 푸코를 공부했습니다. 거기서 문제가 된 것 중 하나가 성적인 도착행위입니다. 본질적으로는 결국 김 빼기에 불과하지요. 『야전과 영원』에서는 '향락의 레귤레이터'라고 표현했는데 라캉이 말한 대로 그러한 도착행위는 아무리 과격해 보일지언정 어차피 이 세계를 움직이기는 불가능합니다. 실은 후기의 푸코도 같은 결론에 도달합니다. 음, 이야기가 빗나갔다고 실시간으로 느끼지만 그냥 계속하겠습니다. (웃음)

원래 이 세계가 섹스에서 과잉된 의미를 찾게 된 것은 기껏해야 18세기 말부터입니다. 예를 들어서 사냥을 좋아하는 제가 오늘 챙 없는 하얀 모자를 쓰고 오든, 챙 달린 모자를 쓰고 오

---

03 저자의 '주注'에 의하면 제목은 '어찌 이런 이야기가 있으랴烏乎此の譚有らんや'라는 의미라고 한다. 특기할 점은 쪽마다 시간차가 있으며, 6:4의 비율로 달린 각주에 물리학과 위상기하학topology을 중심으로 수학과 진화론을 포함한 저자의 생물학 지식이 담겨 있어서 독자의 상상력을 자극한다고 한다.

든 사람들은 그러려니 하고 맙니다. 그러나 나중에 제가 엔조 씨와 식사를 하고 거기에 있던 남자의 손을 잡고 러브호텔로 사라졌다면 결정적인 장면을 목격한 셈이 됩니다. 다들 그렇게 괜한 오해를 합니다. 이상하지 않나요. 모자의 선택과 성의 선택 중에서 후자에만 과도하게 의미를 부여하고 그 사람의 '본질'로 여깁니다. 푸코는 이것이 일종의 근대병이라고 말합니다. 실은 서로 으르렁거린다고 생각했던 라캉도 같은 말을 했습니다.

그런 의미를 담아도 소설에서 성과 성적 도착을 다루면 비생산적이라고 생각합니다. 직접적으로 성과 폭력을 묘사하면 사람을 끌기가 수월하니까요. 나머지는 약물도 포함한 도착행위인가요. 〈스타워즈〉의 한 장면은 아니지만 "포스[04]의 암흑면이 강하냐?"라고 묻자 "강한 것은 아니다. 쉬운 것이다"라고 했던 요다인가 누군가의 대답이 어렴풋이 기억납니다. 여하튼 초등학생 시절에 본 영화라서. (웃음) 확실히 손쉬운 방법이긴 하죠. 인기를 끌고 싶으면 포르노그래피나 폭력을 이용하면 그만이니까. 저는 최소한 지금은 그럴 생각이 없고, 가능한 한 피하고 싶습니다. 엔조 씨도 같은 생각이시죠.

엔조/ 아니요, 저는 필요성을 느끼면 쓰겠어요.

사사키/ 필요성이 없어요.

---

04 The Force: 미국 영화 〈스타워즈〉 시리즈에 등장하는 가공의 에너지 범위이자 스타워즈 세계관의 우주에너지 분야를 가리킨다. 각각의 스타워즈 영화마다 등장하는 대사 "포스가 그대와 함께하길May the Force be with you"은 대중문화의 한 대목이자 시리즈의 상징이 되었다.

엔조/ 그렇게 강력한 도구를 써야 하는 지경까지 전 가지 않아요.

사사키/ "전 가지 않아요"라는 표현은 겸손이 지나치지 않나요?

엔조/ 생계를 생각하고 쓸 경우 아무래도 단기적인 전술목표가 있기 마련입니다. 일단은 편집하시는 분의 마음에 들지 고민해야 하고요. 분명 그토록 강한 주제를 들이밀어야 빠져나갈 수 있는 가혹한 상황이 있을 거예요. 겪어보기 전에는 모르는 거잖아요. 거기에 소가 있어서 소 잡는 칼을 꺼내는 식의 상황이. 그렇지 않으면 그런 소설이 눈에 띄는 이유를 이해할 수가 없어요. (웃음)

사사키/ 저는 그런 점을 이상하다는 구실로 내세우지만 글을 쓸 때의 생리로서 무슨 목적으로 그런 글을 쓰는지 역시 잘 모르겠어요. 언젠가 알게 될 날이 오려나.

어째서 각주가 수두룩하게 달린 엔조 씨의 소설에 대해 이야기하다가 성과 성적 도착을 둘러싼 라캉과 푸코의 이론을 이야기하는지 궁금하시죠. 굉장히 시시한 이야기에 도달하지만 제게 성적 도착이 있다면 '각주 부여 도착'이라는 이름으로 불러야 할 듯합니다. (웃음) 다행히 정신의학적으로 도착행위로 인정되지 않아서 살았지만. 주석 달기를 워낙 좋아해서 『잘라라, 기도하는 그 손을』과 『구하 전야』를 쓸 때는 정말 죽을 맛이었습니다. 주석을 달 수 없으니까요.

엔조/ 어련하시겠어요. (웃음)

사사키/ 좋아하는 일을 못 하는 것은 한마디로 고역입니다. 따라서 『오유차담』을 읽었을 때 머릿속은 엔조 씨의 교활한 문자열로 가득했습니다. 『구하 전야』는 주석을 1.5배 정도는 더 달 자신이 있습니다. 괜한 오기가 발동하더라고요. 아무도 지적하지는 않지만 『오유차담』이라는 책은 의식적으로든 무의식적으로든 숱한 인용으로 성립합니다. 알기 쉽게 낫표로 묶은 인용은 그냥 밑밥에 불과하고 본문에 숨겨진 인용의 양이 실로 어마어마합니다. 헛된 자신감이지만 저라면 주석을 180개 정도는 너끈하리라고 확신합니다. 엔조 씨는 논문 쓰실 때 주석 달기를 좋아하셨나요?

엔조/ 주석은 인기가 있지요.

사사키/ 이유가 뭔가요?

엔조/ 돌려서 이야기하면 여러분은 집중강의 노트를 주석만 읽지 않나요. 본문에 적힌 내용은 대충 아니까. 자연 계열의 경우는 특히 그렇지요. 주석이 훨씬 재미있다는 사람도 많아요.

사사키/ 자연 계열 교재는 그런가요?

엔조/ 전부는 아니고 다자키 하루아키[05] 씨의 『열역학』이나 오노 요시쓰구[06] 씨의 『비선형인 세계非線形な世界』 등은 그렇습니다. 교과서와 집중강의 교재 수준이면 공식적인 내용이 적혀 있으므로 약간은 구두로 설명합니다. 그 중간인 어중간한 해석은 글을

---

05 田崎晴明: 1959~, 물리학자로서 전공은 이론물리학·수리물리학·통계물리학이다. 저서로 『열역학—현대적인 시점에서熱力學—現代的な視點から』, 『통계역학統計力學』(1~2), 『성가신 방사선을 마주하고 살아가기 위한 기초지식やっかいな放射線と向き合って暮らしていくための基礎知識』 등이 있다.

06 大野克嗣: 일리노이대학 물리학과와 게놈생물학연구소 교수. 대표 저서로 『비선형인 세계』가 있다.

쓸 때 본문에서 뺍니다. 그러면 책 전체가 각주로 넘쳐나므로 집중적으로 보게 되지요.

사사키/ 좋은 말씀이군요. 각주가 더 재미있는 경우가 있지요. 스피노자의 『에티카Ehtica』를 읽어도 공리와 정리, 증명보다는 주석에 해당하는 부분에 정서를 뒤흔드는 내용을 적어서 훨씬 흥미롭습니다. 베냐민이 장난 삼아 쓴 문장 중에 유명한 것이 있지요. 책과 매춘부의 유사점을 열거합니다. "책과 매춘부는 침대로 끌어들일 수 있다"로 시작되지요. 전기를 읽으면 베냐민은 대단히 진지해서 인기 없는…… 말이 참 고약하군요. (웃음) 아무튼 진지하고, 안경잡이여서 간혹 예외는 있으나 그다지 여자에게 인기 있는 유형은 아니었습니다. 그래서 고약하게 말한 겁니다. 또한 그 책에서는 책과 매춘부의 공통점이 다리에 보물을 감추고 있는 것이라고 말합니다. "전자에서의 각주Fußnote가 후자에게는 양말 속의 돈"[『일방통행로』(새물결)]이라는 거죠. 그러한 주석을 읽는 즐거움도 있습니다. 따라서 『오유차담』은 교활합니다. 좀더 이야기해주세요.

엔조/ 대략 4단계까지 있던가. 장치가 미흡해서 아쉬움이 남긴 하지만 실은 내려갈 뿐만 아니라 빙글빙글 돈다고 할까요. 아이디어가 떠오르지 않고 시간과 매수의 균형도 감안해야 해서요.

사사키/ 유대교 성전을 보면 복판에 본문이 적혀 있습니다. 그리고 테두리를 두르듯이 빙 돌아가며 1층에 고대 라비rabbi들의 주석을 적었습니다. 2층에는 다음 세대 라비들의 본문과 주석에 대한 주석이 적혀 있고요. 그렇게 3층, 4층도 되풀이되므로 그 책 한 권만 읽어도 근세에 이르는 위대한 사람들이 기록한 본문의 주석과 주석의 주석……을 읽을 수 있다고 합니다. 엔조 씨도 하시죠.

엔조/ 개인이 혼자 해서 재미있을지 의문이네요. (웃음)

사사키/ 제가 보증합니다. (웃음) 진지한 이야기지만 원래 히브리어로 된 구약성서를 그리스어로 옮긴 번역본은 70인역이 으뜸입니다. 72명의 장로들을 개별적으로 감금하고 72일 동안 번역시켜서 대조했더니 모든 사람의 번역문이 정확히 일치했으므로 신의 말의 정확한 번역이고, 진리라는 전설이 있을 정도지요. 비록 전설이긴 해도 150년에서 200년에 걸쳐서 여러 명이 번역에 참여한 사실은 틀림없습니다. 따라서 번역은 명백히 혼자 하는 작업이 아닙니다. 혼자서 하다니 미친 짓이지요. 지금도 거듭 개정되어 로마 교황청에서 성전으로 정한 불가타 성경 Vulgata이라는 라틴어역 성서가 있습니다. 성 히에로니무스라는 사람이 단편적인 기성 라틴어역까지 참조하면서 옮깁니다. 그런데 자칫 오역했을까 우려되기도 합니다. 왜냐하면 성 히에로니무스는 수행 중에 최후의 심판 때 천사가 부는 나팔소리를 환청으로 들었던 사람입니다. 환청이라고 해서는 안 되지만. 어쨌거나 정확한 출처를 잃어버려서 반만 믿고 싶지만 '번역 중에 악마와 만났다'라는 속설도 있었다고 똑똑히 들었습니다. 일개 속설일지언정 간혹 속설이 진리를 들춰내기도 하므로 번역이라는 행위에 도사리고 있는 함정도 있습니다. 예를 들면 살만 루시디 Ahmed Salman Rushdie의 『악마의 시』가 그토록 큰 소동으로 번지고 급기야 일본어로 '번역한 사람'이 살해당하기까지 한 이유가 무엇일까요. "무하마드가 가브리엘의 번역을 통해서 알라의 말을 들었다고 하지만 그 가브리엘이 악마였다면, 다시 말해 오역이었다면, 번역자가 악의를 갖고 옮겼다면 어쩔 셈이냐"고 기술했기 때문입니다. 이는 이슬람의 이른바 '통각점pain spot'으로 거기만큼은 찔리고 싶지 않은 아픈 곳입니다. 그래서 난리가 납니다. 그런 불온한 책을 혼자 번역하는 것이 언어도단이라면 언어도단이라고 할 수도 있습니다. 앞서 엔조 씨가 혼자 번역하는 것에 관해 말씀하셨는데, 번역만이 아니라 원래 책을 홀로 쓴다는 것은…….

엔조/ 역사적으로는 대단히 드문 현상입니다.

사사키/ 근대문학에서 평범한 일이 되었으니 알다가도 모르겠어요. 불전 하나를 보더라도 용수[07]가 쓴 것은 예외이고 화엄경이나 법화경은 저자 이름을 모릅니다. 석가모니가 쓴 것은 아니니까요. 혼자 쓴 것이 아닙니다. 대장경이든 뭐든.

엔조/ 혼자 썼다면 대단하지요. (웃음)

사사키/ 대단하고말고요. (웃음) 그리고 대장경은 불전 일체를 집대성한 것으로 일체경이라고도 합니다. 팔리어판, 티베트어판, 한역판, 각각 수백 년에 걸쳐서 여러 사람이 고혈을 쥐어짜며 편

---

07 龍樹: 150?~250?, 본명은 나가르주나Nāgārjuna로 대승불교의 교리를 체계화하는 데 크게 기여하여 대승 8종의 종조宗祖로 불리는 인도의 승려이며 중관파의 시조다. 반야경般若經의 공사상空思想에 입각한 중도사상을 주장했다. 대표적인 저서로 『중론中論』이 있다.

찬하고 교정하며 번역합니다. 기록도 여러 개고, 번역자도 여러 명이며, 번역판도 여러 개입니다. 세계를 묘사하는 책을 쓰는 일이 그만큼 녹록하지 않으므로 보통은 홀로 하지 않습니다. 못합니다. 그런데 근대는 특이한 시대여서 홀로 책을 씁니다.

엔조/ 홀로 글 쓰는 일을 어쩐지 자명하게 여깁니다. 어디선가 유래했겠지요. 인쇄관계인지 뭔지 잘은 몰라도. 단순한 지급을 위한 표시가 아닌지 곧잘 생각합니다.

사사키/ 맞아요. 저작권이 있어서 저작권자를 지정해야 하니까요. 그러나 세계를 투영한 책을 가급적 단독으로 쓰고 싶어하는 것은 터무니없는 욕망입니다. 무리예요. 예수 그리스도도, 석가모니도, 무하마드도 본인은 책을 쓰지 않았습니다. 하지만 근대라는 시대는 홀로, 가능하면 한 권에 '세계'를 가두고 싶은 기묘한 욕망에 홀렸던 시대지요. 헤겔부터, 스테판 말라르메[08]부터 줄곧. 말라르메는 「바다의 미풍」이라는 시에서 "오! 육체는 슬퍼라, 그리고 나는 모든 책을 다 읽었노라"라는 엉뚱한 한 줄로 시작하는 사람이니까. 그렇게까지는 아니어도 역시 혼자서 책 하나를 쓰는 일은 빤하지 않습니다. 기묘한 작업입니다.

엔조/ 기묘하지요. 여럿이 쓰는 것이 최선이라고 생각은 하지만 방법을 잘 모릅니다. 그러나 여럿이서 쓰지 않아도 레이아웃이나 장정, 교정 같은 공동작업을 하긴 하잖아요. 글 쓰는 사람

---

08 Stéphane Mallarmée: 1842~1898, 상징주의 문학을 개척한 프랑스 시인. 대표 저서로 『목신의 오후』, 『시집』 등이 있다.

은 모르지만 읽는 사람의 눈에는 일단 한 권으로 보입니다. 여러 가지 작업이 관련되어 있는데도. 한 권으로 제본되었을지언정 이 한 권이 한 권은 아니잖아요. 방대한 작업이 유기적으로 얽혀서 완성됩니다. 막연하게 짐작만 하지 글 쓰는 일이 갖가지 일들과 밀접하게 관련되었다고는 상상도 못 하죠. 그런데 웬일인지 작업은 분리해서 분담하도록 되어 있습니다. 시작하는 방법도 끝내는 방법도 모르며, 애초에 왜 혼자 하는지도 모릅니다.

사사키/ 방금 대단히 중요한 말씀을 하셨습니다. 시작하는 방법도 끝내는 방법도 모르며, 애초에 왜 혼자 써야 하는지도 모른다는.

엔조/ 그래도 어쨌거나 책은 나옵니다.

사사키/ 대체 이유가 뭘까요. 시작하는 방법을 모른다는 것은 어떤 느낌인가요?

엔조/ 난감하군요. 『구하 전야』를 쓰기 전에 협의는 하셨어요?

사사키/ 아니요.

엔조/ 소설의 경우 쓰기 전에 협의할 것이 많아요.

사사키/ 그런가요. 신출내기니까 한 수 가르쳐주시면 감사하겠습니다. (웃음)

엔조/ 의뢰하는 사람에 따라 다르긴 하지만 '이런 식의 것을'이나 '○○적인 것을' 등을.

사사키/ 구체적으로 말하자면요?

엔조/ 밤에 여자아이가 뒷짐 진 손에 샌들을 들고 방파제 위를 걷고 있는 것 같은 소설을 쓰자고 하더군요. (웃음)

사사키/ 근사한데요. (웃음) 뭐죠? 그 천재적인 이미지는. (웃음)

엔조/ 느낌이 오기에 무심코 수락했어요.

사사키/ 그런 작품이 있었던가요?

엔조/ 아직은 미완성이지만 아주 재미난 작업이 될 듯싶어서 승낙했어요.

사사키/ 저도 무심코 쓰긴 해요. (웃음)

엔조/ 오히려 저는 쓸 수가 없었어요. 밤에 여자아이가 뒷짐 진 손에 샌들을 들고 방파제를 산책합니다. 아마도 치마를 입고, 머리는 길 테지. 괜한 짓을 했나. 틀렸어, 너무 빤해. 그렇게 이리저리 상상하며 구상하는 중입니다.

사사키/ 치마 입고 머리는 길다, 방금 생각나서 덧붙이신 거죠?

엔조/ 들켰나요. (웃음)

이것으로 끝났다고 생각지 마라

사사키/ 엔조 씨는 기본적으로 앞으로도 쭉 소설을 쓰시리라 생각합니다. 그래서 죽어라 주석을 다는 고된 작업으로 『오유차담』을 끝내신 것 같고요. 아무래도 마무리 작업에 엄청난 노력을 할애하시나 봐요? 엔조 씨의 다른 소설도 대체로 그런 인상을 주거든요.

엔조/ 앞으로는 독자의 수가 왕창 줄 거라는 예감이 올 때지요.

사사키/ 그래서 독자들을 매료시키는 엔조 씨 특유의 서정적인 말을 던지고 끝맺고, 도망친다고 하더군요.

엔조/ 깊은 인상을 남기기 위해 각별히 공을 들이긴 하죠.

사사키/ 그 글을 읽는 사람은 그래서 더 감동합니다. 저를 포함해서요.

엔조/ 어쩌면 끝맺음이 없는 편이 옳을지도 모른다는 판단이 들 때가 있어요. 소설가 지망생에게는 발표할 기회조차 없지만 부단히 노력했다고 해야 옳다 싶기도 해요. 동경하긴 하지만.

사사키/ 끝나지 않고 끝낼 수 없어서 계속 쓸 수 있다는 말씀이군요. 고지식한 편인 저는 지금까지 쓴 책은 마지막에 전부 '끝나지 않으니까!'라는 말로 마무리했습니다. 좀더 말재간을 부린 거죠. (웃음) '이것으로 끝났다고 생각지 마라!'라고 말하고 도망칩니다. 초등학생도 아니고. (웃음) 세 권 모두 그런 책이어서 더 연구하라는 말을 듣습니다.

엔조/ '계속' 연구해야죠.

사사키/ 그럼요.

엔조/ 제 책의 주인공도 대체로 막판에 어디론가 가버립니다. 제가 봐도 어설프다 싶을 정도로 대개가 그런 식입니다.

사사키/ 그건 그렇고, 번번이 어디 가는 건가요? 게다가 엔조 씨의 소설에는 정말이지 너무 심하다 싶은, 혹은 아무리 생각해도 어색하다 싶은 표현이 곧잘 등장합니다. 세 마음에는 쏙 들지만 흉내도 낼 수 없어요.

엔조/ 잘못된 생물은 쌔고 쌨으니까요. 흰동가리는 특이해서 작은 개체는 수컷이고 성장하면 암컷이 됩니다. 흰동가리는 산호에 우르르 몰려 있지요. 가장 큰 것이 어미고, 어미가 잡히면 그 다음으로 큰 것이 나서서 어미가 됩니다.

그런 물고기가 괴이해서 '경솔하게 굴지 말고 진지하게 생각해'라고 했어요. 제정신이 아닌 것 같아요. (웃음) 그러나 우리 눈에만 이상해 보일 뿐 흰동가리는 지극히 정상입니다.

사사키/ 무턱대고 아무 종에게나 진지하게 생각하라고 충고하다니, 참 오지랖도 넓어요. (웃음)

엔조/ 다른 생물이 보면 인간도 그 못지않게 특이하다는 뜻입니다. 남들을 비웃는 사람은 흔합니다. 주위 사람들이 불쾌해하건 말건 대놓고 지적하며 비웃는 사람이 비정상입니다.

사사키/ 참 재미있는 말이네요. 각주 부여 도착자라고 놀려도 난처하긴 하지만 기분 나쁘지는 않아요. (웃음) 그런 시작도 끝도 없는 생물 종으로서의 생성 자체를 소설로 쓰시는군요. 그래서 기본적으로 끝나기 힘든 모양입니다. 그러나 시작도 결말도 없이 어중간하고 과정만 줄곧 존재하는 것이 소설의 본성이 아닐까요. 18세기에 걸쳐 돌연 발흥한 소설이라는 귀신의 자식 같은 장르로서 존재하는 편이 정도正道인 듯싶습니다. 주석을 정확히 달아야 철학과 역사학 논문이라는 생각은 대동소이해서 18세기 말경에 겨우 생겼고, 19세기부터 20세기에 보급되었을 겁니다. 물리학은 어떤가요.

엔조/ 논문을 작성하는 방법이 정해진 시기는 늦어요. 저는 물리계와 수학계밖에 모르지만 수학 논문을 작성하는 방법은 20세기 초쯤에 싹 바뀌었고 그전에는 생각나는 대로 썼습니다. '이렇게 생각했다', '저렇게 생각했다', '이런 식이 되었다', '끝'이라고 완성했습니다.

사사키/ 파격적이군요.

엔조/ 20세기 중반 무렵부터 일단 독자적으로 연구한 결과를 전부 요소로 분해해서 전제와 추론을 거쳐 결론에 도달하도록 작성하는 방식이 주류를 이루지요. 읽는 사람 입장에서는 순서가 거꾸로 보입니다. 그것을 증명하려는 의도가 불분명해지죠.

필요한 최소한의 요소로만 시작해서 마지막에 객관적인 결론에 도달합니다. 그때부터 각주가 생겼으리라 생각합니다. 발상한 순서대로 쓰면 각주는 그다지 필요 없으니까요. 이 정리를 진리라고 알고 있기 때문에 증명한다는 믿음에서의 출발은 사라지고 단순히 전제를 두었더니, 자 완성, 끝, 이런 식입니다.

사사키/ 다른 곳에서도 말했지만 기본적으로 '나'라는 일인칭으로 각주를 다는 철학 논문의 서식은 대개 칸트의 유형으로 규정하지요. 그전에는 훨씬 자유자재로 썼습니다. 볼테르와 라이프니츠는 서간 형식이나 백과사전 형식, 혹은 고백 형식으로 썼고, 좀더 거슬러 올라가면 『대화편』도 연극과 유사한 형식이었습니다. 스피노자처럼 당시의 수학 논문 형식으로 쓰기도 했고, 이후에는 니체도 『차라투스트라는 이렇게 말했다』 같은 형식으로 썼으니까 철학만 해도 내부에 다양한 문제와 형식이 존재했지요. 그건 그렇고, 칸트가 단 주석이 정확했느냐 하면 그렇지도 않아요. 따라서 철학과 역사학의 서식이 정해진 시기도 좀더 늦어집니다.

엔조/ 상당히 허투루 쓰긴 했지요. 옛날에는 특히나. 니체는 누구에게 말했을까요?

사사키/ 저처럼요? (웃음) 그는 독자 개개인에게 '나를 위해 글을 썼다'고 느끼게 하는 힘이 이상하리만치 강했거든요. (웃음)

엔조/ 난 또 뭐라고. (웃음) 우선 거친 필력으로 최선을 다하는 분입니다. 사사키 씨는 내면의 신념을 견지하며 연속해서 세 권을 집필하셨나요? 아니면 바뀌셨나요?

오욕으로 점철된 사람들

사사키/ 실은 『구하 전야』를 먼저 썼습니다. 『야전과 영원』 뒤에 들뢰즈와 가타리론을 150장 썼으나 못마땅했어요. 그래도 미련을 못 버리고 200장 정도 단편을 연이어 썼으나 의도한 대로 문장이 따라주질 않았지요. 결국 몰입도가 떨어져서 폐기했습니다. 시행착오를 하는 동안 여름이 올 적마다 20장 정도씩 쉬엄쉬엄 썼던 원고가 훗날 『구하 전야』가 됩니다. 소설로 만들려는 마음도, 발표하고 싶은 생각도 없었어요. 들뢰즈와 가타리론을 폐기한 후에 할 일이 없어서 아무 생각 없이 끼적거린 겁니다. 그 후에 『잘라라, 기도하는 그 손을』을 인터뷰 형식으로 쓰고, 탈고한 뒤 형언하기 힘든 혐오감에 휩싸였습니다. 이유를 생각해보니 99.9퍼센트에 도달하지 않을지도 모르지만 그래도 문학은 살아남았다고 했던 주제에 살아남은 0.01퍼센트의 승리한 작자가 하는 이야기만 했더라고요. 그러다 우연히 예전에 썼던 『구하 전야』의 예비원고를 살펴봤습니다. 도통 아무도 상대해주지 않는 부류의 소설로서 실패한 남자의 이야기입니다. (웃음) 메시지를 받지 못한, 역사의 어둠 속으로 사라져간 남자의 환희의 노래입니다. 대답이 되겠거니 해서 제 뜻을 언명하려고 서두에 세 장 정도 첨부했습니다. 물론 어떤 사람의 충고도 받았지만. 하여간 그런 경위로 나온 책입니다.

엔조/ 이인칭인 내용이 늘어났다는 말씀인가요?

사사키/ 맞아요.

엔조/ 하긴 소설은 그래야죠. '오욕으로 점철된 사람들의 역사'는 아니지만 그런 글을 쓰지 못할 바에야 뭣 때문에 글을 쓰겠어요. 당연히 『삼국지』처럼 용감무쌍한 이야기도 좋고, 틀림없는 소설이지만 주목받지 못한 사람들의 얘기는 아니잖아요. 설령 범위가 좁아질지라도 그런 소설에서 벗어난 방식으로 글을 쓰는 것이 가장 흥미롭습니다. 따라서 너무 화려한 요소는 필요 없습니다.

사사키/ 동감입니다. 본래대로라면 자료나 책, 문장에 남지 않고 주목도 받지 않는, 역사 속에서 이름 없이 스러져가는 민초들의 삶을 기록하는 것이 소설의 요체 중 하나라고 하지요. 아주 단순하게 말하면 여기서 헤겔주의의 문제가 하나 등장합니다. 가령 역사상 잇달아 의견이 나옵니다. 철학적인 입장이 등장하면 그것과 대립하는 입장이 나오고, 다시 그것에 반대하는 입장이 나와서 뭐가 옳은지 모릅니다. 여러분도 책을 읽다가 서로 대립하는 다양한 의견들을 보고 대체 뭐가 옳은지 헷갈려서 막막했던 적이 있었을 겁니다. 또한 어릴 때는 자신이 좋아하는 필자끼리 서로 대립하면 약간 슬프기도 합니다. 그래서 헤겔이 꺼낸 해결책은 간단히 말해서 그 '전부'가 진리라고 하는 것입니다. 그 헤겔 철학을 간략하게 설명해야 해서 지금부터 불가피하게 다소 두서없는 비유를 늘어놓겠습니다. 모든 책, 모든 문서를 소장한 도서관이, 더욱이 자동으로 자기 증식하는 도서관이 있다고 칩시다. 거기에는 당연히 모든 책, 모든 지식이 자동으로 축적됩니다. 헤겔이라는 철학자를 근대 최대의 철학자라고 하는 이유는 말하자면 이 도서관이 생성해가는 형태, 즉 설계도를 기술해서 제시한 끝에 이 도서관 전체를 가리켜 '이것이 진리다'라고 공언했기 때문입니다. 이른바 '진리는 전체다', 이것은 굉장히 성가신 생각이어서 여간해서는 반론할 수가 없습니다. 왜냐하면 헤겔을 비판한 그 책과 글도 그 도서관에 자동적으로 소장되기 때문입니다.

지금 엔조 씨가 하신 말씀은 그것과 관련됩니다. '오욕으로 점철된 사람들'은 푸코의 표현입니다. 오욕으로 점철되었다는 말은 영어로 옮기면 '인퍼머스infamous'로, 본래는 '이름이 없다'라는 뜻입니다. 이름이 없다는 것은 문서가 되지 않는, 등록되지 않는, 알려지지 않는다는 뜻이므로 헤겔적인 도서관에서 누락됩니다. 그것을 끄집어내는 것을 소설이라고 하고, 글로 썼다면 그 도서관에 소장됩니다. 푸코는 어떤 의미에서 이 사실로 매우 진지하게 고민했다고 할 수 있습니다. 그러나 사실 제 생각에는 고민할 필요가 없을 듯합니다. 이 헤겔적인 도서관은 모종의 전제를 필요로 하니까요. 언어는 죽음에 관계하며, 언어는 죽은 것이고, 죽은 이름, 딱지에 불과합니다. 그러므로 생생한 체험과 삶 자체는 바로 그 언어 밖에 있고, 언어는 단지 그것을 골라내거나 고정화할 뿐입니다. 또한 언어는 생생한 삶이 남긴 한낱 상처와 흔적입니다. 그리고 언어의 밖과 언어를 구분해서 관계성을 묻습니다. 그러한 마음가짐으로만 이 도서관의 우위성은 성립합니다. 그런데 이상합니다. 언어 자체는 모종의 흐름이나 박동 치는 것, 더 간단히 말하면 살아 있는 것, 아니 살아 있는 것이기도 하고 죽은 것이기도 합니다. 헤겔은 '예술은 죽었다'라고 말했습니다. 그 이상의 것은 산문이다, 즉 철학과 과학 논문이라고. 그리고 이 도서관이 전부 완성되었을 때 역사는 끝난다고 합니다. 지극히 간단하게 말해서 헤겔에게는 언어가 삶의 밖에 있는, 죽음과 부정성negativity으로 나누기 힘들게 연결되었다는 말과 그것이 전체로서의 진리를 구성하고 예술과 역사의 종말을 이끈다는 말은 맥락이 닿아 있습니다. 앞에서 엔조 씨는 소설을 끝낼 수 없어서 곤란하고, 언어로 표현할 수 없었던 사람들의 삶을 묘사하는 것이 소설의 역할 중 하나라는 의미로 말씀하셨습니다. 정말로 심오한 의미가 함축된 이야기라고 생각합니다. 사실 소설은 삶에 대한 딱지도 무엇도 아닌, 언어와 언어의 밖이라는 구별이 생기기 전의 뭔가가 박동치는 순수한 운동성에 훨씬 가깝다고 생각합니다. 사물의 본성에서 말하면 끝을, 나아가서는 '시작'을 거절하는 것이겠지요. 아마도 문학과 소설의 공덕이 있다면 바로 그것이 아닐까 합니다. 어떻게 생각하십니까?

엔조/ 맞는 말씀이긴 한데 그렇게 거창하게 이야기하면 일단락 짓기 전에는 실마리를 잡기 힘듭니다. 그래도 사실이긴 합니다. 대학원에 입학했을 때 연구 과제를 정했느냐는 질문에 '언어'라고 대답한 사람이므로 대충 짐작은 하지만 어렵군요. 항상 생각하지만 바벨의 도서관을 출력하는 프로그램은 한 줄이지만, 특정한 책을 쓰는 프로그램은 그 책과 길이가 얼추 같거나 세부 단서를 탐색합니다.

사사키/ 『보이스 서피스Boy's surface』09나 『오유차담』에도 등장하는데 문자를 전제로 하지 않는 묘사가 있습니다. 저는 엔조 씨의 소설에 나오는 그 감각을 무척 좋아합니다. 전자에서는 레플러구10라는 것이 등장하지요. 실은 문자도 무엇도 아닌, 아무런 의미도

---

09 수학상의 개념을 의인화한 수리적 연애소설 네 편이 수록되어 있다. 표제작인 「보이스 서피스」는 레플러구가 자신을 발견한 수학자 알프레드 레플러의 첫사랑을 말하는 설정이다. 제목은 베르너 보이Werner Boy가 발견한 '보이의 곡면Boy's surface'과 '청년의 표면'의 언어유희다. 두 번째 수록작인 「골드버그 인베리언트Goldberg Invariant」는 홀연히 자취를 감춘 방위전 영웅이 실종된 수수께끼를 푸는 근미래 공상과학 같은 소설이다. 뫼비우스의 띠 같은 구조로 자연 언어의 자동인식·생성을 다루고 있다. 세 번째 수록작인 「유어 헤드 온리Your Heads Only」는 독자가 연애소설기관처럼 검색하고 출력하는 설정으로 저자의 미의식과 게임감각이 돋보인다. 마지막으로 「건스백 인터섹션Gernsback Intersection」은 대담한 은유를 이용해 상이한 시간축의 교점에 존재하는 가상세계에서의 초원거리 연애를 활사했다. 독자의 극한적인 상상력의 산물이 작품이라는 주제를 담고 있다.

10 말하는 사람이 종이 위에 그려진 기반도형을 보면 푸르스름한 구체로서 공중에 생성되어 도형을 변환해 문자열로 출력하는 기능을 가진 수학적 구조체를 가리킨다.

성립하지 않는 것이 있는데, 그 작용 탓에 문자로 보일 뿐이라고 합니다.

엔조/ 트롱플뢰유trompe-l'œil(눈속임), 즉 숨은 그림처럼요.

사사키/ 그 감각은 어디에서 나옵니까?

엔조/ 거의 실감합니다.

사사키/ 실감한다고요? 잠깐만요. (웃음) 아무나 느끼는 감각인 양 말씀하시네요.

엔조/ 아니요. 다들 경험하실 거예요. 히라가나를 크게 써서 물끄러미 보고 있으면 기분이 묘하죠.

사사키/ 기분이 묘하다니요?

엔조/ 이게 글자인가, 무늬인가 싶거든요. 너무 크면 무늬로 보이고, 너무 작으면 애초에 보이지도 않아요. 그런데 읽다보면 문득 크기가 바뀌거나 이상한 기분이 들지 않으세요?

사사키/ 들어요, 그래도 일반적으로 느끼는 감각인 양 선뜻 단정 짓지 마세요. (웃음) 중대한 문제라고요.

엔조/ 실감하는 것이 아니라 단지 의심이 많아서 정말 속고 있을지도 모른다고 의심하곤 하잖아요. 오로지 성서의 글자만 반복해서 재배열하는 사람처럼. 속고 있다, 숨겨져 있다는 신념이 없으면 불가능할 듯싶긴 하지만 그런 의심도 품으면 즐거울 것 같아요. 그만한 기능이 있다면 즐거운 일이 더 많아지지 않을까 합니다.

사사키/ 기능이라고요?

엔조/ 만일 우리가 속고 있다면 더 신나게 즐거운 상상을 하는 거예요. 감쪽같이 속였다고 화를 낼 게 아니라 역발상을 해서 결과를 상상하는 거죠. 어느 정도 정해진 규칙 안에서 놀 테지만 그런 식으로 고안한 단서 같은 것이 잘 모르는 운동에서 나옵니다.

사사키/ 제 직감인데, 엔조 씨는 항상 문자를 다루시지요.

엔조/ 맞아요. 음악은 젬병이어서.

사사키/ 뭐라고요!?

엔조/ 듣기도 하고, 가라오케에 가면 부르긴 하지만 음치예요. 화음과 불협화음을 모릅니다. 건반으로 쳐도 음의 높낮이를 구분하지 못합니다. 빼어난 화음은 아름답고, 불협화음은 언짢다고 쉽게 설명해줘도 도무지. (웃음)

사사키/ 그 나름대로 일리가 있네요. (웃음)

엔조/ 이해가 안 가서 그러면 파장이냐고 물었더니 파장은 아니라더군요. 제 짐작대로 파장이라면 음계가 이상해지지만 아무리 설명을 들어도 모르겠어요. 오히려 들으면 들을수록 알쏭달쏭하다니까요. 단조를 치고 '슬프죠?'라고 해도 긴가민가합니다. (웃음) 저의 물리적인 성질 탓인지 공고한 믿음 탓인지는 몰라도 입력된 정감情感이 아예 없는 상태입니다.

사사키/ 반대로 음악적 감각이 대단히 좋은 걸지도 모르죠.

엔조/ 기호는 굉장히 고착된 것으로 보여요. 실감을 넘어서 이러한 기호라고 각인되어 있어요. '별별 이상한 이유로 이렇게 정했을 테지만 적어도 이 문자와 이 문자는 다르다고 하면 그 선까지는 수긍이 갑니다. 당연히 문자가 되고 언어화되기 전의 것은 막연하게나마 알고, 문자 이외의 뭔가 때문에 감동하는 것도 눈치로는 알지만 해석하는 감각이 취약합니다. '음으로 말하면 파장인가요?' 하고 묻듯이 들은 말은 문자로 바꾸면 어떻게 되는지 직관으로 파악합니다.

사사키/ 무척 이상한 이야기네요. 엔조 씨에게 문자는 음악보다도 확고한 것이군요. 고정적이고 확정적이지만 그 문자의 자명성은 실감으로서 철저히 의심하시니. 그 이상한 균형은 어디에서 기인할까요.

엔조/ 음악을 잘 모르니까 그 모르는 감각을 반추해서 아는 것에 적용하는 거죠. 아는 것에 모르는 느낌을 응용하면 이렇게 됩니다.

사사키/ 자신의 음악에 대해 품은 무지가 문자에도 있으리라 여기시는 모양이네요.

엔조/ 몸의 기능이니 저만의 방식으로 파악해도 된다고 생각합니다. 저는 감각의 공통성을 별로 믿지 않아요. 이 빨강이 다른 사람에게는 파랑으로 보일 수도 있듯이 개인의 내면에서 무슨 일이 일어나는지, 무엇을 이해하며, 어떤 식으로 추론해갈지, 무엇을 도출해낼지는 사람마다 천차만별이라고 생각합니다. 따라서 무슨 일이 생길지, 끼워 넣을 수 있는지 해보자는 말입니다.

사사키/ 엔조 씨의 소설을 읽고 진솔하다고 평하는 사람은 익히 알겠군요.

엔조/ 진솔하게 글을 쓰지는 않지만. 그래도 이제껏 알던 형태는 아니라는 의미에서 '이것은 소설이 아니다'라는 말을 들을 이유는 없다고 생각합니다.

사사키/ 물론입니다. 엔조 씨 책은 난해하다는 평가를 듣죠?

엔조/ 종종 듣긴 합니다. 모르니까 재미있다거나 몰라서 시시하다고 합니다. 누구랑 비슷하다는 소리도 자주 듣습니다.

사사키/ 이를테면 누구하고요?

엔조/ 대중없어요. 제 생각에는 본인이 아는 것에 억지로 끌어다 맞춰서 이해한다고 여기는 듯합니다. 마이조 오타로[11]나 루디 러커[12], 필립 K. 딕[13], 커트 보네거트[14], 니시오 이신[15]…… 이름도 모르는 사람이라니까요!

사사키/ '나는 누구랑 닮았지?!' (웃음) 저는 논문조차 누구 거랑 비슷하다는 소리를 들어본 적이 없어요.

엔조/ 일본에서는 듣기 힘든 말 아닌가요. 제가 그쪽에는 워낙 문외한이어서 그러는데 『야전과 영원』도 마찬가지죠?

---

11 舞城王太郎: 1973~, 소설가. 『쓰쿠모주쿠』, 『연기, 흙 혹은 먹이』(메피스토상 수상작), 『좋아 좋아 너무 좋아 정말 사랑해』, 『모두 씩씩해』 등이 있다.

12 Rudy Rucker: 1946~, 산호세 주립대학의 수학과 컴퓨터과학 교수이자 공상과학 소설가로 철학자 헤겔의 6대손이기도 하다. 주요 저서로『시공을 지배한 사나이』, 『루디 러커의 4차원 여행』, 『사고혁명』 등이 있다.

13 Philip Kindred Dick: 1928~1982, 미국의 공상과학 작가. 사후에 제정된 필립 K. 딕상은 휴고상, 네뷸러상과 함께 세계 3대 공상과학 문학상으로 손꼽힌다. 저서로는『안드로이드는 전기양의 꿈을 꾸는가?』, 『마이너리티 리포트』, 『화성의 타임슬립』, 『파머 엘드리치의 세 개의 성흔』 등이 있다.

14 Kurt Vonnegut Jr.: 1922~2007, 미국의 소설가로『제5도살장』, 『고양이의 요람』, 『갈라파고스』, 『나라 없는 사람』, 『그래, 이 맛에 사는 거지』 등의 작품을 남겼다.

15 西尾維新: 1981~, 소설가. 저서로『끝 이야기』를 비롯한 이야기 시리즈와『잘린 머리 사이클』, 『소녀불충분』, 『사이코로지컬』, 『목매다는 하이스쿨』 등이 있다.

사사키/ 음. 좋은 말인지 나쁜 말인지 모르겠지만.

엔조/ 엉뚱한 감상평이라도 있었나 보죠? 저는 듣는 말이 비교적 정형화되어 있거든요.

사사키/ 점점 정형화됩니까?

엔조/ '모르겠지만 ○○'라든가 '난해하지만 갈수록 재미있었다' 같은 약이 되는 말이죠.

사사키/ '난해하지만 일단 빠져들면 의외로 읽을 만하다'라는 말은 저도 자주 듣습니다. 그리고 저는 엔조 씨의 소설을 읽기가 고역이라거나 모르겠다고 생각지 않아요. 그런 말을 들으면 좀 억울하세요?

엔조/ 아뇨, 공감합니다. 데뷔작을 다시 읽었더니 뭔 소린지 이해가 안 가서 그런 말 들어도 싸다 싶더군요. (웃음)

사사키/ 언젠가 저도 그럴 날이 올지 몰라요. (웃음) 오는 길에 신칸센에서 엔조 씨의 책을 다시 읽었어요.

엔조/ 제 글은 정확히 말해서 물리수학계의 번역 문체입니다.

사사키/ 아아.

엔조/ 서툰 일본어가 별나다고 할까. 그 분야는 인문계와는 생판 다른 방식으로 문장을 조합하기 때문에 상당히 뒤죽박죽이고 '그 일이 이 일이고 이'라는 식으로 대명사를 남발합니다. 그런데 원문도 그럴까요? 원문이 그렇게 지저분한 문장이었을 리는 만무하니 번역할 때 생긴 일이겠죠. 저는 기본적으로 그런 책에 익숙합니다.

사사키/ 직접 번역하신 책이 있으세요?

엔조/ 아뇨, 없습니다. 훌륭한 문장도(피아노 치는 시늉을 하며) '짠' 하는 효과음 같은 것이므로 『소리 내어 읽고 싶은 일본어声に出して読みたい日本語』가 제아무리 솔깃하게 광고해도 시큰둥합니다. 매력은 있겠지만 얼른 와 닿지 않고 사람마다 취향도 제각각이라는 생각이 듭니다.

번역으로 문체를 단련하다

사사키/ 그 점에 관해서 후루이 요시키치古井由吉 씨는 좋은 일본어 문장은 사실 60~70퍼센트가량이 번역에서 유래한다고 말씀하셨습니다. 한문을 비롯한 외국어 번역이지요. 한문으로 된 글을 가나를 섞어서 일본어 어순으로 고쳐 쓰는 가키구다시분書き下し文이라는 훈독방식이 곧 번역이니까요. 원래 어떤 '나라말'의 기원에는 으레 '번역'이 있습니다. 일본 근대문학은 번역으로 시작되었습니다.

저도 실은 입에 풀칠하기 위해서 기술번역도 잠깐 했습니다. 피에르 르장드르라는 저의 학문상의 스승이 쓴 『텍스트의 아이들Les Enfants du texte』이라는 대저大著가 있는데 원서는 470쪽 정도고 일본어로 번역하면 700쪽가량 됩니다. 이 책을 통째로 번역했습니다. 사정이 생겨서 출판은 안 하기로 했지만. 이 책은 번역하기 전과 후의 문체가 완전히 딴판입니다. 직접 번역하지 않더라도 번역으로 만들어지는 문장은 역시 중요합니다. 국어 안에 이질성을 도입하는 작업이지만 실은 그 이질성이야말로 국어 자체의 기원이라고 합니다.

최근에 이토 세이코 씨가 오에 겐자부로 씨를 만나셨을 때 집필하고 있느냐고 물어보셨대요. 아마도 쓸 수가 없다고 대답하신 모양인데, 저는 원체 다재다능한 분이시니 소설이 물리셨겠지 생각했어요. 벌써 15년 정도 출간하는 형태로는 글을 쓰지 않으시거든요. 그런데 실은 이토 씨도 글을 쓰고 싶으셨나 봅니다. 이토 씨의 대답을 들은 오에 씨가 글을 쓰고 싶은 마음을 문체가 못 쫓아가서 그런 게 아니냐며, 맬컴 라우리[16]나 좋아하는 작가의 책을 번역해보라고 충고하셨답니다. 문체 단련에 번역이 좋다는 말은 납득이 갑니다.

엔조/ 왜 거기서 그런 말씀을, 어째서 하필 맬컴 라우리인가요?

사사키/ 오에 씨가 좋아하셔서겠죠.

엔조/ 글을 못 쓰겠다는 사람에게 맬컴 라우리를 추천하시면 되나요? (웃음)

사사키/ 동감입니다. (웃음) 하지만 번역으로 문체를 단련할 수 있다는 말은 역시 사실입니다. 오에 씨도 그런 의도로 말씀하셨을 테고, 제가 오에 씨와 나란히 현존하는 최고의 작가로 생각하는 후루이 요시키치 씨도 젊은 시절 심혈을 기울여 번역을 하셨으니까요. 외국어를 구사히는 것이 대단하다는 시시한 이야기는

---

16 Clarence Malcolm Lowry: 1909~1957, 영국의 소설가. 주요 저서로 『울트라마린 *Ultramarine*』, 『화산 아래서』 등이 있다.

결코 아닙니다. 글자와 말에 관한 모종의 이질감이 중요합니다. 일사천리로 쓰고 마는 게 아니라 자신이 쓰는 글에서 근근한 이질감을 생생하게 느끼는 것이 실은 글을 쓰는 과정에서 대단히 중요합니다. 번역을 하다보면 아리고 근질근질한 느낌을 사무치게 느끼기 마련입니다. 그것이 글쓰기 작업의 실마리가 되지 않을까 합니다.

엔조/ 문학작품의 번역이라면 아름다운 우리말을 구사하는 능력을 단연 으뜸으로 꼽지요. 반면에 자연 계열의 수학과 물리학 교과서도 그러하고 요즘은 컴퓨터 관련 서적이 맹렬히 번역되지만 좋고 나쁨을 넘어서 엄청납니다. (웃음) 그래도 생소한 말들을 보면 재미있어요. 더욱이 유통되는 용어니까요. 컴퓨터 계열, 정보 계열의 일을 하는 사람은 일상적으로 보는 문장입니다. 그때 아름다운 문장이란 무엇인지 정말로 알 수가 없어요. 오히려 이 말로 소설을 쓰면 좋겠다 싶은 기분이 들기도 합니다.

사사키/ 옳거니 맞장구를 치는 시점에서 번역이 됩니다.

엔조/ 맞아요. 제가 처음 글을 쓸 때의 실마리가 정말 그랬어요. 글을 쓰기 위한 계기이기도 하고 손에 익은 도구로서 실현되는 차이이기도 합니다. 아무래도 그런 묘한 문장 때문에 심히 이상하거나 괴상하게 받아들입니다. 저 역시 진심으로 이공계 기술 번역에서 아름다운 문장이 탄생하리라고는 기대하지 않습니다. 그러나 재미있게도 간혹 그것에 얽매이기도 합니다. 어떤 의미에서는 굳이 아름다운 문장을 지향할 필요가 없지 않나요. 지향하지 않으면 나태한가요. 이 계통의 묘한 말로 표현하는 즐거움을 능가하는 뭔가가 있는지 지금 제일 궁금합니다. 미적 판단이 없다고 해야 되나.

사사키/ 거짓말입니다. 있어요.

엔조/ 그럼요.

사사키/ 일반 사람이 생각하는 미美의 개념과 다를 뿐이지 분명 엔조 씨에게는 미적 판단이 있어요. 흔히 생각하는 아름다운 문장과는 거리가 먼 번역 앞에서 당황하면서도 재미있어하는 것은 매우 독자적인 감성이지요.

엔조/ 독자성과 공통되는 것, 공유되는 것이 있을 거예요. 아니, 없다면 문제겠지만 실제로 하는 행위는 이상하다며 킬킬대면서 웃는 게 전부이므로 좀더 진지하게 살고 싶습니다.

2011년 2월 5일, 중크도ジュンク堂 서점 차마치점茶屋町店에서

반시대적인 것을 두려워하지 마라

(안도 레이지安藤礼二와 나눈 대담)

종교와 문학

안도/ 사사키 아타루 씨가 처음으로 세상에 질문하신 『야전과 영원』은 부제에도 나와 있듯이 미셸 푸코, 자크 라캉, 피에르 르장드르라는 세 사람의 사상가를 논한 책입니다. 사사키 씨는 원래 종교학을 전공하셨으므로 종교라는 입장에서 사물을 고찰하는 것이 사색의 중심입니다. 『야전과 영원』에도 적혀 있지만 종교는 안이한 '치유' 따위와는 결단코 무관합니다. 종교는 엄격하고 논리적입니다. 따라서 종교에서 신비주의 혹은 신비가라고 부르는 사람들은 말을 초월하는 것이 아니라 정말로 말 자체에 의해 말이 발생하는 근원을 고찰합니다. 종교란 엄격합니다. 예수도 석가모니도 '가족을 버려라', 즉 기존의 모든 인간적인 유대관계를 끊어야만, 제도를 파괴해야만 진정한 종교가 시작한다고 말합니다. 모든 것을 버려야 드디어 말이 찾아옵니다. 더욱이 그 말은 자기 것도 남의 것도 아니어서 이해하는 것조차 불가능합니다. 거기에서 뭔가가 시작합니다. 그것이 사사키 씨의 출발점이었던 듯합니다.

제가 추구하는 오리쿠치 시노부[01]는 일본인으로서는 드물게 그러한 종교가 발생하는 지점에 다가가고픈 마음을 표현했던 사람이었습니다. 종교가 발생하는 지점은 문학이 발생하는 지점이기도 하지요. 그러므로 오리쿠치 시노부는 샤쿠초쿠釋迢空라는 호로 단가에서 시까지, 소설에서 희곡까지 오로지 쓰고 또 썼습니다.

오리쿠치학의 가장 큰 핵심은 '모든 것은 말이다'라는 점에 있습니다. 내가 아닌 말이라는 것이 내게 내려와서 혹은 내게 홀려서 뭔가가 시작됩니다. 그것은 '법'의 발생, 제도의 발생이기도 합니다. 자신과는 다른 것과의 접촉이 오리쿠치학의 핵심입니다. 그러한 마음을 표현했던 오리쿠치 시노부라는 사람이 잉태하고 있는 문제를 저는 일본어로 추구했습니다. 사사키 씨는 프랑스 현대사상가라고 총칭하는 사람들부터 시작하셨지만 오리쿠치와 사사키 씨가 뒤쫓는 사상가들은 심오한 공통점이 있는 듯합니다. 말을 철저히 객관적으로 고찰하는 동시에 주관적으로 되살린다고 할까요. 적어도 그때는 이른바 아카데미즘의 말을 초월해야 합니다. 학문을 꿰뚫어보고 해체해서 다른 말을 발견해야 합니다. 그런 점이 사사키 씨와 제가 공유하는 것이라고 생각합니다. 이번에는 먼저 사사키 아타루라는 사람이 왜 그러

---

01 折口信夫: 1887~1953, 시인·가인歌人이며 민속학자이자 국문학자. 야나기타 구니오를 사사하고 민속학을 개척했다. 저서로 시집 『고대감애집古代感愛集』(일본 예술원상 수상), 가집歌集 『봄소식』, 소설 『사자의 서死者の書』, 『휘파람口ぶえ』, 『신도쿠마루身毒丸』 외에 『고대 연구古代研究』, 『마레비토의 역사まれびとの歷史』 등이 있다.

한 지점에 서려고 했으며 어떻게 섰는지 하는 사적인 측면부터 여쭙겠습니다. 처음에 어떤 이유로 종교학이라는 학문을 전공하셨나요?

사사키/ ……음. 말하자면 저는 종교연구에서 문학으로, 안도 씨는 문학에서 종교연구로 걸어왔으므로 각자의 길이 교차됩니다. 따라서 그런 질문을 하는 의도는 십분 이해합니다. 다만 그런 이야기를 너무 과도하게 해서는 안 된다고 생각합니다. 도톤보리道頓堀의 고바야시 히데오[02]도 아니고, 자신과 자신의 체험을 특권으로 바꾸게 될까 걱정스럽습니다. 자신의 체험을 특권으로 여기는 것은 진정한 의미에서의 신비주의mysticism, 19세기에 날조된 말에 불과한 미스티시즘이 아닙니다. 13세기에 돌연 공간의 규범성을 강조하는 기독교 내부에 둥지를 틀고 16세기부터 17세기에 그 진수를 드러낸 '신비, 영성Mystic'이라는 의미에서의 신비주의와는 상반되는 입장입니다. 사실 신비주의란 바로 정치적 투쟁이며, 게다가 언어의 임계점에서 언어가 탄생하는 과정이기도 한 모종의 운동이라고 해도 무방합니다. 미셸 드 세르토Michel de Certeau라는 라캉의 제자이자 푸코의 친구였으나 여전히 부당하게 주요 저서의 소개가 늦어지는 사상가가 있습니다. 정교하고 치밀하게 신비주의를 이해한 그의 저서에서도 그

02 小林秀雄: 1902~1983. 문예평론가이자 편집자로 활동했으며 문화훈장을 받은 작가다. 저서로 『모차르트·무상이라는 것モオツァルト·無常という事』, 『생각하는 힌트考えるヒント』, 『모토오리 노리나가本居宣長』(일본 문학대상 수상), 『도스토옙스키의 생활ドストエフスキイの生活』, 『인간의 건설人間の建設』 등이 있다.

점을 언명하고 있습니다. 아마도 그의 저서가 더디게 소개되는 이유는 그가 진짜 예수회Societatis Iesu의 수도사여서 그런 책을 번역해 소개했다가는 반동反動이라고 여기지 않을까 하는 현세적인 삶에 대한 부질없는 염려 때문이라고 추측됩니다. 방금 비평하신 오리쿠치 시노부의 이중의 그림자가 생각하는 것과 안도 레이지 씨의 이 신비주의 이해는 감히 같다고 할 만큼 가깝지 않나요.03

너무 사적인 얘기가 되지 않게끔 경력 같은 필수 기재사항만, 이미 공개된 공적인 부분만 간단히 말하겠습니다. 어쨌거나 저는 원래 학교라는 걸 싫어하는 학생이어서 고등학교를 중퇴한 뒤 5년 동안 놀거나 일을 했습니다. 그리고 수학과 국어만은 잘했으므로 경제학부에 진학했습니다. 단, 수학이 가장 자신 있는 과목이긴 해도 문과 계열 수학의 범위 내에서입니다. 아무튼 애

---

03 안도 레이지는 저서 『오리쿠치 시노부折口信夫』를 통해 오리쿠치 시노부의 생애에 숨겨진 수수께끼를 해명하고 그의 사상의 참된 핵심에 접근하고자 시도했다. "오리쿠치가 말하는 마레비토는 삶과 죽음, 축복과 공포, 신과 인간이라는 상반된 두 가지 측면(이중의 그림자)을 갖고 있다. 그에 따르면 이 열도에서 마레비토의 역할을 하는 것은 야나기타柳田 민속학의 대상으로서 제창한 '평민'에는 결코 포함된 적이 없는 대조적인 두 개의 극, 왕과 시인, '천황'(미코토모치ミコトモチ, 사신使臣이라는 뜻)과 '광대나배우'(호가히비토ホカヒビト, 돌아다니며 사람들을 축복하는 사람들이라는 뜻)이다. 희유하게도 '천황'에 관해 고찰한 오리쿠치는 천황의 본질을 전근대적인 사회, 이른바 주술적인 사회를 지배하는 '주술왕magical king'이라고 생각했다. 메이지유신을 맞이하여 재생한 일본은 세계적이고 근대적인 국민국가를 통치하는 주권자로서 지역적이고 전근대적인 주술왕을 앉혔기 때문에 근대 일본의 가능성과 불가능성, 영광과 비참함이 함께 유래되었다. 따라서 민속학과 국문학이 교차하는 지점에 수립된 그의 고대학은 근대 일본의 음화negative image 그 자체였다."

초에 학교를 싫어했으므로 남이 시켜서 하는 공부는 질색이었습니다. 누군가에게 인정받기 위해 누군가가 낸 문제로 치르는 시험을 진즉부터 집어치우고 싶었습니다. (웃음) 그래서 와세다의 음악 서클에 틀어박혀서 학교와는 담쌓고 지냈죠. 경제학 자체는 정말 재미있었지만 아무래도 제가 추구하는 경제학이 현실적 요구에는 부합하지 않는다는 사실을 어린 나이였음에도 어렴풋이 느꼈습니다. 여기는 애덤 스미스나 케인스와 마르크스 같은 사상을 꿈꿔서는 안 되는 곳이라고 깨달은 거죠. (웃음)

　그래서 경제가 쇠퇴해도 남는 것이 뭘까 생각했습니다. 극히 간략하게 말하면 경제는 그리스어의 '오이코노미아oikonomia'(집을 뜻하는 '오이코스oikos'와 관리를 뜻하는 '노미아nomia'를 합친 말)에서 발생합니다. 고대 그리스부터 있는 개념으로 '가정家政'이지요. 피에르 르장드르도 정확히 지적했듯이 이것은 비잔틴 신학에서는 중요한 개념으로서 재검토됩니다. 그리스도는 이 세계의 오이코노미아를 관장하기 위해 이 세상에 왔다는 이해가 진전된 것입니다. 이 세계의 '경륜經綸'이라고 번역되며, 생명을 번식시키는 것은 생명을 재생산한다는 뜻(요한복음 15장 '나는 참포도나무요, 내 아버지는 농부라[15:2] 무릇 내게 붙어 있어 열매를 맺지 아니하는 가지는 아버지께서 그것을 제거해버리시고 무릇 열매를 맺는 가지는 더 열매를 맺게 하려 하여 그것을 깨끗하게 하시느니라')이므로 인류의 존속 자체에 관련된 개념입니다. 지금의 좁은 의미에서의 '경제'는 카를 폴라니[04]가 말하듯이 기껏해야 18세기, 지난 200년 남짓밖에 거슬러 올라가지 않는 역사적으로 한정된 개념일 따름입니다.

그러한 경제, 그리고 경제학economy의 개념은 언제 사라져도 이상하지 않습니다. 그럼 경제라는 개념보다 훨씬 장수한 것은 무엇일까요. 그 무렵 프랑스어 독해를 가르쳐주신 분께 들은 바로는 '종교나 미'라고 했습니다. 저 같은 사람이 '정상적인' 철학과에 들어갔다가는 대판 싸움이 날 테니까 종교학이나 미학 분야로 가라고 하시더군요. 그런데 때마침 옴진리교 사건이 일어났어요. 그때 사귀던 여자친구의 집에서 나가려는데 지하철이 폐쇄되었습니다. 하마터면 피해자가 될 뻔했지요. 모여서 늦잠을 잤으니 망정이지.

물론 심리적 외상과 같은 충격을 받았다는 말은 아닙니다. 그런 이야기에 굴복할 만큼 통속적이지는 않습니다. (웃음) 직접적인 피해자는 아니므로 함부로 충격을 받거나 득의양양해서 말했다면 피해자 분들에게 실례입니다. 하지만 기묘한 사태라고 생각했습니다. 그래서 종교학으로 진로를 택했습니다.

그 이후로 실은 책을 출간해보라는 권유도 몇 번 있었지만 조급하게 굴기도 중동무이하기도 싫고, 학문으로는 먹고살 수가 없어서 무명의 일개 노동자로 살았습니다. 그뿐입니다. 그냥 살았습니다. ……음. 그러고 보니 제 얘기만 실컷 했네요. 이래서는 곤란해요, 안도 씨. (웃음)

---

04 Karl Paul Polanyi: 1886~1964, 오스트리아-헝가리 제국의 경제사가이자 경제인류학자. 저서로『거대한 전환』,『칼 폴라니, 새로운 문명을 말하다』,『다호메이 왕국과 노예무역』,『사람의 살림살이』등이 있다.

말문이 막혀서 생활하는 동안의 말

안도/ 그냥 산다는 중요한 말이 나와서 하는 말인데, 저도 서른
세 살 때 처음으로 글을 썼으니까 그전까지는 공백기였습니다.

사사키/ 『야전과 영원』이 2008년에 나왔으니 저랑 똑같네요.

안도/ 쓸 수 없거나 쓰지 않는 기간이 필요하다고 생각합니다. 그
런 세월이 없으면 결코 책이 되지 않아요.

사사키/ 작가인 호사카 가즈시 씨가 이렇게 말씀하셨어요. "일찍
데뷔한 작가는 정말로 고생한다. 기필코 슬럼프가 와서 글을 쓰
지 못하는 날이 오니까"라고. 본인에게 직접 들은 말은 아니지
만 아무래도 매우 젊은 나이에 데뷔해서 상도 받았으나 슬럼프
로 고심하는 사람이 못내 걱정스러워 멀리서 줄곧 지켜보았나
봅니다. 반대로 데뷔가 늦은 사람은 늦어서 고생하겠지만 어떤
의미에서 '데뷔 이전'이 슬럼프이므로 첫 번째 심각한 슬럼프는
이미 벗어났다고 했습니다. 재미있는 이야기입니다.

　그런 의미에서는 저도 슬럼프 경험이 미흡합니다. (웃음) 책을
쓰리라고는 한 번도 생각한 적이 없었고, 학자로서 살아가리라
고는 꿈에도 몰랐어요. 아카데미즘의 탄압에 반발하는 글이라
고 자부했으나 자긍심이 온몸을 휘감을 여지도 없이 그저 무시
당했습니다. 그래서 저도 무시했어요. (웃음) 그런데 신비주의 연
구의 세계적인 권위자이시며 지도교수이신 쓰루오카 요시오[05]
선생님은 저 같은 사람을 이해하고 방목해주셔서 지금도 진심
으로 감사하고 있습니다. 요컨대 슬럼프조차 없습니다. (웃음)

안도/ 요즘에는 문예평론 분야에서 글을 쓰고 있지만 대학에서
는 고고학을 전공했습니다. 옛날부터 책읽기를 좋아했는데 항
상 문학을 객관적으로 연구하는 것, 표현하는 말을 배우는 것
이 정말로 가능한가 하는 의문에 봉착했습니다. 그렇게 시작된
고민은 대학에서 문학을 연구하다니 참으로 이상하다는 결론
에 도달합니다. 저는 말의 질서가 아니라 말이 낳는 사물의 질
서부터, 역사부터 먼저 저 나름대로 이해하고 싶었습니다. 그래
서 서른이 지나서까지 출판사에서 직장생활을 했지요. 사회인
시절에는 기껏해야 남의 말을 읽는 것이 전부여서 정작 저 자신
은 말문이 닫혀서 십 수 년을 지낼 수밖에 없었습니다. 말문이
닫혀서 생활하는 동안 처음으로 말이란 무엇인가를 생각했습
니다. 『야전과 영원』에서는 푸코, 라캉, 르장드르라는 세 사람이
열거되어 있는데 그들 또한 말문이 막혀서 생활하는 동안 말을
탐구했다고 생각합니다. 글로 쓰고자 했던 것, 쓸 수 없었던 것,
또는 그래도 쓴 것은 대체 무엇인가 하는⋯⋯. 일본인 중에 그
런 탐구를 한 유일한 사람이 오리쿠치였습니다. 오리쿠치 시노
부를 '겹쳐 쓰기' 하는 것이 제게는 재활이었죠.

사사키/ 안도 씨는 어떤 의미에서 실어증이었는지도 모릅니다. 저
도 마찬가지였어요. 정말이지 소설까지 쓰리라고는 꿈에도 생각

05 鶴岡賀雄: 1952~, 도쿄대 대학원 인문사회계연구과 교수로 종교학자이자 기독교 신비
  주의 연구자다. 서구 근대(특히 스페인과 프랑스)의 신비사상, 신비주의 개념의 형성과
  전개, 현대 종교사상을 폭넓게 연구했으며, 십자가의 요한과 신비주의 개념사의 연구
  는 일본의 일인자로 꼽힌다. 저서로 『십자가의 요한 연구十字架のヨハネ研究』가 있다.

하지 못했습니다.

안도/ 맞아요. 그러나 소설이란 기묘합니다. 거의 정의할 수가 없고, 정의를 거뜬히 초월해서 나옵니다. 제가 사사키 씨가 쓴 작품에서 '소설'이라는 느낌을 받은 책은 『야전과 영원』이 단연 으뜸입니다. 말의 정의를 엄격하게 밝혀냅니다. 아니면 다른 사람의 책을 미치기 일보 직전까지 치밀하게 읽어나갑니다. 그 결과 이미 소설적이라고 부를 수밖에 없는 소리와 의미의 연속이 발생합니다. 그러한 의미에서 『야전과 영원』에서 세 사람을 각각 논한 마지막 장은 전부 소설입니다. 엄격하게 독해한 끝에 출현하는, 독해할 수 없는 말의 혼. 아마도 그 원형은 처음에 논한 라캉이라고 생각합니다. 라캉 자신의 작품도 그러하지만 어느덧 그것은 학문이 아니라 소설입니다. 라캉은 정신분석가라고 하는데 이 사람이 대체 무슨 업적을 이룩했는지는 아직 철저히 논의되지 않은 듯합니다. 사사키 씨가 제시한 답은 이렇습니다. 라캉은 말을, 말이 되기 이전의 것과 함께 엄밀한 개념이 그대로 착란하는 극한 상황까지 철저히 논했다고. 그때 말과 이미지의 차이는 사라지고, 말과 물질의 차이도 사라집니다. 따라서 『야전과 영원』은 라캉부터 시작했어야 했고, 그것이 책 전체를 파악하는 하나의 그림이 됩니다. 프로이트와 라캉은 정신분석이라는 장르로 일괄하지만, 프로이트의 저서를 철저히 읽고 해석한 라캉의 입장에서 보면 정신분석이라는 학문의 핵심이 보입니다. 거기에는 시니피앙이 있습니다. 말도 아니고 이미지도 아닌 것. 또는 말이자 이미지이기도 한 것. 그것은 실로 소설가가 소설이라는 말의 건축물을 통해서 창출하려고 한 광경 그 자체입니다.

정신분석과 말

사사키/ 소설로서의 『야전과 영원』이라는 이야기는 근질근질하고 멋쩍으니까 일단 차치하겠습니다. (웃음)

먼저 하나는 정신분석과 말입니다. 기성 학문에 수렴되지 않는 말이 아닌 것과의 틈새에서 생성되는 듯한 말과의 관계에 관해서지요.

정신분석이라고 하면 지금도 역시 어딘가 수상한, 애매한 것으로 여깁니다. 또한 예술적인 창조성creativity과는 별로 관계가 없고 외부에서 오만한 태도로 분석하거나 억압하는 목적에 유용하다고 보통은 생각합니다. 실제로 프로이트가 한 일도 그렇게 받아들일 소지가 충분합니다.

그러나 유럽의 근세부터 근대에 걸친 역사를 고려하면 역시 프로이트와 라캉이 대단히 곤란하고 진지한 과제에 전념했던 것을 알 수 있습니다. 한마디로 말해 '사목'을 지속하는 방법입니다. 사목이 무엇인가 하면 헤브라이Hebraios, 아니 동양에서 맥맥이 전해져 내려온 '양치기', '목자'의 민중통치를 가리킵니다. 구약성서의 『예레미야서』[06]에 나오듯이 유대교에서는 신은 목자이며, 유대인들은 어린 양들입니다. 신약성서에서도 예수 그리스도는 스스로를 '선한 양치기'라고 부르며, 99마리의 어린 양을 남기고 길 잃은 한 마리의 어린 양을 찾으러 간다는 유명한 이야기도 나오지요. 신 혹은 신의 아들은 길 잃은 어린 양인 우리를 인도합니다. 푸코가 말했듯이 거기에는 '공동체' 같은 집단이 아니라 '개체'를 파악하려는 권력 형식이 존속했던 것입니다. 그러려면 아무래도 길 잃은 어린 양의 영혼을 인도한다는 명분이 필요합니다. 그것이 사목이고, 그 하나의 기술이 '고백'이나 '고해', 즉 '참회'입니다.

여러분, 이탈리아나 가톨릭권의 영화에 간혹 나오지요. 교회에서 신부님께 고해하는 장면이. 일신교도도 아닌 사람들의 입장에서 보면 참으로 생경한 장면입니다. 소곤소곤 작은 목소리로 말하고, 십자를 긋고…… 그리고 자신의 비밀을 고백하고 참회한 뒤 용서받는 것은 어떤 의미에서는 무척 비루하다고 할까, 은밀하고도 음란하기조차 한 '뭔가'를 느껴서 불쾌해하는 분도 계시리라 생각합니다. '고백'이라는 것에 붙어 다니는 비루함은 기독교도가 아니더라도 어쩐지 이해가 되며, 이 제도에 관해서는 유럽 내부에서도 비판이 있습니다. 어째서 그런 일을 하는지 의아해하시는 분도 계실 테고, 종교적인 영혼의 인도나 구원일랑 필요 없다고 생각할지도 모릅니다. 분명 맞는 말입니다.

06 The Book of Jeremiah: 예언자 예레미야의 예언, 곧 야훼의 말씀을 담은 예언서. 구약성서의 『이사야서』, 『에제키엘서』와 함께 3대 예언서로 꼽힌다. 유대 왕국의 몰락하는 모습이 자세히 기록되어 있고, 유대인은 하느님께 특별히 선택된 백성이며, 하느님은 장차 '새로운 약속'을 하게 될 것이라고 예언했다.

그러나 따지고 보면 본인 스스로 자신을 인도하기는 지난한 문제입니다. 법이 없는 사회는 존재하지 않습니다. 그리고 법은 '해서는 안 되는 일'을 규정합니다. 그러나 '무엇을 하며 살아가면 되는가?'는 가르쳐주지 않습니다. 거기까지 개입하면 법은 더는 법이 아닙니다. 물론 최종적으로는 법이 그 '법이 아닌 것', 예를 들면 도덕이나 윤리라고 부르는 것과 정말로 구별이 되는가, 된다면 그 방법은 무엇인가에 관해서는 다양한 논의가 있습니다. 하지만 오늘은 생략하겠습니다. 문제는 다음입니다.

그럼 법의 테두리 안으로 자신의 행위를 한정하든, 일탈행위를 감행하든, 자신을 어떻게 인도하면 좋을까요. 인간은 '안절부절못하는' 존재지요. 가만히 앉아 있으면 괴로우니까 섭니다. 계속 서 있으면 괴로워지므로 걷습니다. 줄기차게 걸어도……. 일생을 '칭얼거리며' 사는 겁니다. (웃음) 바람직한 인생을 사는 법은 아무도 가르쳐주지 않습니다. 거꾸로 말하면 '삶의 방향'을 가르쳐주는 것은 '설교' 종류로서 어쨌거나 수상쩍은 느낌은 면할 수 없습니다.

그러나 그 '바람직한 인생'을 보증하는 것이 기독교에서는 영혼을 인도하는 이른바 '사목'이었습니다. 푸코는 '통치성'이라는 말을 이용해서 이 '사목권력'의 후계야말로 16세기에 출현한 통치성이라고 했습니다. 우리가 자기 자신을, 가족을, 회사를, 공동체를, 친구들을, 나아가서는 사회와 국가를 어떻게 이끌어가야 하는가 하는 문제는 여전히 남습니다. 앞으로도 쭉. 한 가지만 말하면 이 서점에도 자기계발서와 비즈니스서가 산처럼 쌓여 있지요. 이래저래 우리가 영혼의 인도를 얼마나 갈구하는지 보여주는 증좌나 다름없습니다. 일러줘도 모르니까, 스스로 자기 인생의 키잡이가 되지 못하니까 그런 책이 대량으로 출시되는 것입니다. 그런 책의 선례가 사실 중세의 사목과 관련된 문서나 16세기의 통치와 관련된 책입니다. 18세기 정치적 자유주의의 시조로 불리는 사람들도 비슷한 글을 씁니다. 면면히 이어지므로 참신한 것이 아닙니다.

그러나 자신을 스스로 인도하여 '잘 풀리는' '성공법칙'을 엮어서 제시한다면 누가 뭐랍니까. 남의 영혼을 이끈다는 말이 내포하는 의미는 무엇인가, 여기에 정신분석의 안목이 있습니다.

도스토옙스키의 『카라마조프 가의 형제들』의 대심문관이라는 유명한 이야기를 아시죠. 내용이 장황해서 굳이 요약하지는 않겠지만 그 부분만이라도 꼭 읽어보셨으면 합니다. 어떤 의미에서 정신분석은 대심문관의 학문이라고 할 수 있습니다. 무슨 말인가 하면 사목의, '양치기의 권력'의 후계로서 인간 세상의 오욕을 짊어지는 학문입니다.

방금 전에 고백의 비루함을 말했지만 사실 '고백을 듣는 입장', '고해를 듣는 입장'에서 생각하면 보나마나 막심한 고난일 것입니다. 여러분이 각자 신부이고, 나라에 전쟁이 났다고 가정해봅시다. 학살이 있었습니다. 전쟁은 끝났지만 여러분도 종교인으로서 어떻게든 최선을 다해 구호하느라 고단합니다. 그런 와중에 한 남자가 찾아와서 고해하고 싶다고 합니다. 직무상 거절하지 못합니다. 이리하여 그는 득의양양하게 혼란을 틈타서 전쟁 통에 얼마나 온갖 극악무도한 짓을 저질렀는지 모조리 털어놓습니다. 아예 귀를 틀어막고 싶은 얘기를 줄줄 쏟아냅니다. 고해가 끝나고 여러분은 어쩔 수 없이 '신은 그대를 용서하실 것입니다'라고 합니다. 유일하게 허용되는 일이니까요. '이놈, 지옥에 떨어져라'라고 저주를 퍼붓고 싶어도 끝까지 참아야 합니다. 전장에서 어떤 식으로 연달아 노인과 아이들을 죽이고, 여성을 노리개로 삼았는지 주절거리는 입을 후려갈기고 싶어도 용서해야만 합니다. 악몽이지요. 깨지 않는 악몽 같습니다. 마침내 그 남자는 아주 후련한 표정으로 돌아갑니다. ……아시겠죠. 정신의학 전문가들에 따르면 그들은 남의 트라우마를 듣고 그 이야기 때문에 재차 트라우마를 입기도 한답니다. 2차적인 트라우마지요. 그러나 오롯이 혼자 감수해야 합니다. 더군다나 들었던 고백의 내용을 철저히 함구해야 합니다. 자신의 상사인 주교나 대주교에게도 발설해서는 안 됩니다. 설사 로마 교황이 직접 하명할지라도 굳게 비밀을 지켜야 합니다. 이 모든 오탁汚濁(악과 부정)을 참고 무덤까지 갖고 가야 하지요. 근대 심리상담은 이 점이 허술합니다. 필시 미국 도시의 증례였던 것으로 기억하는데 매우 심각한 정신병으로 오랫동안 상담과 투약을 포함한 치료 끝에 겨우 인간 세상에서 살게 된 환자가 있었습니다. 어느 날 문득 그 도시의 가장 큰 책방을 어슬렁거리다가 무심코 정신병리학 책을 들고 훑어보았습니다. 그런데 자신이 의사에게 했던 이야기가, 절대 아무에게도 알리고 싶지 않은 비밀이 증례로서 고스란히 적혀 있었습니다. 왜냐하면 정신의학과 심리학은 학문이므로 학회발표를 해야 하거든요. '업적'으로 삼아야 하니까요. 그는 책을 버리고 달려 나와 그대로 투신자살하고 말았습니다.

독하지요. 근대의 정신과 의사와 심리학자가 하는 일이 여전히 미온적이라고 할 정도로 기독교도의 수도사들은 오랜 세월에 걸쳐 견뎌왔습니다. 따지고 보면 그렇게 깔볼 일이 아닙니다. 또한 그토록 극악무도한 놈을 용서해야 하다니 대체 무슨 수로 용서하느냐는 말입니다. 이는 모든 종교가 가진 큰 문제입니다.

또 하나. 앙리 엘렌베르거[07]라는 석학이 보고한 것으로 기억합니다. 제2차 세계대전이 끝나자마자 프랑스에서 사회학자가 일제히 조사를 했습니다. 유럽에는 지금도 마을마다 교회가 있을 정도입니다. 이토록 모세혈관처럼 방방곡곡에 퍼져서 민중에 융화되어 있는 유일무이한 조직이 바로 교회가 아닐까 합니다. 그 모든 교회의 신부에게 설문조사를 했습니다. 전쟁 중에 들었던 고백의 내용을 조사하기 위해서입니다. 프랑스도 나치 점령 아래서 독일에 협력하는 사람이 많았거든요. 차마 들을 수 없는 무서운 고백이 부지기수로 나왔을 것 같죠? 이를테면 역사상 사실인데 유복하고 성격이 원만한 유대인 친구를 질투해서 부글부글 속을 끓이다가 나치 고관에게 유대인인 사실을 밀고해 강제수용소로 보내버렸더니 몹시 흐뭇했다거나, 강제수용

07 Henri Ellenberger: 1905~1993, 스위스 출신의 정신과 의사·의학사가이자 범죄학자로 정신의학 역사학을 창시한 인물. 대표 저서로 『무의식의 발견The Discovery of the Unconscious』이 있다.

소로 이송된 친구의 부인을 강간했다거나, 나치의 환심을 사려고 레지스탕스의 아지트를 고발해 포상금을 받았다는 등. 필시 인간의 오니汚泥 같은 가장 추악한 이야기가 수두룩하게 쏟아져 나왔으리라 생각하시죠? 유감이지만 대담한 신부들은 단 한 명도 없었습니다. '누구에게 말하라는 게냐. 2,000년 넘게 이 일을 해온 우리다. 기독교를 얕보지 마라'라고 하듯이. 정확히 말하면 고해제도가 지금의 형태가 된 것은 훨씬 이후의 시대지만 그만큼 자부심이 강했습니다. 무덤까지 가져간다는 말의 본보기입니다. 치유하는 것은 치유하는 사람이 더러운 흙투성이가 되는 것입니다. 한마디로 정신분석은 그것을 계승하려고 했습니다. 아마도 '신 없는 시대'에서 그나마 계속해야 할 사목으로서의 정신분석이겠죠. 엘렌베르거와 그 번역자인 나카이 히사오 씨의 저서를 통해 안 사실이지만, 그래서 프로이트는 인간을 '어두운 지하실에서 끊임없이 갈등하는 존재'로 비유하고, 자신을 찾아온 루트비히 빈스방거[08]에게 "자네는 2층이나 3층에서 햇볕을 쬐고 있게"라고 했습니다. 이것이 정신분석이라면 여간해서는 부정할 수가 없습니다.

안도/ 그러게 말입니다.

---

08 Ludwig Binswanger: 1881~1966, 스위스의 의학자이자 정신과 의사로 현존재분석 Daseinanalyse 학파를 창시했다. 숙부는 뇌혈관성 치매의 일종인 빈스방거병을 발견한 오토 빈스방거Otto Binswanger다. 저서로는 『정신분열병Schizophrenie』, 『꿈과 실존 Traum und Existenz』, 『울병과 조병Melancholie und Manie』 등이 있다.

여성이 되다

사사키/ 그래서 프로이트와 라캉은 중요하며 정신분석 운동은 매우 성실하다고 생각합니다. 게다가 이것은 역시 문학의 문제입니다. 말하는 것, 듣는 것, 사라져버린 사람들을 기억에 남기는 것 또한 기막힌 재앙 속에서 심적 외상을 보살피는 대책입니다. 프로이트도 라캉도 미증유의 재앙, 즉 두 차례의 세계대전을 겪은 사람이라는 사실을 기억하세요. 푸코의 표현으로 하면 '오욕으로 점철된 사람들의 삶', 이름 없이 스러져간 사람들의 삶을, 말을 어떻게 직면하는가 하는 문제이기도 합니다. 이 이상의 문학적인 문제는 존재하지 않습니다.

『야전과 영원』에서 기술했다시피 라캉은 상상계, 상징계, 현실계를 구별합니다. 이미지의 영역, 언어와 법의 영역, 언어도 이미지도 되지 않는 맹목적인 죽음의 욕동Todestriebe의 세계라고. 임시로 간단히 말하겠습니다. 이 세 가지 논술이 모두 깔끔하게 내린 결론은 일반적으로 '죽음'입니다. 그러나 엄밀하게는 '시'입니다. 시가 바로 결론입니다. 따라서 철저히 문학의 문제지요.

안도/ 종교를 대신해서 정신분석이 등장했다는 통설을 사사키 씨가 과감히 역전시킨 점이 인상적이었습니다. 정신분석은 종교 대신 등장한 것이 아니라 종교의 또 다른 이름입니다. 프로이트와 라캉은 종교로서의 정신분석을 철저히 규명했다는 관점에서 라캉을 파악합니다. 지난 1,000년, 2,000년 동안 종교라는 이름 아래 인간들이 줄곧 영위해온, 타인에게 말하고 타인의 말을 듣고 기록하는 것의 가장 근대적인 양상이 정신분석이었을지 모른다고 합니다. 탁월한 의견인 듯싶습니다. 그리고 라캉은 마지막에 여성이 됩니다. 이 부분 또한 매우 오싹했습니다. 요컨대 글쓰기는 뭔가를 잉태하고, 구체적으로 낳는 행위이며, 스스로 출산하는 성childbearing sex이 되기 전에는 불가능합니다. 말을 잉태한다는 점에서 종교의 근원과 정신분석은 하나로 연결됩니다. 그것은 동시에 문학의 문제이기도 합니다. 일신교의 변천을 생각해보면 그러한 복합모순이 모조리 나옵니다. 유대교, 기독교, 이슬람교는 기본적으로는 모두 같은 형태의 종교지요. 하지만 조금씩 상이한 점을 갖고 있으므로 상호 간에 마찰과 싸움이 불가피합니다. 이즈쓰 도시히코[09] 씨의 이론을 빌려서 말하면, 이들 일신교의 본질은 뭐니 뭐니 해도 '초월의 말'과 그것을 해석하는 특별한 사람, '예언자'의 문제로 집약됩니다. 예언자란 기본적으로 신의 말을 듣는 사람입니다. 따라서 예언자란 실로 말을 잉태한 사람입니다. 라캉은 예언자가 갖고 있는 특질을 가장 노골적으로 표현했습니다. 말을 잉태하려면 성별을 초월해서 여성적인 존재가 되어야 합니다. 거기에서 글쓰기가 시작됩니다.

---

09 井筒俊彦: 1914~1993, 문학박사·언어학자·이슬람 학사·동양사상 연구자·신비주의 철학자로 게이오의숙대학 명예교수다. 아랍어, 페르시아어, 산스크리트어, 팔리어, 러시아어, 그리스어 등 30여 개의 언어를 유창하게 구사했으며, 일본 최초로『쿠란』원전을 번역해서 간행했다. 저서로『의식과 본질』,『이슬람 문화―그 근저에 있는 것イスラーム文化―その根柢にあるもの』,『쿠란을 읽다コーランを読む』,『마호메트マホメット』,『러시아적 인간ロシア的人間』 등이 있다.

여성이 되지 않으면 글쓰기는 불가능합니다. 라캉은 필시 정신분석적인 근원을 탐구해서 종교적인 근원에 도달했습니다.

사사키/ 정신분석은 팔루스, 즉 남근을 중시합니다. 직접적인 성적 의미만이 아니라 '전체성', '전부'에 대한 욕망, '유일한 것'으로 '통합'하려는 욕망 혹은 권력욕을 비판적으로 논할 때지요. 혹자는 그것을 가리켜서 정직하게 정신분석은 남근주의적, 남성 중심주의적이라고 합니다. 하지만 저는 반문하고 싶습니다. 지금 프로이트와 라캉이라고 했는데, 프로이트와 라캉 사이에 누가 있었습니까. 프로이트 이후 두 거두라고 불리며 논쟁을 펼친 것은 안나 프로이트[10]와 멜라니 클라인[11]으로 물론 둘 다 여성입니다. 오죽하면 '정신분석은 여권제냐?'라고 야유를 당했습니다. 또한 라캉이 가장 신뢰했던 정신과 의사로 프랑수아즈 돌토[12]가 있었습니다. 돌토는 전기적 사실을 추적하면 라캉의 제자가 아니라 라캉이 돌토에게 심리적으로 의존했다고 추측하는 기술까지 있습니다. 그럼 누가 라캉의 제자였느냐 하면 줄리아

---

10 Anna Freud: 1895~1982, 정신분석의 창시자인 프로이트의 막내딸이며 멜라니 클라인과 함께 아동 정신분석을 개척한 인물이다. 저서로 『자아와 방어 기제』, 『5세 이전 아이의 성본능이 평생을 좌우한다』 등이 있다.

11 Melanie Klein: 1882~1960, 오스트리아 빈 태생으로 영국에서 활동한 정신분석가. 대상관계이론의 창시자로 어린이 정신치료에 최초로 놀이치료를 도입했다. 저서로 『아동 정신분석』, 『사랑, 죄책감, 보상, 그 밖의 연구Love, Guilt, Reparation: And Other Works』, 『시기심과 감사Envy and Gratitude』 등이 있다.

12 Francoise Dolto: 1908~1988, 프랑스의 정신분석가. 저서로 『참된 아버지가 있었어요』, 『아이가 등장할 때』, 『소녀시대』, 『욕망의 세계』, 『아이야말로 엄마를 만든다』, 『아이의 일은 아이의 책임으로』 등이 있다.

크리스테바[13], 뤼스 이리가레[14]입니다. 아직 프랑스어 책으로도 출간되지 않은 라캉의 세미나 초고에서는 젊은 이리가레가 주 눅 들지 않고 기세등등하게 질문하는 대목이 나와서 무척 재미 있습니다. 혹은 주디스 버틀러[15]도 꽤 영향을 받았습니다. 그럼 왜 이처럼 정신분석은 페미니즘에 힘을 실어주었을까요. 역시 꼼꼼히 읽어보면 예상대로 안도 씨가 지적하셨듯이 라캉은 여 성의 향락을 중시했습니다. 더욱이 이것은 앞서 했던 말과 연결 됩니다. 이는 신의 아들을 잉태한 마리아의 향락을 반복하는 것 으로 16세기부터 17세기에 걸친 기독교 신비가들의 정치적 투 쟁과 문학운동을 계승하려고 했습니다. 한마디로 말해서 '글 쓰 는 향락'입니다. 신을 사랑하고, 신에게 사랑받으며, 신의 아들 을 잉태하는 것, 그리고 말을 낳고, 쓰는 것입니다. 신학 문헌에 서 Verbe(말씀)라고 하면 마리아가 낳은 신의 아들 예수를 말하 니까요. 그리고 예수는 세계를 바꿨습니다. 훗날 기독교의 비유 로 말하면 예수 그리스도의 신체가 기독교 세계 그 자체라는 의 미이므로 마리아는 세계를 낳았다는 뜻이 됩니다. 누차 말했으

---

13 Julia Kristeva: 1941~, 불가리아 출신의 문학이론가·저술가·철학자로 파리 제7대학 명예교수다. 저서로 『검은 태양』, 『포세시옹, 소유라는 악마』, 『미친 진실』, 『사랑의 역 사』, 『공포의 권력』, 『시적 언어의 혁명』 등이 있다.
14 Luce Irigaray: 1930~, 벨기에 출신의 페미니스트 철학자·언어학자·정신분석학지 문 화이론가다. 저서로 『성적 차이와 페미니즘』, 『하나이지 않은 성』, 『너, 너, 우리』, 『근원 적 열정』, 『동양과 서양 사이』 등이 있다.
15 Judith Butler: 1956~, 버클리대학의 수사학·비교문학과 교수. 저서로 『혐오 발언』, 『젠 더 트러블』, 『젠더 허물기』, 『박탈』, 『누가 민족국가를 노래하는가』, 『윤리적 폭력 비 판』 등이 있다.

니 생략하겠습니다. 아무튼 완전히 부합합니다. 라캉 이론의 가장 좋은 부분에서 보면 여성성과 쓰는 것, 말을 낳는 것, 세계를 변혁하는 것은 완전히 일련의 일입니다.

분명 질 들뢰즈는 자크 라캉을 비판합니다. 그러나 그것은 다른 식으로 파악할 수 있습니다. 거기에 존재하는 것은 단순한 대립이 아닙니다. 누누이 말했으므로 간략하게 말하면, 그는 원래 수태conceptus와 동의어인 개념concept의 창조야말로 철학이라고 합니다. 예수는 바로 마리아의 임신, 달리 표현하면 개념화conceptio로 생긴 개념입니다. 그는 신학적인 언설에 대담하게 파고들어갑니다. 더욱이 그는 그 훌륭한 『비평과 임상』의 서두에 실린 논문 「문학과 삶」에서 갑자기 "글을 쓰는 가장 좋은 이유는 남자라는 수치심에 있지 않을까"라고 적었습니다. 우연이라고는 생각되지 않을 만큼 일치합니다.

안도/ 가장 철저한 비판만이 가장 생산적인 비평이 되지요. 들뢰즈의 주요 저서라고 일컫는 『차이와 반복』에서도 뭔가가 잉태되는 여성적인 공간을 매우 중시합니다. 철학과 문학, 나아가서는 정신분석과 종교도 포함해서 여성적인 것이야말로 새롭게 뭔가를 낳기 마련입니다. 어떤 방식으로, 무엇을 낳는가? 역시 말을 통해서, 새로운 세계 자체로서 말을 낳을 수밖에 없습니다. 이러한 미래상을 추구하지 않는 한 문학도 철학도 탄생하지 않습니다.

사사키/ '문학과 삶'을 천명한 들뢰즈가 정말로 '여성이 되는 것'을 중요시한 20세기 굴지의 철학자인 것은 여러분도 아시리라 생각합니다.

　읽고 쓰기 수월한 글만 선호해서 읽으며, 쓰기 난해한 글은 거들떠보지도 쓰려고도 않는, 또한 몇만 부 팔린, 무슨 상을 받은 작자는 무슨 파라고 합니다. 그러나 문학은 절대 그렇게 편협하고 시시하지 않습니다. 문학이란 읽기, 바꿔 읽기, 쓰기, 바꿔 쓰기입니다. 무엇을? 우리의 신체와 무의식과 욕망을, 욕동의 흐름을, 법을, 사회를, 제도를 그리고 세계를 말입니다. 팔루스에서 가장 멀리 동떨어지고, 순수하고 날카로운 첨필尖筆[인쇄용 철필] 끝으로 가르고, 봉합하는 수술 같은 행위로서 인간의 삶을 갱신해가는 행위야말로 진정한 문학입니다. 그렇다면 정신분석도 문학운동의 하나지요.

안도/ 그래선지 문학운동이 아닌 철학운동, 문학운동이 아닌 정치운동은 말이 안 됩니다.

사사키/ 아무렴 당연하지요. 그 부분이 달콤합니다. 『보그 재팬 VOGUE Japan』이라는 잡지에서 최근 사토 에리코[16] 씨와 대담을 나눴는데[이 책의 209~216쪽 참조]. 매우 총명하고 독서를 많이 하셔서 다자이 오사무와 가르시아 마르케스[17], 노사카 아키유키[18]

---

16 佐藤江梨子: 〈전차남〉, 〈일본 침몰〉로 유명한 배우 겸 모델로 애칭은 사토에리디. 대표 저서로『트로이스 토로와TROIS トロワ』가 있다.

17 Gabriel Garcia Marquez: 1927~2014. 콜롬비아의 작가·소설가로 현실을 날카롭고 깊이 있게 드러내는 '마술적 사실주의'의 선구자다. 저서로『백 년 동안의 고독』,『콜레라 시대의 사랑』,『썩은 잎』,『내 슬픈 창녀들의 추억』,『예고된 죽음의 연대기』,『사랑과 다른 악마들』 등이 있다.

등의 작품을 자유자재로 읽는 분이었습니다. 그 대담에서 현재 철학의 문체가 딱딱해진 것은 어림잡아서 일러봤자 18세기, 늦게는 20세기쯤이라고 말했습니다. 최근이지요. 『정신현상학』이라는 헤겔의 책에는 각주가 하나도 달려 있지 않습니다. 라이프니츠와 볼테르는 편지에서 썼지요. 플라톤은 대화편이므로 연극적이고요. 새로운 철학이란 새로운 문체를 창출하는 것과 같은 뜻입니다.

안도/ 기존의 문체와 스타일에 안주하는 한 새로운 것은 탄생하지 않아요.

사사키/ 맞습니다. 새로운 것을 생산하고 고안하려면 문체와 신체를 통째로 바꿔야만 합니다. 문체는 신체와 생리를 근거로 하니까요. 음악과 춤, 연극의 수련과 마찬가지로 신체적인 변용을 수반합니다. 아주 괴롭고 고통스럽습니다. 사토 에리코 씨는 뛰어난 여배우이기도 하므로 이 말을 했더니 곧바로 이해하시는 눈치였습니다. 그런데 그 말을 도통 알아듣지 못하는 남자들이 자칭 비평가라고 합니다. 사정이야 어떻든 들뢰즈는 아니지만 부끄럽지 않나 하는 소박한 생각이 절로 듭니다.

---

18 野坂昭如: 1930~2015, 소설가·방송작가·샹송 가수. 저서로 『반딧불이의 무덤』, 『전쟁 동화집』, 『슬픈 집착, 성애』(공저) 등이 있다.

비평이란 해석이다

안도/ 저도 딱히 처음부터 문예비평을 하고 싶었던 것은 아닙니다. 텍스트를 철저히 읽고 새로운 텍스트를 생산하는 행위의 개념에 관해 따져본 끝에 나온 선택이 결과적으로 비평이었습니다. 비평이란 제게는 텍스트의 모성적인 공간에 한없이 다가가기 위한 수단입니다. 그러한 스타일을 문예비평으로 파악했으므로 소설을 평가하는 것이 비평의 가장 근본적인 의의라고는 도저히 생각할 수 없습니다. 뭔가를 생산하는 개념을 위해 제게 가장 잘 맞는 방법이 문예비평이 아닌가 합니다. 그래서 결국 학문은 미숙하고, 자신만의 문체도 없다는 말을 듣지만 그러한 제삼자의 목소리를 가뿐히 초월해갈 수 있는 분야입니다. 어쩌면 누구도 해내지 못한 저만의 새로운 문체와 표현양식을 만들 수 있으리라 기대합니다. 물론 간단한 일은 아니겠지만. 문예비평은 무엇보다도 해석입니다. 해석으로 표현의 모성적인 공간에 연결시켜서 새로운 것을 창출하는 행위입니다.

또 하나 지금 사사키 씨가 말씀하신 라캉의 모성적인 공간은 종교의 근원으로 연결됩니다. 인간적인 성별sexuality, 정신분석적인 성별을 넘어서 더 근원적이고, 갈라진 모성의 공간으로. 그 이야기는 『야전과 영원』에서는 라캉론 부분에서 집중적으로 나오는데 『잘라라, 기도하는 그 손을』에서는 종교의 기원문제로 전개됩니다. 일신교의 최후에 나타나 일신교를 순화한 예언자 무하마드가 체험한 시공時空으로서. 선지자란 미래를 예언하는 사람이 아니라 신탁神託을 맡는 사람입니다. 그 무하마드가 실은 글자를 읽지 못하는 문맹이었을 가능성에 대해 사사키 씨는 기술했습니다. 그런 이야기가 전승되어 남아 있습니다. 더욱이 문맹이란 아라비아어로 '어머니인'이라는 형용사를 붙여서 말한다고 합니다. 다시 말하면 신탁을 맡은 사람이 문자 그대로 문맹, 곧 어머니인 존재이므로 신은 그 사람에게 전령을 보냅니다. 바로 대천사 가브리엘입니다.

사사키/ 마리아에게 수태고지를 한 천사지요.

안도/ 그래서 말 그대로 개념conception입니다. 그렇게 무하마드에게 신의 말을 전하지만 그 말은 인간의 말이 아니라 천상의 어머니인 언어로 씁니다. 그것이 아라비아에서 태어난 선지자 무하마드에게 맞춰서 아라비아어가 됩니다. 사사키 씨는 라캉이 말하는 모성적인 공간을 『잘라라, 기도하는 그 손을』에서는 좀 더 종교적인, 신의 말이 잉태되는 근원의 공간 같은 곳에까지 전개합니다. 무하마드는 고아라고도, 문맹이었다고도 했습니다. 문맹, 즉 어머니인 무하마드가……

사사키/ '책의 어머니'지요. 이슬람 신학에는 방대한 역사와 학설이 있으므로 싸잡아 말할 수는 없지만 다음과 같이 볼 수 있습니다. 클루앙Kluang[말레이 반도 남부, 조호르바루 북서쪽에 위치한 도시]에 있는 '원본'을 '책의 어머니'라고 합니다. 무하마드는 신과 합일하지 않습니다. 신의 목소리도 듣지 않을뿐더러 통속적인 '신비주의자'와 달리 듣기를 바라지도 않습니다. 오직 가브리엘의 목소리만 듣습니다. 그가 접근하려고, 합일이 아니라 '읽으려고'

한 것은 신이 아니라 '책의 어머니'인 '신의 말'입니다. 따라서 어머니인 문맹의 무하마드와 책의 어머니와의 절대적인 관계가 이슬람의 근원에 있습니다. 정말로 실례지만 이교도 주제에 암만 생각해도 여성 차별적인 태도는 나오지 않는 듯합니다. 물론 이런 사실을 말하는 양심적인 세속주의 무슬림 지식인은 전 세계에 있습니다. 그러나 이 사실을 역설하면 자칭 탈종교화했다는 근대국가에도 미움을 사고, 이슬람 원리주의도 목숨을 노립니다. 르장드르를 본받아서 학문을 닦은 페티 벤슬라마라는 매우 예민한 튀니지 태생의 무슬림 지식인이 있습니다. 이러한 사실은 그에게서 배웠습니다.

지금 튀니지가 저리되어서 했던 발언이 아닌가 싶지만. 그래도 그의 훌륭한 초기 작품은 모든 출판사에서 품절되었습니다. 하긴 고작 1,000부가량 팔렸으니 품절은커녕 절판이라고 해야 하나요. 프랑스인도 구하기는 글렀다며 단단히 열 받았답니다. (웃음)

그와 그의 동료들은 구체적으로 정치적인 위험을 무릅쓰고 씁니다. 또한 사회적으로도 묵살당합니다. 르장드르의 저서와 마찬가지로 프랑스인도 최근에는 차츰 더는 묵살하기 어려운 모양이지만 좌우간 이런저런 사정을 감안하면 매우 고된 일입니다. 농담이 아니라 미쳐버리기 직전인 글을 읽거나 쓰는 것이므로 두려운 일입니다.

안도/ 음, 그리 만만치는 않죠. 쉽게 이해해주지 않으니 난처합니다. 또 하나는 마침 방금 말씀하신 내용과 연결되는데 이 자리에서 나눈 이야기를 액면 그대로 받아들이지 말았으면 합니다. 뭐랄까, 신과의 합일이나 그 순간이 황홀하다는 얘기가 아닙니다. 그것은 매우 안이한 말의 속임수이고, 말은 자신에게 가장 먼 타인입니다. 비근한 예를 들자면 자신이 쓴 글은 시간이 지나고 보면 엄청 부끄럽지요? 그야말로 타인의 말입니다. 사사키 씨는 『야전과 영원』에서 매우 설득력 있는 견해를 말씀하셨습니다. 원리주의는 텍스트 자체와 밀착하려는 행위를 가리킨다고. 텍스트 그 자체와 근원적 거리를 두지 않는 한 최악의 원리주의를 낳습니다. 우리가 지금 여기서 토론하고 있는 모성적인 근원의 공간이라는 것도 모종의 거리에 의해 갈라진 공간입니다.

그것이 말의 기능입니다. 말은 자신을 만드는 동시에 가르고 해체시켜버립니다. 따라서 임의대로 말을 구사할 수 있다고 말하는 작자는 절대 신용해서는 안 됩니다. 갈라지거나 갈라놓은 거리 안에서 말에 접근해가는 수밖에 없습니다. 그것이 『야전과 영원』이 제기한 또 하나의 중요한 점이 아닐까 합니다.

읽고 쓰는 것은 절대적인 단서다

사사키/ 글을 쓴 사람은 글에서 파면당하고, 영원한 유배에 처해진다고 모리스 블랑쇼Maurice Blanchot는 말합니다. 그리고 벤슬라마 역시 블랑쇼주의자입니다. 안도 씨가 말씀하신 대로 말을 읽고 쓰는 것은 말로 갈라지는 것과 같은 뜻이어서 뜻대로 말하기가 그리 호락호락하지 않습니다.

안도 씨와 제가 공통적으로 무서워한다고 해야 할지, 아니면 싫어한다고 해야 할지. (웃음) 아무튼 그런 점이 있습니다. 보통은 글 쓰는 광기를 이런 식으로 당당하게 신이나 신비화라고 말하지 않습니다. 임의대로 말하기는 불가능하다는 단순한 사실을 말했을 뿐인데 '종교'나 '신비'의 어원도 조사한 적이 없는 나태한 족속들이 '종교적'이라는 둥 '신비주의'라는 둥 뜻 모를 소리를 합니다. 즐겁게 책을 읽는 독자들이라면 전혀 개의치 않습니다. 하지만 지식인의 탈을 쓰고 어엿한 필자 행세를 하는 작자라면 엉뚱한 불평을 하기 전에 하다못해 사전이라도 찾아보라고 하고 싶습니다. 꼬치꼬치 따지는 것은 좋아하지 않지만 사정이야 어떻든 남을 비방하는 말 자체는 잘못입니다.

저는 진작에 종교라는 말로 사물을 생각하는 것은 그만두자고 했습니다. 종교인지 아닌지는 일체 문제가 아닙니다. 원래 석가모니도 무하마드도 예수 그리스도도 종교라는 말의 어원인 '렐리기오religio'라는 라틴어를 모릅니다. 알 턱이 있나요. 그래서 그들은 자신들이 한 일을 종교라고 생각하지 않았습니다.

안도/ 고약한 분류주의로 전락했으나 그러한 객관적으로 보이는 '분류' 자체를 철저히 파괴하는 것이 종교입니다. 앞에서도 논의했지만 새로운 문체가 생기면 새로운 사고방식이 생깁니다. 종교도 문학도 새로운 문체를 만드는 행위로 집약됩니다. 사사키 씨나 저나 이런 말을 해서 미움을 받지만 새로운 문체가 만들어지면 세계가 바뀝니다.

사사키/ 엄밀히 말해서 그것은 새로운 말로 세계를 보면 세계가 변한 듯이 보인다는 안이한 말이 아닙니다. 단적으로 말해서 석가모니와 무하마드와 예수 그리스도의 출현과 그들이 남긴 말로 세계는 바뀌었지요. 인간의 세계, 즉 법과 제도의 세계는 언어로 성립합니다. 그것을 구체적으로 '바꿔 읽는', '바꿔 쓰는' 것이 넓은 의미에서의 문학입니다. 무하마드에게 최초로 내린 계시가 '읽어라. 너의 주는 더없이 고마우신 분이라, 붓을 드는 법을 가르쳐주신다'니까요. 읽고 쓰는 것이 절대적인 변혁의 단서이며, 그것은 문학운동으로서만 실현 가능합니다.

안도/ 말하기, 듣기, 쓰기. 단지 그뿐이지요.

사사키/ 그것이 근본적으로 세계를 변혁하는 첫 수단이며, 폭력은 단지 2차적인 수단입니다.

안도/ 계속해서 『야전과 영원』에 관해 이야기하면 라캉 부분이 끝나고 르장드르와 푸코가 정확히 나머지 3분의 2를 차지합니다. 그리고 거기서는 모성적인 공간에 직접 도달하는 것의 불가능성을 논합니다. 사람이 근원적인 텍스트 공간에 직접 도달하기는 아무래도 무리입니다. 앞서 한 말과 비슷하지만 인간이라는 존재는 근원적인 거리를 두고 모성적인 공간과 대치하지 않는 한, 즉 자신인 듯 자신이 아닌 것을 대상으로 하지 않는 한 아무것도 창출할 수가 없습니다. 라캉은 그 거리를 '거울'로서 논했습니다. 아이가 거울을 보고 자신을 인식한다는 유명한 거울단계라는 비유가 탄생합니다. 그럼 라캉의 거울단계는 개인적인가? 요컨대 패밀리 로맨스만큼 폐쇄적인가 하면 절대 폐쇄적이지 않다는 것이 『야전과 영원』의 다음 주제입니다. 거울은 사회가 이미지와 말로 만들어낸 것이며, 그러한 사회적인 거울을 철저히 분석한 인물이 르장드르입니다. 우리는 그러한 거울을 통해서만 자기 자신을 인식할 수 있습니다. 그리고 그 거울은 유럽 민족에 속하는 사람들에게는 유럽이라는 거울, 기타 민족에 속하는 사람들에게는 기타의 거울이 있으며 민족, 나아가서는 종種이라는 점에서 근본적으로 다릅니다. 그들 중 어느 쪽이 더 좋다가 아니라 그런 형태로만 개인과 사회가 생성되지는 않는다는 얘깁니다. 그럼 어떤 형태로 생성되어 어떤 형태로 변화하려고 할까요. 거울은 유동적입니다. 그것이 『야전과 영원』의 커다란 다음 주제인 듯싶습니다. 라캉과 르장드르는 사제지간이었으나 사사키 씨는 언제 르장드르를 처음 아셨습니까?

사사키/ 제게 프랑스어 독해를 가르쳐주신 분이 니시타니 오사무西谷修 씨인데 그분 댁에서 모리스 블랑쇼를 읽었지요. 그런데 어느 날 문득 『신의 정치적 욕망Le Désir Politique De Dieu』, 『거울을 든 신Dieu au miroir』, 『텍스트의 아이들Les Enfants de texte』이라는 제목의 저서를 꺼내 보여주셔서 흥미를 갖고 조금씩 읽었습니다. 그때가 처음이었습니다. 르장드르의 저서는 소개가 늦어져서 지금 열거한 주요 저서 세 권도 여태 번역본이 출간되지 않았습니다. 저는 사정이 생겨서 직접 글을 쓸 수 없게 될 때까지는 번역을 하지 않을 작정입니다. 우수한 사람이 번역 중이므로 이제나저제나 책이 나오기를 기대하고 있습니다.

짓궂은 말이지만 번역본만 몰래 읽고 아는 척하는 것도 모자라 그 알량한 지식으로 르장드르를 배우는 이들을 비방하는 사람들이 있는 듯합니다. 그래서 한마디만 당부하겠습니다. 나중에 창피당하지 마시고 더 많이 공부하세요. 지금 출간되어 있는 번역본은 르장드르의 20분의 1에도 못 미치니까요.

'거울'이라는 장치

안도/ 푸코와 르장드르는 둘 다 이슬람이라는 문제로 교차합니다. 그렇게 사사키 씨는 지적하셨지요. 이슬람의 근원에는 훨씬 규모를 확대한 모성적인 공간이 숨겨져 있습니다. 유럽이라는 거울을 다시금 뜯어고치고 고쳐 쓰려면 반드시 이슬람이라는 유럽의 기원이기도 한 모성적인 공간을 가리는 다른 거대한 거울을 자세히 조사해야 합니다. 르장드르는 이슬람의 부활을 예견하고, 푸코는 이슬람 세계에 과감히 뛰어듭니다. 필시 그 부분이 거울이 있는 곳이라고 사사키 씨는 기술하셨습니다.

사사키/ 맞습니다. 사실 거울은 '이것이 너다'라는 말과 '이것은 네가 아니다'라는 말이 연결되어야 기능합니다. 그렇지 않으면 거울에 비친 사람이 누군지 모르고 거울에 비친 사람을 '진짜' 자신이라고 생각했다가는 도플갱어 같은 사태가 벌어질 테니까요. 거울은 이미지와 말로 구성되었습니다. 르장드르의 말을 이용하면 '몽타주'이며, 말하자면 그것 자체가 실로 복잡한 구조를 가진 장치입니다. 거기서 주체를 분석해냅니다. 즉 '나를 나라고 알아차리는, 나라고 부를 수 있는 나'가 태어납니다. 따라서 사회와 주체를 변혁하려면 이 몽타주를 고쳐야만 합니다.

안도/ 거울은 방금 말씀하셨듯이 이미지인 동시에 말입니다. 그러나 유럽은 그 거울의 생성을 말에만 국한시킵니다. 반면에 르장드르는 아프리카에 가서 인간이 '나'가 되는 것은 말만이 아니라 신체, 다시 말해 춤으로도 가능하다고 확신했습니다. 거울은 하나만이 아닙니다. 다양한 거울이 존재하며 그것을 도그마dogma라고 합니다. 유럽은 자신들의 거울인 교리를 철저히 연마해왔습니다. 그러나 유럽이 유일하게 옳은 것은 아닙니다. 그 거울을 다른 방향에서 보면 전혀 다른 풍경이 나타나지요.

사사키/ 그럼요. 거울은 우리가 날마다 보는 그 '도구'가 아닙니다. 말과 이미지의 작용에 의해 사회적으로 연출되고 거기에서 주체들이 산출되는 '장치'를 말합니다. 따라서 안도 씨가 말씀하셨듯이 그 장치에는 문화에 따라 무한히 다른 형型이 있을 수 있습니다. 라캉은 마지막까지 거울이라는 비유를 포기하지 못했지만, 르장드르는 매우 냉철한 사람이므로 이 거울조차 유럽적인 비유에 불과하다고 말했습니다. 그것은 동일화, 정체성identity을 가진 주체를 제조하기 위한 기능이지요.

요컨대 '너는 신이 아니다. 유한한 이것이다'라는 법의 단서가 되는 통첩을 할 목적이지요.

수면에 비쳐보거나 금속을 닦아서 광을 낸 것이 거울의 전부였던 시대에는 자신의 얼굴이 썩 자세히 보이지 않았습니다. 주석과 수은의 합금을 바른 거울이 유럽에서 처음 제작된 것은

14세기 베네치아에서고, 16세기경 같은 곳에서 개량된 뒤 다시 개량되었으며, 현재와 같은 정밀도를 지닌 거울은 19세기 독일에서 제작되었다고 이해하면 옳을 듯합니다. 이 거울은 우리의 자기 이미지에 큰 변동을 초래했습니다. 우선 외모에 대한 의식이 당연히 높아지겠죠. 그러나 반대로 외모가 또렷해지자 그 반대인 '내면'을 중시하는 경향을 띱니다. 또렷한 자신의 얼굴 생김새가 아름다운지 추한지를 볼 수 있으니 '남자는 얼굴이 다가 아니다'라는 슬픈 말이 나돌았습니다. (웃음) 거기에서 자화상과 자서전, 반성과 고백체 소설이 출현합니다. 한마디로 말하면 광의의 '근대문학'이 등장한 것입니다.

그러나 그것 이전에도 이미지와 말에서 생성되는 '나'는 존재했습니다. 이슬람이면 이슬람의, 아프리카 어떤 곳의 부족이면 그 부족의, 일본이면 일본의 다양한 '우리가 거울이라고 부르는 것'의 설정이 있었을 테지요. 그렇다면 새로운 거울을 창조하는 것은 앞으로도 가능합니다.

안도/ 그럼요. 거울을 깨뜨리기는 간단해요. 문장은 특히 그러해서 전혀 근거 없는 문장은 쓸 수가 없어요. 문법구조도 배워야하고……. 단, 각자 나름대로 문장력을 연마해서 독자적인 방식으로 새로운 것을 완성해갈 때 비로소 창조의 세계가 열립니다. 그 점이 중요합니다.

사사키/ 전에도 말했지만 오카모토 다로[19]가 누군가 자신의 그림을 엉터리라고 하자 그에게 "그럼 연필과 종이를 줄 테니 엉터리 그림을 모조리 그려봐. 어때, 못 하겠지"라고 반문했다고 합니다. 그런 말입니다. 파괴는 때로 창조의 과정에서 필요할지언정 중요한 것은 아닙니다.

안도/ 맞는 말입니다. 거꾸로 말하면 규칙을 자유롭게 바꾸기 위한 예로 『야전과 영원』에서는 푸코와 르장드르의 상호 비평을 설명합니다. 푸코가 특히 자신의 스타일로 썼지요. 전혀 새로운 문체로 쓴 역사철학philosophy of History을 창조해나갑니다. 그리고 결국 자신에게는 완전히 미지의 이슬람 세계를 발견했습니다. 아까도 화제에 나왔다시피 물론 거기에는 아무런 매개도 없이 텍스트의 근원에 뛰어드는 원리주의라는 위험성이 있습니다. 저는 단지 원리주의도 두려워하지 않는 푸코의 과감성을 좋아합니다. 실은 푸코가 테헤란으로 갈 무렵 마침 일본에 돌아온 이가 이즈쓰 도시히코입니다. 저는 두 사람의 교착交錯 아닌 교착에 뭔가가 있다고 줄곧 생각했습니다.

사사키/ 푸코와 이즈쓰 도시히코의 교차에요? 참 재미있는 생각이시네요. 피에르 르장드르는 젊은 시절 국제연합의 법무관료로서 세네갈과 가봉의 개발에 종사했습니다. 그런데 쥐뿔도 모르는 인종 차별적인 관료 나부랭이들이 이슬람에서 전래된 클루앙 학교를 부숴버렸습니다. 이에 발끈한 르장드르는 이슬람을 관광객용 민속음악folklore이라고 폄하하는 상사와 옥신각신하다

---

19 岡本太郎: 1911~1996, 일본을 대표하는 아방가르드(전위주의) 화가이자 현대미술의 선각자. 대표작은 오사카 만국박람회에서 제작한 '태양의 탑'이다. 저서로 『오늘의 예술—누가 시대를 창조하는가』, 『청춘 피카소青春ピカソ』, 『고독이 너를 강하게 한다孤独がきみを強くする』, 『마음속에 독을 품고自分の中に毒を持て』 등이 있다.

가 "그들은 돌아옵니다. 칼을 들고"라고 쏘아붙입니다. 그때가 1960년입니다. 그로부터 20년 후에 정말로 이란 혁명이 발발합니다. 그런 의미에서 이슬람은 다양한 철학자와 사상가의 시금석이 되고 걸림돌도 되었습니다. 굳이 덧붙이면 아프리카도.

안도/ 이슬람 문제는 실은 일본인에게는 무척 친근합니다. 아시아에는 무슬림이 많고, 특히 동남아시아, 인도네시아와 중국은 그 거점입니다. 따라서 기본적으로는 우리 자신의 문제이기도 합니다. 이슬람의 문제는 좀 전에 이즈쓰 도시히코의 이름을 거론했는데, 이즈쓰 도시히코가 태어나려면 오리쿠치 시노부와 오카와 슈메이[20]라는 두 사람의 특이한 개성이 필요했습니다. 그런 점에서 저는 『야전과 영원』을 축으로 향후의 구상을 다시금 재검토하고 있습니다. 끝으로 한마디 덧붙이자면 오리쿠치 시노부라는 사람이 이룩한 업적은 『고사기』와 『일본서기』 등 유럽에서 말하는 성전을 철저히 재해석했습니다. 그리하여 자신의 새로운 표현세계를 만들어갑니다. 누구나 아는 단가와 시, 소설이라는 장르를 쇄신합니다. 게다가 단가에서는 멋대로 쉼표와 마침표를 붙입니다. 요컨대 옛것을 읽기만 해서는 안 된다며 쉼표와 마침

---

20 大川周明: 1886~1957, 일본의 극우 사상가로 동아시아 경제조사국·남만주철도 주식회사 조사부에 근무하고 1920~1934년까지 척식대학의 강사와 교수를 역임했다. 근대 일본의 서양화에 대결하고 정신 면에서는 일본주의, 내정 면에서는 사회주의 혹은 통제경제, 외교 면에서는 아시아주의를 주창했다. 도쿄재판에서 민간인으로서는 유일하게 A급 전범 혐의로 기소되었다. 저서로 『영미 동아시아 침략사美英東亜侵略史』, 『특허식민회사 제도 연구―대항해 시대부터 20세기까지特許植民會社制度研究―大航海時代から二十世紀まで』, 『안락의 문安樂の門』, 『대동아질서 건설大東亜秩序建設』 등이 있다.

표를 붙여서 일정한 형식의 전통을 파괴하고 완전히 새로운 리듬을 창조하는 시도를 합니다. 오리쿠치의 고대 연구는 푸코와 르장드르와 비슷한 형태로 성전을 다시금 재해석하는 것입니다. 오리쿠치 또한 천상에서 신이 말을 주셨다고 했습니다. 빙의한 순간 거기에는 실로 모성적인 공간이 펼쳐지고, 잠시 죽어가며 그 시공을 다시 살아야 합니다. 반복과 차이의 사상입니다. 그런 까닭에 『사자의 서』에서 오리쿠치는 소녀가 되어 사자死者를 위해 천을 짭니다. 말 그대로 텍스트를 다시 엮었습니다.

사사키/ 텍스트란 원래 '직물textum'이라는 라틴어에서 유래합니다. 길쌈을 뜻하므로 매우 여성적인 말이지요.

안도/ 그러므로 사사키 씨가 하신 일은 그저 단순히 프랑스 현대 사상의 문제가 아니며, 제가 하는 일도 오리쿠치 시노부를 단순히 복고적으로 소생시키는 것만은 아닙니다. 무엇보다도 새로운 텍스트, 직물을 다시 생산하는 것입니다. 오리쿠치 시노부는 고대를 연구하고 오리쿠치학이라는 역사철학을 수립하는 동시에 단가를 쓰고, 시를 쓰고, 희곡을 쓰고, 소설을 썼습니다. 오늘 둘이서 나눈 이야기는 학문적인 동시에 새로운 표현이 되어야 합니다. 그래서 사사키 씨는 소설을 썼습니다. 단지 철학자가 심심풀이로 쓰는 것이 아니라 사사키 씨에게 소설은 『야전과 영원』, 『잘라라, 기도하는 그 손을』을 완성한 귀결이라고 생각합니다. 정리하면 사사키 아타루는 오늘날의 오리쿠치 시노부가 아닐까요. 오리쿠치 시노부의 작품은 옛날부터 훼예포폄毀譽褒貶이 극명하게 엇갈렸습니다. 쉽게 말해 호평과 혹평이 공존했다는 말입니다. '한낱 시인의 직감이잖아. 무슨 근거로 그딴 소리를 지껄여' 등등. 사사키 아타루 씨에게도 앞으로 그런 식의 비난이 무수히 쏟아질 것입니다. 그러나 그것이 바로 훈장이라고 생각합니다. 한마디만 더 하면 역시 뭔가를 창출하기 위한 반복이라고 생각합니다. 사사키 씨는 소설을 쓰는 행위로 오리쿠치 시노부와는 확연히 다른 반복을 시작한 것이라고 봅니다.

이 시대를 거슬러서, 미래를 위해

사사키/ 하필이면 안도 레이지 씨께서 저를 오리쿠치라고 하시니 너무나 영광이고 짐이 무겁습니다. (웃음) 단연코 심심풀이로 쓴 것은 아니며, 평생 쓸 작정입니다. 쓸 수밖에 없습니다. 땅거미가 지기 시작하던 어느 여름날 우연히 적어둔 문장으로 시작했습니다. 글을 쓸 적마다 이 소설을 완성하기 전에는 한 걸음도 앞으로 나아갈 수 없다는 생각이 머릿속에서 떠나질 않았습니다.

안도 씨는 단순히 오리쿠치에게로 회귀한 것이 아니며, 오리쿠치도 고대에만 몰두했던 것은 아닙니다. 더할 나위 없이 중요한 사실은 '새로운 것과의 새로운 관계'는 환상입니다. 유아적으로 새로운 것을 좇는 사람들이 말하는 새로움은 기껏해야 지난 반년부터 어제까지 신문과 텔레비전과 인터넷에서 화제가 되었던 것에 불과합니다. 가까운 과거지요. 따라서 환상입니다. '옛 것과의 오래된 관계' 역시 불가능합니다. 이를 추구하는 사람은 그 '옛것'이 실은 더 새로운 시대로 날조되었을지 모른다는 비평적인 관점이 결여되었습니다. 그뿐만 아니라 본인이 '오래되었다'고 의식하는 것과 동일화할 수 있다고 생각하는 시점에 이르면 모든 차이와 특이성에 대한 감성을 잃어버리고 맙니다. 더 간단히 말해 '옛것과의 오래된 관계'가 원만하면 이 세상은 만사형통일 테죠. (웃음)

남은 방법은 두 가지입니다. '새로운 것과의 오래된 관계'는 아무리 생각해봐도 무리입니다. 마태복음서(9:17)에서 "새 포도주를 낡은 가죽 부대에 넣지 아니하나니 그렇게 하면 부대가 터져 포도주도 쏟아지고 부대도 버리게 됨이라 새 포도주는 새 부대에 넣어야 둘이 다 보전되느니라"라고 했듯이. 나머지 하나는 '옛것과의 새로운 관계'를 짜는 것입니다. 그것만이 진정한 의미에서 새로운 것을 만드는 유일한 수단입니다. 정치에서나 예술에서나 옛것을 직시하고, 임의의 방식으로 접근해서 거리를 두며, 비평적 관점을 확보하고 연구해서 새로운 관계를 맺고 짜서 창조하는 자가 항상 '다음 세대'를 창조해왔습니다.

이를 가리켜서 보수반동이라거나 낭만주의라고 하는 사람은 잠시 주변을 둘러보세요. 안도 씨와 제가 야유를 당할 때마다 공통적으로 듣는 상투어는 '낭만주의자'입니다. 그 말을 이용해 매도하는 시점에서 마각을 드러냅니다.

낭만주의는 프리드리히 사비니Friedrich Karl von Savigny의 법학에서 영향을 받았으므로 '정교하고 치밀한 본문비평text criticism(여러 사본에 나타난 서로 다른 차이를 비교·평가하면서 원문에 가장 가까운 본문을 회복하는 작업)에 의한 교정판의 작성'과 '정확한 번역'을 중시합니다. 슐레겔 형제와 그림 형제로부터 발달한 신화학, 언어학, 민속학이 야나기타 구니오, 오리쿠치, 미나카타 구마구스[21]로 이어진 사실은 명백합니다. 독일 낭만주의가 이룩한 플라톤 번역과 셰익스피어 번역의 정확도는 지금도 일반인에게 통용됩니다. 원래 한정된 비판에 의한 근대적 역사학은 낭만주의에서 유래하거든요. 이러한 낭만주의의 치밀한 지적 측면을 제대로 알고나 하는 말일까요? 모르니까 으레 그런 실없는 소리를 하는 겁니다. 유독 그런 무리들일수록 정확한 번역은커녕 원전에 준거해 치밀하게 작업하지도 않습니다. 즉 낭만주의자보다 수준 이하인 작자들이나 하는 헛소리입니다. 원래 낭만주의는 애매모호하고 막연한 개념이어서 이사야 벌린Isaiah Berlin을 인용할 필요도 없이 사람 수만큼 낭만주의의 정의는 제각각입니다. 누구에게 배운 수법인지는 몰라도 똑바로 정의하지도 않은 채 비판이랍시고 무턱대고 아무 말이나 해대는 사람은 그냥 논외로 하겠습니다. 애초에 새뮤얼 테일러 콜리지와 윌리엄 워즈워스와 슐레겔을 제대로 읽기나 했는지조차 의심스럽습니다.

차라리 낭만주의자여서 다행입니다. 존 키츠가, 윌리엄 블레이크가 낭만주의자였듯이, 바이런과 슈만이, 그리고 멘델스존

---

21 南方熊楠: 1867~1941, 일본의 박물학자·생물학자·민속학자로 괴짜 천재로도 불린다. 저서로는 『십이지고十二支考』, 『미나카타 구마구스 균류도감南方熊楠 菌類圖譜』, 『제물 이야기人柱の話』 등이 있다.

이 낭만주의자였듯이. 고야와 테오도르 제리코[22]가, 발자크와 빅토르 위고가 낭만주의자였던 것처럼 우리도 낭만주의자라고 하면 됩니다. (웃음) 아까 찾았던 계보로 말하면 야나기타도 오리쿠치도 구마구스도 낭만주의자가 되니까요. 그리고 낭만주의자라고 매도당한 적이 있는 사람은 많습니다. 자크 라캉, 지그문트 프로이트, 미셸 푸코, 질 들뢰즈, 피에르 르장드르, 롤랑 바르트, 레비스트로스 등등. 따라서 안도 씨와 저는 시원하게 감사하다고 하면 됩니다. 이런 사람들의 대열에 끼다니 분에 넘치는 광영입니다. (웃음)

헨리 밀러가 랭보론에서 랭보와 고흐의 순수한 고뇌에 관해 논한 끝에 분노를 담아 이렇게 말합니다. 그들의 고뇌에 가까운 무언가를 느끼고 지면에라도 적었다가는 '구제불능의 낭만주의'라는 혹평을 받는다고 여긴다면 이제 구시대적인 사람으로 취급당한다고. 그렇다면 헨리 밀러도 시대에 뒤떨어진 반동적 낭만주의자인 것입니다. 무슨 까닭인지 위대한 사람은 대체로 낭만주의자입니다. (웃음) 그러니까 그러한 부질없고 당파적인 딱지 붙이기에 현혹되지 마세요.

안도/ 정말로 제 책을 '고색창연'하다고 태연히 말하는 사람이 있다니까요.

---

22 Théodore Jean Douis Géricault: 1791~1824, 낭만주의 회화의 창시자인 19세기 프랑스의 대표적인 화가. 주요 작품으로 〈메두사호의 뗏목〉, 〈엡섬의 경마〉, 〈돌격하는 샤쇠르〉, 〈부상당한 퀴라시에〉 등이 있다.

사사키/ 농담이 아니래도요. 아니 농담이라도 재미없는 농담이지요. (웃음)

안도/ 오히려 저는 고색창연해서 좋던걸요. 시대를 초월하려면 역시 반시대적으로 살아야 해요. 오리쿠치 시노부의 업적은 『고사기』와 『일본서기』, 『만엽집万葉集』과 축문을 재해석한 것이니까요. 1,000년도 훨씬 더 된 책입니다. 읽는 것은 그만한 시간을 견뎌야 하는 엄청난 행위라고 생각합니다.

사사키/ 질 들뢰즈도 정치운동에 빠진 친구들을 등지고, 홀로 고루한 보수주의의 관념론자Ideolog라고 매도당했던 베르그송을 철저히 재해석합니다. 그 무렵 베르그송과 발레리는 한 시대 전의 반동으로 여겼습니다. 그럼 그 들뢰즈는 훗날 뭘 했을까요. 그야말로 '옛것과의 새로운 관계'를 완성합니다.

안도/ 둔스 스코투스23는 예사로 끼워 넣습니다. 스콜라 철학을 현대사상의 틀에 넣다니 온전한 정신이면 절대 못 합니다. 그러나 들뢰즈가 '존재의 고유성'을 재해석해준 덕분에 적어도 저는 이즈쓰 도시히코의 이슬람학의 일부를 완전히 이해할 수 있었습니다. 전혀 새로운 것은 결코 존재하지 않습니다. 그래서 더더욱 옛 텍스트를 독자적인 방법으로 재해석해야 합니다. 또 한 가지, 『야전과 영원』과 『잘라라, 기도하는 그 손을』의 가장 중요

---

23 Johanes Duns Scotus: 1266~1308, 스코틀랜드 출신으로 스콜라 철학의 대표 신학자. 토마스 아퀴나스 이후 스콜라학의 정통 계승자로 꼽힌다. 아리스토텔레스에 정통해서 정묘박사精妙博士, Doctor Subtilis라고도 부른다. 대표 저서로는 『명제논집주해』가 있다.

한 핵심은 '해석'이라는 개념을 더할 나위 없이 신선하게 제기했다고밖에는 달리 할 말이 없습니다. 해석은 단지 의미를 복원하는 것이 아니라 옛것에서 새로운 것을 만들어냅니다. 그것만이 해석이지요. 해석이라는 행위가 뭔가를 쓰거나 새로운 것을 만들어낼 때의 기본이라고 생각합니다. 그렇게 해석이 누적된 형태를 우리는 책이라고 생각합니다. 따라서 책은 절대로 고색창연하지 않습니다. 텍스트를 읽고 이해하며, 그리고 고쳐 쓰는 행위가 계속되는 한 정치와 경제는 학문으로서 쇠퇴할지언정 종교와 문학은 사라지지 않습니다. 종교와 문학의 무엇이 사라지지 않느냐면 읽기, 그리고 이해하고 해석해서 새로운 것을 베껴 쓰는 일련의 행위입니다. 해석의 순환은 절대로 사라지지 않습니다. 해석이 사라지지 않는 한 책도 결코 사라지지 않습니다. 그러한 구상을 말하는 것은 반시대적도 무엇도 아닙니다. 미래를 향한 커다란 제안입니다.

사사키/ 실로 '미래의 문헌학자'를 자칭했던 프리드리히 니체의 말처럼 "이 시대를 거슬러 올라가서, 도래하는 시대를 위해서"지요. 미래를 창출하려고 생각했으면 '이 시대를 거스르는' '문헌학자'여야만 하니까. 반동적이고 고색창연하다고 비방할까봐 두려워해서는 안 됩니다.

2011년 2월 24일, 산세이토三省堂 서점 진보초神保町 본점에서

사상을 말하다
(사토 에리코와 나눈 대담)

사상이란 필자의 생리에 뿌리내린 문체

사토/ 강의 재미있었습니다! 오랜만에 필기까지 하며 제대로 공부했어요.

사사키/ 앗, 이거 괜찮은걸요. 잡지에 내기로 하지요.

사토/ 틀린 곳도 있을 거예요. 사상이나 철학은 평소에 별로 관심이 없어서.

사사키/ 그래도 에리코 씨만 적을 수 있는 글이잖아요. 오늘 주제와도 연결되고요. 사상, 철학이라고 하면 추상적이고 난해한 것처럼 말하는데 그렇지 않아요. 가령 요즘에 철학의 문체라고 하면 일반적으로 A는 B다, B는 C다, 그러므로…… 같은 18세기에 칸트라는 철학자가 만든 논문조를 연상하지요.

사토/ 그전에는 달랐나요?

사사키/ 플라톤의 대화편은 희곡 같은 형식이고, 라이프니츠와 볼테르는 다른 지식인에게 보낸 편지로서 책을 쓰기도 했습니다. 니체의 『차라투스트라는 이렇게 말했다』는 소설 같기도 하고, 중간에 엄청 아름다운 시도 나옵니다. 다양한 문체와 말투가 존재했어요.

사토/ 철학인데 희곡이나 편지로 쓰다니 재미있겠네요.

사사키/ 객관적이고 투명하며 정보화되어 누구나 읽을 수 있는 문장은 환상입니다. 문장은 사람의 생리를 바탕으로 하므로 철학자도 저마다 자신의 생리에 뿌리내린 필연적인 방식을 고안해서 글을 씁니다. 그런 의미에서는 칸트의 스타일은 독창성이 풍부하기도 합니다. 그에게는 달리 방도가 없었던 거죠. "나는 도쿄타워가 되고 싶었다"라고 쓴 에리코 씨처럼(사토 에리코, 「도쿄타워」, 『도쿄타워 이야기』에 수록).

사토/ 그 글을 썼을 때 저는 도쿄타워가 보이는 언덕에서 세 시간가량 서 있었어요. '나도 이렇게 되고 싶어!'라는 생각이 번개처럼 스쳐 타워를 올려다보면서. 바로 옆에 스튜디오가 있는데 창문으로 저를 본 선배 연예인이 '멈춰. 위험해'라고 했나 봐요.

사사키/ 하하하하.

사토/ 촬영을 마치고 돌아가는 길에 언덕을 지나던 그 선배가 여전히 같은 곳에 서 있는 저를 보고는 "에리코 씨, 괜찮아?"라며 걱정하더군요.

사사키/ 그 모습이 어떠했기에 그랬는지 궁금하군요. 저도 전에 살던 방에서 도쿄타워가 보였어요. 창에서 물끄러미 바라보면서 여러 가지 생각을 했지요. 그나저나 에리코 씨는 어떤 책을 좋아하세요?

사토/ 젊을 적에는 '자신을 닦달하는 종류'의 책을 좋아했어요. 미시마 유키오三島由紀夫나 다자이 오사무, 스즈키 이즈미[01] 씨 작품처럼. '사는 것은 스피드다!', '미적지근하게 살 바에야 죽는다!' 같은 주제가 담겨서.

사사키/ 곧잘 욱하고 치미시나요?

사토/ 사소한 일에 정색하고 대드는 성격이 저를 지탱했지요. 지금 생각하면 어째서 그렇게 기를 쓰고 200퍼센트를 해내려고 했는지 신기할 정도입니다. 요즘에는 약간 차분해지고 긴장도 확 풀려서 좀더 바짝 고삐를 조여야겠다 싶어요. (웃음)

사사키/ 최근에 차분해졌다니 그 말만은 믿을 수가 없군요. (웃음)

감염력이 강한 노사카 아키유키 씨의 문장

사토/ 최근에는 현대 작가의 작품도 읽고 있습니다. 예를 들면 아리카와 히로有川浩 씨의 『레인트리의 나라』는 콤플렉스와 장애가 있는 주인공이 사람들을 접하면서 어디까지가 장애이고 콤플렉스이며, 어디까지가 자신의 성격인지를 곱씹어 생각하는 소설입니다. 그건 그렇고, 오늘의 강의는 '고백'으로서의 상담에 관한 이야기였지요.

사사키/ 아아, 정신분석이란 실은 기독교의 고백제도를 계승했다

---

01 鈴木いづみ: 1949~1986, 작가이자 배우로 예명은 아사카 나오미浅香 なおみ다. 저서로 『소리 없는 나날들—스즈키 이즈미 단편집声のない日々—鈴木いづみ短編集』, 『사랑의 사이키델릭!恋のサイケデリック!』, 『터치タッチ』, 『당신은 천사가 아니야あたしは天使じゃない』, 『이즈미의 잔혹 메르헨いづみの残酷メルヘン』 등이 있다.

는 이야기입니다.

사토/ 그것과 비슷하지만 자신의 콤플렉스나 장애 때문에 자꾸만 괴로워하는 주인공이 제3자에게 털어놓으면 편안해지고, 다른 시각을 갖는 내용이 묘사되어 있어요.

사사키/ 그 외에는 어떤 책을 읽나요?

사토/ 노사카 아키유키野坂昭如 씨에게 한때 푹 빠졌어요.

사사키/ 노사카 아키유키 씨는 천재예요.『호네가미 고개 호토케 카즈라骨餓身峠死人葛』02,『베트남 아가씨ベトナム姐ちゃん』03를 굉장히 좋아합니다. 마음을 들썩이게 하는 문장이 압도적이어서 전염성이 강하지요.

사토/ 저도『테로테로てろてろ』04를 읽고는 영향을 받았어요. 무서워서 읽다가 말았지만 기괴하면서도 고상해요.

---

02 다이쇼大正 시대에 가즈라 사쿠조葛作造라는 남자가 기타큐슈北九州의 나가사키 현 산 속에 '가즈라 탄광'이라는 작은 탄광을 열었다. 그 마을의 험준한 호네가미骨餓身 고개에는 탄광사고로 죽거나 여자들이 생활고 때문에 낳자마자 죽인 아기들의 무덤이 즐비했다. 그리고 무덤에 세운 소토바卒塔婆(망자의 명복을 빌기 위해 범자梵字나 경문, 계명을 적은 탑 모양의 가느다란 판자)에는 시체를 양분으로 희고 귀여운 봉오리를 맺는 '호토케카즈라死人葛'라는 덩굴이 기생했다. 그런데 2차 세계대전 전부터 극심한 식량난에 허덕이던 마을 사람들은 그 열매에서 양질의 전분을 채취할 수 있음을 알고 남녀노소가 난교를 한다. 임신이 식량과 직결되는 극한 상황에서 상식과 윤리관은 실종되고 한 사람의 광기가 전염되어 증폭되는 역겨운 과정을 극명하게 묘사했다. 가령 사쿠조의 아들인 세쓰오와 누이동생 다카오의 근친상간, 젊은 제비족과 도망치는 기생 출신의 아내 다즈, 아버지 사쿠조에게 겁탈당해서 낳은 사쓰키와 레즈비언 관계인 다카오 등.

03 요코스카横須賀 거리에서 사지인 베트남으로 출정한 미군들에게 공짜로 몸을 주는 베트남 아가씨 이야기다. 출정을 앞둔 연인과 주인공의 내면적 경험이 복선으로 얽혀 있어서 재미를 더한다.

사사키/ 그 기괴한 묘사 자체를 스스로 비웃으며 고상함을 유지하지요. 자아도취에 빠질 것 같지 않으니까요.

사토/ 그런데 문체는 어떻게 만들어가십니까?

사사키/ 자신을 그대로 드러내도 좋은 문체가 되지는 않습니다. 예능은 뭐든 그러하지만 거듭 단련해서 자신을 죽이는 경지까지 가야 비로소 진짜 자신이 드러납니다. 자신을 포기하는 순간, 자신이 없어지는 순간까지 가기 전에는 그 사람 고유의 본성은 드러나지 않습니다. 거기까지 가지 않은 책은 시시해요. 철저히 포기할수록 내면 깊숙한 곳에서 자신을 끄집어낼 수 있습니다.

사토/ 보리스 비앙[05]의 『세월의 거품』을 읽었을 때 자신을 정말로 싫어해야 좋아할 수 있다고 생각했습니다. 그런 의미에서는 자신을 싫어하게 되는 작업이 멋지다고 생각합니다.

사사키/ "나는 사랑한다. 마음껏 경멸하는 자를. 왜냐하면 그는 마음껏 숭배하는 자이며, 저편 물가를 향해 날아가는 동경의 화살이기 때문이다"[『차라투스트라는 이렇게 말했다』(민음사)]라고 니

---

04 자신이 무엇을 증오하고 사랑하는지 실감하지 못한 채 각자의 기호에 탐닉했던 자폐증 3인방인 분변학자scatologist 빈, 자위하는 사람onanist 신키치新吉, 그리고 주정이 심한 젠스케禪介의 이야기다. 살인이야말로 타인과 나누는 대화의 궁극의 형태라고 믿는 '인정 많은 테러리스트'로 변모한 3인방의 허점투성이인 행동과 심정, 황당무계한 혼돈의 저편에서 현대문명과 풍속에 대한 날카로운 비평이 통쾌하다는 평을 듣는다. 제목은 '테러, 테러'라는 뜻이다.

05 Boris Vian: 1920~1959, 프랑스의 작가이자 음악가. 저서로 『너희들 무덤에 침을 뱉으마』, 『세월의 거품』 외에 트럼펫 연주자의 면모가 돋보인 대표적인 반전곡 〈탈주병 Deserteur〉이 있다.

체는 말합니다. 현상을 깊이 부정하고, 그것을 초월한 것으로 무언가를 창조한다는 말이지요.

사토/ 자신을 죽이는 방법이란 구체적으로는 어떤 것인가요?

사사키/ 자신의 육체를 근본부터 바꿔가는 단련이라고 할까. 철학의 경우는 집요하게 각주를 달거나 필기하는 것이죠. 구체적으로는 몸을 움직여서 굳이 어떤 '틀'에 맞추면 자신을 버릴 수 있습니다. 독자들은 그런 글에서 저자의 완고한 성품을 느끼며 '꼭 이렇게밖에 못 쓰나? 정말로 구제불능이군'이라고 합니다.

사토/ 마치 가와바타 야스나리川端康成를 말하는 듯싶군요. (웃음) 생리적으로 이런 글밖에 쓸 수 없겠구나 하는 것을 알았습니다.

사사키/ 변태니까요. (웃음)

사토/ 성향이 아니라 스타일에서는 가르시아 마르케스도 좋은 의미에서 완고할지도 모릅니다.

사사키/ 소설 속에 사람이 살고 있습니다.『백 년 동안의 고독』에서 "갑자기 날아올라서 하늘로 승천하는 레미디오스란 여자아이가 기억나세요?" "맞다. 있었어요." "슬퍼지면 흙을 먹는 레베카라는 여자애가 있었죠?" 하며 맞장구를 칩니다. 이처럼 읽은 사람은 누구나 수많은 등장인물과 그 일화를 기억합니다.

사토/ 더욱이 같은 이름의 사람이 여러 명 등장하지요.

사사키/ 반면에 줄거리는 가물기물합니다.

사토/ 아, 분명 그런 듯도 싶네요.

사사키/ 문학 작가라고 평하지만 새빨간 거짓말입니다. 아무도 이야기를 기억하지 못하니까요. 그는 그런 식으로밖에 글을 쓸 수 없습니다. 그리고 '이렇게밖에 쓸 수 없다'는 말에 제가 가장 강하게 공감하는 사람은 니체입니다. 그에게 영향을 받은 조르주 바타유와 헨리 밀러도 완고하지만 으뜸은 역시 니체죠.

사토/ 독일어로 원전을 접하신 아타루 씨께 여쭙겠습니다. 최근 화제인 니체의 초역[06]은 어떻습니까?

사사키/ 폄하하기 시작하면 끝이 없으니까 다음 기회에 이야기하지요. (웃음) 데즈카 도미오手塚富雄 씨처럼 잘 번역한 니체의 작품도 있으니까요.

몸도 말도 동원하고 있습니까?

사토/ 아타루 씨는 철학과 사상을 무엇이라고 생각하십니까?

사사키/ 질 들뢰즈는 "예술가가 자신의 창의력을 발휘할 때 철학은 필요 없다"라고 합니다. 철학자와 사상가는 오만한 태도로 누군가에게 뭔가를 가르치지 않아요. 그런데도 철학자가 존재하는 이유는 철학 자체가 개념을 이용한 예술이기 때문입니다.

사토/ '철학도 예술!'이라는 표현 때문인지 앞서 말씀하신 육체의 근본부터 바꾸는 단련이라는 이야기가 이해가 됩니다. 전에 연기하면서 배운 셰익스피어의 말을 소개하겠습니다. "상상력이

---

06 超訳: 원문의 정확성을 희생해서라도 읽기 쉽고 이해하기 쉽게 번역하는 방식.

있는 인간은 배우가 그냥 서 있기만 해도 갖가지 상상을 하며 즐길 수 있다. 하지만 대부분의 경우 그래서는 전혀 전달되지 않으니 세세하고 꼼꼼하게 전달하라. 상상력이 없는 사람과 자신의 상상력을 북돋우기 위해서라도." 몸도 말도 동원하고 있느냐는 말이죠.

사사키/ 연극이 몸과 말을 이용한 표현이라면 철학은 개념을 이용한 표현입니다. '개념'은 라틴어로 '잉태된 것, 임신된 것'이라는 의미이므로 철학과 사상에는 '미래를 향해 새로운 것을 창조하는 것'에 대한 기대가 걸려 있습니다. 그런 식으로 생각하면 철학이 친근하게 느껴지지 않나요?

사토/ 연극이나 영화 대본은 자신의 역할에 몰입해서 그 인물의 시선으로밖에 읽을 수 없지만, 책은 어떤 시선으로 읽든 자유여서 좋습니다. 오늘은 철학이라는 시선을 알고, 새로운 방법으로 독서할 수 있을 듯해서 기대하고 왔어요.

구성: 야마모토 요시코山本叔子

『보그 재팬』, 2011년 4월호,

콩데 나스트 퍼블리케이션스 재팬Condé Nast Publications Japan

내 책은 안이한
희망의 책이 아니다

ATARU SASAKI Philosopher, Novelist

'때마침 한창 시부야로 이사하는 중이어서' 사냥에 저지Jersey 차림으로 나타난 사사키 아타루는 철학자라기보다 디제이 같았다. 과연 '비보이B-BOY의 자세를 견지한 현대사상가'라는 평에 어울리는 아우라다. 그뿐만 아니라 구름 사이로 극적인 분위기를 연출하며 내리쬐는 렘브란트 라이팅[01]을 보듯이 출판계에서 주목을 모으고 있다.

프랑스의 철학자 푸코와 라캉 등을 논한 600쪽이 넘는 『야전과 영원』으로 2008년 혜성처럼 데뷔. 작년(2010년)에 출간된 『잘라라, 기도하는 그 손을』은 발매한 지 두 달 만에 사상서로서는 이례적으로 4쇄를 인쇄해서 3만 부 판매를 기록했다. 인기 뮤지션의 CD 매출마저도 1만 장의 벽에서 고전하는 와중에 올린 쾌거다.

"폭력은 없느니만 못한 이차적인 파생물에 지나지 않습니다",

---

01 Rembrandt lighting: 네덜란드의 화가 렘브란트가 초상화에서 즐겨 쓴 조명방식. 피사체의 뒤쪽 45도 방향에서 빛을 비춰서 적당히 그림자가 드리워지므로 부드러운 입체감을 살려준다.

"문학이야말로 혁명의 근원입니다"라고 성서의 바꿔 쓰기(번역)로 시작된 루터의 종교개혁 등을 예로 들면서 말의 힘을 열변한다. 사실 열 시간에 걸친 이야기를 정리한 『잘라라, 기도하는 그 손을』도 도발하는 리듬에 매료되어 읽고 나면 이상한 용기가 샘솟는다. 힙합에 정통하다는 말을 들으니 이해가 간다.

"문장에 관해서는 아무런 계산도 없습니다. 철학과 문학에서는 이렇게 태어난 이상 이렇게밖에 쓸 수 없다는 듯이 쓰는 자세가 중요합니다. 그 외의 다른 근거를 찾는다면 출세제일주의 careerism, 권력이지요. 대박 나길 바라거나 인기가 많길 바라기 때문에 권력과 돈에 오염되고 맙니다. 권력을 원하거나 돈을 벌고 싶으면 문학이나 사상을 관둬야죠. 비효율적이니까. 제가 글을 쓰는 이유는 존경하는 베케트의 말대로 달리 재주가 없기 때문입니다. 이토록 완벽한 대답이 또 있을까요."

쓰가루에서 태어나 책을 읽고 노래하며 춤추고 축구를 했던 소년의 모습은 "지금도 여전히 그대로입니다"라고 말한다. 커다란 유치원 서고에 있던 그림책을 읽은 뒤 글렌 굴드[02]에 눈을 뜬 조숙했던 열두 살의 소년은 '의무교육으로 충분'하다며 입학하자마자 고등학교를 중퇴해서 주위 사람들을 조마조마하게 했다. 대학 검정고시를 치르고 도쿄대 문과 2류(문과 1류는 법학부,

---

02 Glenn Herbert Gould: 1932~1982, 캐나다의 피아니스트이자 작곡가. 바흐에 대한 독창적인 해석을 담은 음반 《골드베르크 변주곡》으로 명성을 얻었다. 주요 음반으로 《바흐: 푸가의 기법》, 《베토벤: 피아노 협주곡 1~5번》 등이 있다.

문과 2류는 경제학부, 이과 3류는 의학부)에 입학해 아르바이트를 하면서 오페라에서 보사노바(삼바에 모던 재즈의 요소가 가미된 음악. 대표적인 곡은 〈이파네마의 소녀The Girl From Ipanema〉)에 이르기까지 농밀한 음악체험을 계속해 힙합에 도달했다.

"힙합은 중요한 문화입니다. 힙합이 탄생한 장소는 새로운 형태의 게토ghetto(유대인의 강제 지정 거주구역)이므로 완벽하게 도시 설계를 해서 (주민에게) 자유를 줍니다. 마약 거래와 서로 죽일 수 있는 자유, 우리 속의 자유를. 그런데 계략대로 되지 않았습니다. 거기에서 놀라운 글로벌 문화가 탄생했으니까요."

자신의 출신을 관련시켜서 삶에 대한 의지를 선명하고 강렬하게 엮은 최초의 소설 『구하 전야』를 올해 1월에 발표했다.

소설치고는 딱딱하고 관능적인 말이 지면에 박혀 있는 듯하다. 난해하다느니 쾌거라느니 평가가 양분되긴 하지만, 역시 그 말은 랩처럼 몸에 배어든다. 노골적인 철학을 지향하고, 편집자들의 제안을 계속 거절하던 무렵 "노골적인 철학을 견지하면서도 영역을 넓힐 수 있다"라고 설득한 사람도 존경하는 래퍼 우타마루 씨였다. "그런데 인터뷰나 토크쇼를 너무 많이 해서 슬슬 종적을 감추고 저술에 전념하고자 합니다."

자기 신격화는 철저히 증오한다. 기개 있는 재능의 신선함에 비평 관계자들은 2010년대를 상징하는 재인才人이라는 열띤 찬사를 보내지만 본인은 지극히 냉정하다.

"후배에게 보내는 가벼운 격려로 받아들였으나 '내 시대'라는 말은 단호히 거부하고 싶습니다. 내 시대를 가진 순간 그 길로 끝이기 때문입니다. 10년, 20년 만에 쇠퇴하는 사상은 사상이 아니니까요. 저는 앞으로도 50년은 글을 쓰겠습니다."

말뿐인 오타쿠가 아니니 날개는 넓다. 책의 장정도 남에게 맡기지 않는다. 윗사람에게 받은 은혜는 아랫사람에게 갚을 수밖에 없다며 항상 재능 있는 젊은 화가와 사진가를 발굴하고 있다고 한다.

고전을 계승해서 자신의 사후로 연결해가는 담대한 신념. 억세지 않으면 휘어질 수 있다. 시치미를 떼고 장르의 벽에 우회도로를 내는 시원시원한 성격의 '육체노동자'를 보았다.

인터뷰·구성: 가네코 요시노리金子義則

『하나츠바키花椿』, 2011년 5월, 시세이도資生堂

정치는 '논증'을 웅변하는 기예가 필요

'현실'이라는 말이 지금 무척 억압적으로 작용하고 있다며 그 이유를 질문하셨죠. 사카구치 안고는 '너희들이 만만하게 보는 것이 우리 일본인에게는 뼈에 사무치는 일대 고통'이라고 야유합니다. 다들 '현실을 몰라서 입찬소리 한다'라는 말을 듣기 싫어서 현상의 추인追認으로 치닫고 있습니다. 그러나 '현실이 이러한 이상 이렇게 할 수밖에 없다'라는 언설은 결국 사람을 괴롭히고, 착취와 폭력을 낳을 뿐입니다.

인간은 '왜'라고 묻는 생물입니다. '방법'만 따져서는 인간이 아닙니다. 양당제가 좋다. 왜? 오키나와에는 미군기지가 필요하다. 왜? 이 '왜'라는 진지한 질문이 지금 무엇보다도 결여되어 있습니다.

정치의 핵심은 '논증'입니다. '왜'라는 물음에 대답하고 이유와 근거를 제시하는 것입니다. 그 점을 간과하면 정치는 죽습니다. 그러나 작금의 정치가는 이러한 핵심을 까맣게 잊었고, 우리도 께름칙해서 소리 높여 '왜'라고 묻지 않습니다.

지금 국민을 진심으로 납득시킬 수 있는 정치가가 없습니다. 이유는 간단합니다. 연설이, 문장이 어설프기 때문입니다.

연설하는 기술을 고대 그리스에서는 레토리케rhetorike라고 했습니다. 웅변술, 수사학이라고도 번역되는 레토릭rhetoric 기술입니다. 진실을 속이고 세 치 혓바닥으로 구슬리는 재주라고 여기지만 당치않습니다. 아리스토텔레스는 수사술의 본질을 '논증'이라고 말합니다. '왜 전쟁을 중지해야만 하는가?' '왜냐하면……이므로 우리는 평화를 요구한다.' 당당한 웅변으로 정밀한 근거를 제시하고 민중의 납득과 동의를 얻는 기예art. 우리가 잃어버린 것은 진정한 의미에서의 이 레토리케입니다.

다양한 정치 국면에서 책임 있는 해명accountability을 하라는 목소리가 들립니다. 이 말이 이미 사태를 축소시키고 있지는 않나요. 정보를 수집하고 나열하기만 해서는 논증할 수가 없습니다. 웅변의 기예, 즉 문학이 필요합니다.

킹 목사는 유명한 언설에서 "자유의 종을 울려라Let freedom ring"라고 연호했습니다. 그 말이 장황하다며 삭제하라는 사람이 있습니까. 명백히 그 강렬한 반복은 놀라운 설득력을 낳습니다. 화려한 웅변이라는 '퍼포먼스'와 논증한다는 '본질'은 나눌 수가 없습니다. 말은 그런 식으로 이루어져 있습니다. 그럼에도 분리시켜 생각하는 탓에 정치가 힘을 잃습니다. 물론 나쁜 독재자 중에도 연설가는 있었습니다. 그러나 독재에 대항할 수 있는 방법도 오직 논증과 웅변의 기예입니다.

모두 이런 세계를 싫어하면서도 바꿀 방도가 없다고 확신합니다. 그러나 전혀 근거 없는 믿음입니다. 자민당에서 민주당으로, 그럼 다음은 모두의 당입니까. 순서대로 돌아가면서 해먹는 하찮은 게임입니다. 나치가 등장하기 전에도 그런 게임은 존재했습니다. 놀이판 자체를 뒤집어엎을 시점이 왔건만 어째서 고작 장기판의 말이 움직인 정도로 기뻐합니까. 우리가 놀이판 자체를 뒤집어엎을 수도 있습니다. 그럴 가능성을 처음부터 배제한다면 인간이 아닙니다. 가축입니다.

'왜'라고 물읍시다. 계속해서 질문합시다. 우리는 인간이니까.

인터뷰·구성: 다카하시 준코高橋純子
『마이니치신문』, 2011년 1월 26일자 조간

정치는 '논증을 웅변하는 기예'가 필요.

2010년 기노쿠니야 인문대상 수상 연설

발문에 명기한 대로 어떤 사람의 진지한 충고 없이는 결코 쓰지 않았던 책이며, 어떤 사람의 끈질긴 격려 없이는 세상에 나올 일이 없었던 책이고, 어떤 사람과의 우연한 만남 없이는 이러한 장정裝幀이 되지 못했을 책입니다. 또한 내용으로 들어가면 이렇습니다. 위대한 것은 니체와 루터와 무하마드와 프로이트와, 울프와 베케트와 르장드르, 아니 그보다 무려 20만 년 동안 죽음에 항거하고 멸종에 저항하며 싸우다가 결국에는 예술을, 그리고 혁명의 개념을 낳은 인류입니다. 그 앞에서 저는 있으나 마나 한 존재입니다. 그러므로 많은 사람의 투표로 수상한 이상 이 영예는 그대로 만인에게 보내는 찬가로서 메아리치도록 해야 도리라고 생각합니다. 그 찬가를 제창하도록 뽑아주신 분들에게 진심으로 존경과 감사의 인사를 드립니다.

누구를 위해서도, 누구의 것도 아닌 인류의 머나먼 승리와 패배를 위해. 그 무엇을 위해서도 아닌, 살아남는 환희와 고난을 위해. 그리고 또한 노래를 시작할 용기를 위해.

2011년 1월 15일

내 책은 안이한 희망의 책이 아니다

무릇 혁명이라고 하면 사람은 그 즉시 폭력혁명을 생각합니다. 러시아 혁명처럼 폭력을 행사해서 주권을 쟁취하는 것이라고. 그러나 역사가 증명하는 대로 혁명의 본질은 '텍스트를 고쳐 쓰는' 것입니다.

프랑스 혁명은 잇달아 '법의 법'인 헌법이 기초되고 공포되는 과정이었습니다. 혁명은 항상 사회의 초석이 되는 텍스트의 설정으로 완료됩니다. 당연히 법의 법을 쓰는 행위는 새로운 사회를 창설하는 것입니다. 시야를 넓혀서 생각해봅시다. 서구가 우위였던 기간은 지난 300년에 불과하니까. 전 세계에서 만들어진 '성전'은 그것 자체가 사회 혹은 '세계'의 근거가 되는 근본적인 텍스트였습니다. 그러므로 그 초석을 구축하는 무언가는 혁명이라고 불러야 합니다. 문맹인 무하마드가 쿠란을 '쓰고', 석가모니가 등장해서 방대한 불전을 고안하여 그것을 근거로 하는 '세계'가 성립했습니다. 이보다 더한 혁명이 달리 또 있을까요.

'성전'이라는 관점을 도입한 것만으로 우리는 텍스트의 의미를 좀더 폭넓게, 깊이 이해할 수 있습니다. 성전이나 신화는 운문과 산문이 분화되지 않은 근원적인 시로 적혀 있습니다. 그것을 노래했습니다. 낭송하는 것 하나만 보아도 쿠란이 지금도 살아 있음을 압니다. 자고로 모든 문명의 사람들은 '낭송하고 연설했던, 노래하고 춤췄던, 문신하고 그렸던 것으로 스스로를 통치해왔습니다. 오늘날 사회와 관련된 텍스트라면 정보로 집약된 문서라고 생각하기 쉽습니다. 그러나 법과 규범에 관련된 텍스트를 보는 그러한 생각은 수백 년간 존속된 서구의 견해에 불과합니다.

제 책은 용기를 준다고 평합니다. 그러나 제 책은 안이한 '희망의 책'이 아닙니다. 텍스트를 읽고 쓰는 행위에는 잔혹함이 따릅니다. 프랜시스 베이컨과 알베르토 자코메티[01]라는 위대한 화가가 있는데, 그들은 인간에게는 보이지 않는 거의 피투성이의 시체나 인간미 없는 광물 같은 초상화를 그립니다. 잔학하다고 비난당하기도 했습니다. 그럼 그들은 '인간은 한낱 물질이다'라고 냉소적으로 말하고 싶었던 걸까요. 단연코 아닙니다. 그것은 아주 몰지각한 사람이 하는 말입니다. 정말로 잔혹한 것은 기껏해야 단순한 물질인 단백질과 칼슘 등에서 '특별한 일'이 일어나는 것입니다. 단지 물질이련만 그것이 자신의 아내로, 친구로 보이니 얼마나 잔혹한 노릇입니까. 마찬가지로 '세상의 전부는 정보다. 물질이고 경제이며 폭력이다. 현실이 이러하니까'라

---

01 Alberto Giacometti: 1901~1966, 스위스의 조각가이자 화가. 인물을 가늘고 길게 표현함으로써 고독한 느낌을 주는 조각상은 실존주의자들의 비관주의를 표현한 것으로 해석된다. 대표작으로 〈걷는 남자〉가 있다.

며 덮어놓고 하나의 '물질'로 환원시키는 초보적인 입장에 머물러 있는 지식인이 있습니다. 그러나 그들은 사태의 진정한 잔혹성을 응시할 용기가 없습니다. 모든 것이 정보다? 단순한 정보에 불과했을 것에서 특별한 일이 일어나는 잔혹성을 보지 못하기 때문입니다.

모든 것이 폭력이다? 역시나 마찬가지입니다. 실은 '전부'로 환원시킬 수 없는 뭔가가 출현하는 이 사고의 잔혹성을 견뎌야만 정보와 폭력에 휩쓸리지 않고 꿋꿋이 '미래'를 창조해나갑니다. 혁명이 움틉니다.

인터뷰·구성: 구리하라 야스시栗原康

『선데이 마이니치』, 2011년 1월 30일, 마이니치신문사

쓰면서 생각하다[*]

마루야 사이이치 비판

사사키/ 오늘은 추운 날씨에 일부러 와주셔서 고맙다는 판에 박힌 인사도 무색하리만치 날씨가 많이 풀렸네요. 환절기인 요즘 여러분은 어떻게 지내고 계십니까.

뜬금없지만 지금부터 어떤 사람을 헐뜯겠습니다. (……) 불쑥 죄송합니다. 깜짝 놀라셨죠. 하지만 저는 한 사람의 철학자로서 용서할 수 없는 사람은 밝혀야 한다는 입장입니다. 듣기 괴로운 분도 계시겠지만 부디 저의 입장을 헤아려주셨으면 합니다. 이제부터 여기에 계신 아사부키 마리코朝吹真理子 씨가 쓰신 『기코토와きことわ』[01]라는 소설에 대한 어떤 사람의 서평을 문제 삼고자 합니다. 아셨죠. 지금부터 드리는 말씀은 아사부키 씨와는 하등 관계가 없습니다. 전적으로 저의 의견입니다. 일단 세간에서 훌륭하다고 하는 사람을 비판하려니 무엇보다도 행여 당사

* 이 장은 사사키 아타루가 아사히 컬처센터 신주쿠 교실에서 아사부키 마리코 씨와 나눈 대담 가운데 사사키의 발언만 수록한 것이다. (원주)

자인 아사부키 씨에게 누를 끼칠까 두렵습니다. 아사부키 씨께는 아무런 책임도 없습니다. 무리하게 말해달라고 조르지는 않겠습니다. 내키지 않으시면 말씀하지 않으셔도 됩니다. 시작하겠습니다.

마루야 사이이치丸谷才一가 『마이니치신문』에 이 소설의 서평을 썼습니다. 한마디로 정말 끔찍합니다. 제목이 '영원히 여성적인 것과 여자의 시간과'입니다. 시작은 이렇습니다.

유년기나 청춘기, 중년기, 노년기 같은 구분은 여자에게는 없다. 여자의 일생은 동일한 상태의 남자와 달리 밋밋하다고 한 요우로우 다케시[02]라는 해부학자의 말에 놀랐다. 그 의견을 전하자 요시유키 준노스케[03]라는 작가는 거의 정색을 하며 그 사람이 여자를 잘 안다고 말했다.

---

01 여덟 살인 기코는 어느 여름날 어머니인 하루코와 숙부인 아키오와 함께 하야마의 별장에 놀러왔다. 당시 열다섯 살이던 별장 관리인의 딸 도와코는 기코와 죽이 잘 맞아서 친하게 지냈다. 그러나 심장이 약했던 기코의 어머니가 급사한 뒤로 왕래가 끊겼고 25년 후 마흔이 된 도와코는 별장을 해체하기 전에 상의도 하고 짐 정리도 거들어주려고 별장에 들렀다가 기코와 재회한다. 제목은 등장인물의 이름에서 따온 것이며 감각적이고 회화적인 문장으로 섬세하게 현실과 꿈, 얽히고설킨 현재와 과거를 훌륭하게 묘사했다는 평을 듣는다.

02 養老孟司: 1937~, 해부학자이자 도쿄대 명예교수. 저서로 『바보의 벽』, 『유쾌한 공생을 꿈꾸다』, 『유뇌론』, 『죽음의 벽死の壁』 등이 있다.

03 吉行淳之介: 1924~1994, 『소나기驟雨』로 아쿠다가와상을 수상한 소설가. 성을 주제로 정신과 육체의 관계를 인간성의 심연에서 깊이 접근한 작품을 많이 남겼다. 또한 도회적으로 세련된 에세이의 명수로도 유명하다. 저서로 『암실暗室』, 『원색의 거리·소나기原色の街·驟雨』, 『해질녘까지夕暮まで』 등이 있다.

아쿠다가와상을 받은 신인 작가의 수상작을 읽고 요우로우의 설과 요시유키의 반응이 생각난 것은 지극히 자연스러운 일일지도 모른다. 첫째, 굉장히 지적인 글이지만 여자 냄새가 물씬물씬 나는 탓에 그들의 취향에 맞기 때문이다.

벌써 이 시점에서 절대 용서할 수가 없습니다. 그러나 계속해서 인용하겠습니다.

5억 4,200만 년의 바다 생물과 1,200만 년의 해저화산까지 의식하지만 사용하는 말 또한 시간이나 역사에 짙게 물들어 있으며, 어휘 전체가 여성스럽다. 내가 이 세계의 우아함에 넋을 잃은 끝에 여성적인 것이 영원히 우리를 이끈다는 서방 시인의 말을 현대 일본식으로 파악하면 여자들은 남자와 달리 밋밋한 일생을 산다는 말인가 하고 생각했다.

비열합니다. 완전히 여성 차별입니다. 우선 "여자들은 남자와 달리 밋밋한 일생을"이라는 말부터가 이미 거짓말입니다. 여성에게는 초경이 있고, 생리가 있으며, 임신과 폐경이 있습니다. 다달이 피를 흘리지요. 뭘 위해서인가 하면 바로 당신 같은 작자들도 포함해서 아이를 낳기 위해서야. 나뭇가지의 기랑이에서 태어났어? 제 책에서는 아이를 낳는 것은 비유로서도, 실천으로서도 철학적으로 정말 중요한 일이라고 했습니다. 그랬더니 저보다 한 살 위인 여자친구가 슬슬 아이를 낳을 수 없는 서른여덟 살의 여자라는 존재를 생각한 적이 있느냐고 날카롭게 물어서 골똘히 생각했습니다. 저 나름대로 진지하게 대답했고 그 친구도 이해주었지만, 아무튼 여성들은 그러한 절박한 심정으로 신체적인 단절을 떠안고 살아갑니다. 놀고 앉았네. 밋밋한 것은 너희들의 뇌 주름이야. 단연코 여성을 업신여기는 말입니다.

'여자 주제에 지극히 지적인 글을 썼다?' 주제라니 무슨 망발이야. 여성은 지적인 글을 써서는 안 되는데 의외인 건가? 이어지는 "여자 냄새가 물씬물씬 나는 탓에"라는 문장도 정말 어처구니가 없어서 말이 안 나옵니다. 아사부키 씨의 문체는 분명 조용히 적시며 흘러가는 듯한 야릇한 느낌으로 가득하지만 결코 '여자 냄새를 물씬물씬' 풍기지는 않습니다. 고문古文에 관한 소양이 넘치고, 한층 늠름한 기품을 내포하고 있다는 사실은 여기 계신 독자 여러분, 특히 여성 팬들의 눈에는 확연히 보이시지요. 그러니 이렇게 말합시다. '너희들에게 딱 맞지?' 누가 너희 같은 작자들의 기호에 맞는 글을 쓰겠어?

이 논고는 마루야 사이이치라는 남자의 소설가로서의 지성, 품성만이 아니라 제임스 조이스 연구의 질마저 의심되는 결정적인 오점입니다. 조이스를 연구해서 일본어로 소설을 쓰는 주제에 이런 말을 하다니요. 서유럽에서는 국왕조차 전부 문맹이었던 카롤링 왕국이 멸망하고 역시 다양한 지방의 왕후 귀족조차 글은 읽지도 쓰지도 못하는 사람이 허다했던 시대에 여성의 손으로 『마쿠라노소시枕草子』04와 『겐지모노가타리源氏物語』05를 썼습니다. 일본어는 그런 언어입니다.

조이스가 『지아코모 조이스*Giacomo Joyce*』라는 몇십 살이나 연하인 소녀에게 보낸 연가가 있습니다. 슈에이샤集英社 문학전집으로서 마루야 사이이치가 번역했고 저는 강의할 적마다 이 책을 추천했습니다. 그러나 추후에는 그가 번역한 책으로 읽는 일은 없을 겁니다.

이어서 마루야는 "뒷좌석에서 맨살이 드러난 팔과 다리가 누구 것인지 모르게 기코貴子와 도와코永遠子가 서로 뒤엉켜 있는 정경은 얽히고설킨 혼돈으로서 더할 나위 없이 여성적인 분위기를 연출한다"라고 적었습니다. 이 장면의 어디가 여성적인가요. 근거를 제시하기 바랍니다. 이렇게 누구의 팔인지 모르게 뒤엉켜 있는 상황은 남자도 경험합니다. 아무렴요. 성적인 것이 관련되는 탓에 기회는 적지만 남자끼리, 여자끼리 그런 경우도 간혹 있지요. 저는 육체관계 없이 그러한 유년시절을 보낸 적이 있습니다. 남자는 물론이고 여자하고도. 『기코토와』라는 소설에서 그 대목을 보고 괴로웠습니다. 제 약점을 찌르는 장면이라고나 할까요. 그런데 이 마루야 사이이치의 말은 심합니다. 자신이

---

04 '마쿠라枕'는 베개를 뜻하고, '소시草子'는 묶은 책을 의미한다. 11세기 초 천황비인 후지와라노 테이시藤原定子를 보필하던 세이 쇼나곤清少納言이라는 고위 궁녀女房가 자신의 체험과 감상을 자유롭게 쓴 일본 수필의 효시다. 헤이안平安 시대(794~1185년)의 정형화한 미의식을 깨뜨리고 새로운 미적 감성을 선보인 독창적인 작품으로 평가받는다.

05 멋진 외모, 학문, 무술, 음악에 두루 능통한 이상적이고 매력적인 황태자 히카루 겐지光源氏의 70여 년에 걸친 사랑 이야기다. 세이 쇼나곤과 쌍벽을 이루는 무라사키 시키부紫式部의 장편소설로서 치밀한 구성, 탁월한 표현력, 서정적 문체로 인간 내면에 대한 예리한 통찰을 제시해 높은 평가를 받는 작품이다.

이해할 수 없으면 죄다 '여자', '여성적'이라는 딱지를 붙이고 우쭐거립니다. 그런 추한 노인이 하는 소립니다. 존재 자체가 사건인 작가에게 무슨 정신으로 유들유들하게 이런 여성 차별적인 언사를 하는지 비열하다고밖에 할 수가 없습니다.

반대로 이야기하면 마루야 사이이치만큼 남자를 두렵게 하는 것입니다. 무서워서 울상을 하고 '여자다, 여자다'라고 떠들어대는 것입니다. 꼴사납습니다. '사태의 중요성을 이해하지 못하는 쓸개 빠진 인간 부끄러워하지 않아'라는 랩이 제격입니다. '사태의 중요성을 이해하지 못한다'는 것은 쓸개가 빠졌다는 말입니다. 지적인 능력이 아니라 용기의 문제입니다. 마루야 사이이치도 누군가에게서 태어났고, 부인도 있을 테고 딸도 두었을지 모릅니다. 그 사실을 직시하지 않습니다. 눈뜰 배짱이 없습니다.

분노한 나머지 머릿속이 하얘졌습니다. 듣기 괴로웠다면 용서해주세요. 하지만 이 의견을 여러 여성 독서가에게 말했더니 가슴이 후련해졌다고 하더군요. 이 사실만큼은 여러분께 전해드리고자 합니다.

순간이란 한없이 영원에 가까운 것

사사키/ 아사부키 씨의 아쿠다가와상 수상을 새삼 축하드립니다. 수상작인 『기코토와』를 다시 읽었더니 역시 어느 걸출한 작가가 기억났습니다. 버지니아 울프입니다. 『등대로』, 『댈러웨이 부인』,『파도』, 그리고 실로 수수께끼 같은 마지막 소설 『막간』이 있지요.

울프를 '20세기 최대의 여류문학자'라고 했던 사람에게 싸움을 건 적이 있는데 (웃음) '여성작가'나 '여류'라는 말은 불필요합니다. 울프는 20세기 최대 작가 중 한 사람입니다. 이는 엄연한 사실입니다. 다들 아시는 모리스 블랑쇼를 '누가 그녀보다 총명할까?' 하고 장탄식하게 만든 울프의 소설과 아사부키 씨의 소설이 뭔가 공통점을 가진 듯합니다. 당연히 똑같은 여성이라는 하찮은 이유 때문은 아닙니다.

울프의 소설에서는 어디부터 어디까지가 누구의 말이고 누구의 묘사인지 경계가 흐릿하다 못해 없는 듯하고, 이야기하는 차원이 기억인지 꿈인지 현실인지도 모호합니다. 그리고 특히『등대로』에서 두드러지는데 잘 나가다가 순식간에 무려 십 수 년의 시간을 뛰어넘습니다. 낡고 방치되어 지각하지 못했던, 외관상 아무도 살지 않는 그 별장에도 시간은 흘러서 별장의 기억 자체가 의심되는 장면이 단편에도 나옵니다. 그러한 표층적인 무대설정부터 심오한 소설로서의 현실에 이르기까지『기코토와』와 일맥상통합니다.

당연히 아사부키 마리코라는 작가가 그저 버지니아 울프를 흉내 낸 것은 절대 아닙니다. 친근한 예로 지금 객석에 게신 이소자키 겐이치로 씨도 실은 그런 소설을 씁니다. 이소자키 씨만이 아니라 20세기 문학의 유산을 성실하게 이어받아서 제대로 읽고 정면으로 다루는 사람은 반드시 이런 방식으로 접근합니다. 그녀들, 그들의 곤란을 떠맡는다는 의미에서요. 숫자로 헤아릴 수 있는 시간은 별 의미가 없고, 사방에서 하는 말이므로 저까지 보태고 싶지는 않지만, 이렇게 젊은 분이 세 번 만에 이런 작품을 완성하다니 심상치가 않습니다. 더욱이 무척 감미로운 소설입니다. 그런데 너무 달콤하고 격조 높아서…… 음, 모종의 우려마저 느낍니다.

글쎄요. 평가와는 별개로 저는 이 소설이 거북합니다. 제 유년시절을 건드려서 평상심을 유지할 수가 없어요. 읽기가 괴로워요. 아사부키 씨와는 태생도 성장도 전혀 다르건만. 근본적인 질문인데 왜 이런 소설을 쓰십니까. 한마디로 재능이라고 정리하면 깔끔할 테지만 스물여섯에 이런 책을 쓰다니 비평가도 아니고, 소설가로서도 까마득한 후배인 제게는 평가할 자격이 없습니다. 다만 한 사람의 독자로서 말하면 앞으로가 정말 기대됩니다. 이 매력적이고 정온靜謐하면서도 기묘한 행복감이 앞으로는 어떻게 반전할지, 또 반복될지. 버지니아 울프는 당돌하게 사람을 따분하게 만들었고, 끊임없이 지루한 묘사로 확 끓어오르는 비정상적인 희열을 느끼게 하지만, 아사부키 씨는 그런 사람은 아닙니다. 절대로 사람을 지루하게 하지도, 비정상적인 희열을 느끼게 하지도 않습니다. 단정하다는 말이 아닙니다.

톡톡 튀기도 하니까요. 이상하게 잠잠한, 문득 두 다리를 뻗자 냉기가 지독하다는 표현 하나만 해도 불현듯 독자의 가슴에 박힙니다. 하지만 『흐름의 궤적流跡』06에는 생생하게 퍼져 있던 잔혹성에 대한 감각이 실종됩니다. 물론 『기코토와』에 잔혹한 삶을 대하는 시선이 완전히 결여되어 있지는 않습니다. 두 주인공이 머리카락을 잡아당기는 부분이라든지……. 그리고 버지니아 울프에 관해 어떻게 생각하는지도 궁금합니다.

사사키/ 방금 개체끼리 서로 침식한다고 했는데 그것은 '삶의 철학'이 지향하는, 모두가 크나큰 바다에 용해되어버린다고 했던 시각은 아닙니다. 『기코토와』에서는 가령 기코와 도와코의 내면과 묘사가 점점 흐릿하게 뒤섞일수록 기코와 도와코 개개인의 '특이성'이 극명하게 부각됩니다. 즉 이 책에서 전개하는 구상은 유아론唯我論, Solipsismus처럼 개체는 소통이 불가능한 단절을 안고 있다거나, 그것을 초월한 생명의 융합이 아닙니다. 개체도 융합도 그 어느 쪽도 아닌 수준이 다른 '특이성'이 '혼재'하는 것을 지향하는 듯합니다. 그 자세는 곧장 20세기의 철학과 문학이 노렸던 거봉으로 향합니다.

---

06 데뷔작에 해당하는 중편 「흐름의 궤적」과 단편 「귀로」가 수록되어 있다. 표제작은 말을 포함해서 모든 것은 끊임없이 형태를 바꾸고 흘러간다는 것이 주제이며 크게 네 장면으로 나눌 수 있다. 새하얀 백지에서 흐릿한 형상이 점차 사람의 모습이 된다. 그렇게 탄생한 주인공은 벚꽃이 한창인 신사의 제례에서 헤매고, 바다 위에 설치된 무대에서 춤추는 모습을 멍하니 바라보다가 모르는 여자가 불쑥 다음은 당신 차례라고 재촉하는 바람에 당황해서 도망친다. 다시 장면이 바뀌고 주인공은 밤배의 뱃사공이 되어 사람과 물건을 운반하고 일당을 번다. 잘 기억나지 않는 듯하나 아마 옛날에 사람에게 위해를 가한 적이 있는 모양이다. 밤의 강은 낮과는 달라서 깜빡하면 원래의 흐름에서 분리된 출구 없는 공간에 들어가고 만다. 세 번째 장면은 평범한 샐러리맨이 비가 갠 물웅덩이에서 소각로 굴뚝의 환상을 보는 이야기다. 갈수록 또렷해지더니 환각은 어느새 현실로 다가와서 남자를 유혹하기에 이른다. 마지막 장면은 폐허 같은 구리 제련소 터가 있는 섬에 표류한 여자가 배를 놓치고 비틀거리며 떠돈다.

어딘가에서 아사부키 마리코와 이소자키 겐이치로만이 저의 동시대 작가라고 생각한다는 글을 썼습니다. 실제로 만나 뵙기 훨씬 전에요. 동시대라고 했댔자 세 사람의 나이차가 너무 많이 나지만. (웃음) 문체와 자질은 전혀 달라도 이 두 분에게는 뚜렷한 공통점이 있습니다. 일반적으로 가늠할 수 있는 직선의 시간축이 왜곡되어서 반복해서 꿈속에 가거나, 기억으로 날아가면서 이야기할 수 있는 소설로서의 역사도 뒤섞인다는 점입니다. 거기서 '영원'이 불거지지만. 영원이란 무엇이라고 생각하십니까.

사사키/ 말씀하신 대로입니다. 영원이란 무시간성無時間性, akalika입니다. '인식할 수 없는', '체감할 수 없는' 것이라는 주장도 플라톤에서 출발하는 형이상학의 전통에서 보더라도 전적으로 옳습니다. 또한 불가능한 '영원을 접하는 것'이 하나의 기적으로서 가능하다면 그것은 '한순간'이 될 테죠. '찾았다. 무엇을? 영원을'이라고 노래한 랭보의 그 영원이란 한순간이니까요. 시간의 밖은 신학에서는 신입니다. 신이란 이성이므로. 그래서 수학자들과 하부 요시하루[129쪽의 각주 10 참조] 씨 같은 세계에서 사는 사람은 기본적으로 플라톤주의자Platonists여야만 가능하다고 생각합니다.

기본적으로 시간 밖에 이성이 있다고 믿어야 합니다. 비판하는 것이 아닙니다. 저는 신학이나 종교적이라는 말로 사람을 비판하지 않아요. 제 책에 빠짐없이 썼으니까 읽어보세요. (웃음) 플라톤주의자에게는 플라톤주의자만이 가능한 일이 있습니다.

대단히 괴로운 일이고 각오가 필요한 일이므로.

아무튼 영원이란 결코 '시간이 길다'라는 말이 아닙니다. 영원이란 '시간의 밖'을 말합니다. 따라서 즉각 느낄 수 있습니다. 『기코토와』에서 인상적인 컵라면 장면이 나오죠. 3분간 기다리지만 그 3분 동안 100년이 지나가버릴지도 모른다고 둘 중 누군가가 말하는 장면이…….

사사키/ 그랬죠. 여기에 등장하는 것은 플라톤적인 초월적 영원이 아니라 속된 시간으로 말하자면 별안간 '끼워 넣은' 영원이라고 할 만합니다. 버지니아 울프만이 아니라 조이스와 프루스트, 현재라면 후루이 요시키치 씨 같은 위대한 작가들도 묘사하려고 노력했던 '다른 영원'이지요.

이러한 작가들의 작품 속에서는 가늠할 수 없는 속된 시간이 지속되는 가운데 돌연 영원이 출현합니다. ……이렇게 표현하니 어색하군요. 그게 아니라 지속되는 그 속된 시간 자체가 불현듯 영원히 '가늠할 수 없는' 것으로 전락하는 순간이 있습니다. 정말로 3분인지 100년인지 헷갈립니다. 이런 식의 곤란한 표현을 『기코토와』에서는 합니다. 게다가 모종의 이상한 행복감 아래서. ……영원 혹은 영원한 현실에 '끼워 넣은' 시간이 모종의 행복감과 함께 존재하는 것이 아사부키 씨에게는 자명한 일일까요.

사사키/ 글을 쓸 때는 의도하지 않아서 나중에 얼핏 깨닫게 되는 느낌인가.

인간이 자신의 정체성을 증명하려면 보통 직선의 시간을 따라서 자신의 내력을 씁니다. '동일성'이란 대개 그래서 연대순으로 자신의 역사를 말하면 정체성을 유지할 수 있습니다. 그러나 그 계측 가능한 시간이 문득 계측이 불가능한 순수한 지속 durée pure 혹은 영원한 시간으로 뒤바뀐다면 정체성은 어떻게 될까요. 계측 가능한 시간에서 영원한 형상eidos으로 해방되는 까닭에 일반적인 '개성'과 '주체성'이 아닌 다른 '고유성', '특이성'이 나타납니다. 다짐하건대 여기서 '정체성의 붕괴야말로 급진적이다, 문제다'라고 할 마음은 없습니다. 모든 세계의 난민과 이민자들이 정체성의 붕괴로 괴로워하니까요. 그게 아니라 그러한 계측 가능한 시간에 얽매인 정체성에서 영원한 형상으로 해방된 까닭에 이른바 '개성'이나 '주체성'이나 '정체성'이 아닌 '다른 특이성'이 부상하는 것입니다. 거듭 말하지만 그렇기에 뒤섞이는 이야기 속에서 기코와 도와코도 똑똑히 생생하게 이 책속에 '살고 있는' 듯이 느껴진다고 생각합니다.

가르시아 마르케스의 『백 년 동안의 고독』도 실은 마찬가지입니다. 문학의 복권復權이라는 문맥에서 말하기 쉬우나 그 책은 아무도 내용을 기억하지 못합니다. 아우렐리아노가 여러 명 등장해서 반복하는 형상으로 직선의 시간이 왜곡되어버렸으니까요. 그래서 스트레스가 쌓이면 흙을 먹는 레베카라는 여자아이, 여자한테 차이고 죽은 불쌍한 이탈리아계 미남, 돌연 바람에 날려서 신께 불려간 아름다운 여성의 얘기 등등 하나같이 등장인물들만 생생히 기억합니다. 다시 말하면 가르시아 마르

케스의 작품 속에도 '사람이 살고 있습니다.'

사사키/ 전적으로 동의합니다. 실은 바로 그 버지니아 울프가 평론에서 정말로 그런 말을 했습니다. 『기코토와』의 경우도 소설 속에 분명 기코와 도와코가 살고 있어요. 정체성을 바탕으로 보통의 의미에서의 소설적인 성격을 조형하지 않았는데도 이 책 속에는 사람이 생생하게 살고 있습니다. 이는 언뜻 보면 역설적이고 또한 매우 희유한 일입니다. 처음으로 돌아가서 이야기하면 어째서 이 사람은 이 글을 이토록 행복하게 썼을까 생각했습니다. 기세등등한 것이 아니라 차갑다가 갑자기 미지근해지는 물처럼 투명한 행복이랄까……. 그것은 아사부키 마리코라는 작가의 천부적인 재능이라고 생각합니다. 그러나 동시에 제가 우려하는 바이기도 합니다. 부적절한 표현일 수도 있으나 위화감이라고 해야 하나. 앞서 말한 대로 저의 유년시절의 경험이 연관되었는지도 모릅니다. 아무래도 위화감이라고 부르는 것이 제대로 된 철학자로서의 또는 까마득한 후배 작가로서의 위화감인지, 개인적인 경험에서 오는 하찮은 위화감인지 가늠할 수가 없으니까요.

보는 것과 말하는 것을 분리하다

사사키/ ……제 소설에 관한 이야기라면 무엇이든 환영이지만 (웃음) 우연히 이토 세이코 씨도 같은 말씀을 하셨습니다. 랩이나 조우카長歌[5·7조의 구를 반복하다가 7·7조의 구로 끝맺는 와카和歌의 한 형식]처럼 리듬이 너무 좋아서 의미가 머릿속에 얼른 들어오질 않는다고 하시더군요. 일본 힙합의 창시자 중 한 명이 한 말이어서 마냥 기뻤습니다. 소울 가수인 시이나 준페이[07] 씨도 낯선 어딘가에서 노래하다가 잠시 쉬는 래퍼의 라임 같다고 소감을 말했습니다. 제 생각에는 뮤지션만 이해하는 부분이 있나 봅니다.

　단, 계획은 없습니다. 다른 철학적인 저서라면 모를까, 이번에는 아무 생각도 않고 작업했습니다. 심지어 다음 줄에 무슨 말을 쓸지도 몰랐습니다.

사사키/ 감사합니다. (웃음) 기쁘지만 아직은 소설이 무엇인지 막연하기만 합니다.

사사키/ 그럴지도 모릅니다. 실제로 대체 이게 소설이 될까, 문장마다 머리를 싸매고 썼습니다. 애초에 소설이 된다는 말이 무엇일지 다시금 생각하며.

사사키/ 그야 가볍게 수다 떠는 상황이라서 했던 말이고, 정확히

---

07 椎名純平: 일본의 R&B 가수이자 싱어송라이터. 동생은 록 가수이자 싱어송라이터인 시이나 링고椎名林檎다. 주요 앨범으로는 《Discover》, 《Rhodes to Freedom》, 《Hotel CASABLANCA》, 《세계》 등이 있다.

말하면 '확신'하지는 못했어요. 안고의 말처럼 '될 대로 돼라'라고 작정한 것이 그 무궁화 장면이었을 뿐입니다. 소설이든 아니든 아무렴 어때, 갈 데까지 가보자고 생각했습니다.

사사키/ 잘 압니다. 저는 논문을 쓸 때도 통하는 표시는 정하지만, 봉합하는 방법은 정하지 않습니다. 극단적으로 말하면 다음 행이 어떻게 전개될지 전혀 모릅니다. 그래서 나중에야 도중에 표시가 바뀐 것을 깨닫기도 하지요.

사사키/ 후지에다 시즈오[08] 씨의 책 중 가장 좋아하는 책은 이야기를 시작하면 끝이 없어서 부득이하게 그냥 넘어가지만 (웃음) 등장인물이 스스로 바뀌는 이야기와 방금 말한 다음 행을 예견하지 못하는 것은 또 다르지 않나요.

사사키/ 음, 멋대로 내용이 바뀌면 단지 옛날부터 있는 신화적인 유형으로 흘러가버리지 않을까요. 가령 제 의사와 상관없이 손가는 대로 글을 써봐도 왕왕 무의식 속에 잠재된 신화적인 유형을 따르고 있는 것에 불과하기도 합니다. 부르통은 그 간극을

---

[08] 藤枝静男: 1907~1993, 일본의 소설가이자 안과의사로 치바의과대학을 졸업했다. 『구우키아타마空氣頭』로 예술선장藝術選奬 문부대신상, 『애국자들愛國者たち』로 히라바야시 다이코平林たい子 문학상, 『텐신유라쿠田紳有樂』로 다니자키 준이치로상, 『슬플 뿐·혼구정토悲しいだけ·欣求淨土』로 노마문예상을 수상했다. 기타 저서로 『어느 해 겨울, 어느 해 여름或る年の冬 或る年の夏』, 『지금 여기今ここ』 등이 있다.

잘 봉합했으므로 무의식에 내맡기면 대단한 작품은 나오지 않는다지만, 의식할 수 있는 소설 형식에 의지해도 결과물은 신통치 않습니다. 정신분석의 식견으로는 의식도 무의식도 모종의 구조화를 당한다는데, 관건은 그 간극을 봉합하는 방법이 아닐까 생각합니다.

이도저도 아닌 길을 가려면 후루이 요시키치 씨의 말마따나 '끈덕지게 기다릴' 수밖에 없습니다. 그의 말을 인용하면 하루에 세 장 쓰는 것은 좋지만 네 장 쓰면 어쨌거나 마지막 한 장은 무심결에 흔히 알려진 소설의 유형이 나와서 찢어버리게 된다고 합니다. 이미지 또한 어려운 문제입니다. 그러고 보니 아사부키 씨는 이미지에 관해 어디선가 말씀하신 적이 있지요. 골판지 상자를 이용한다고 했던가. 그 말씀을 해주시겠어요?

사사키 / 이미지에서 문득 '연상'되는 것을 말로 옮기면 재미있지요. 미셸 푸코, 질 들뢰즈라는 20세기 굴지의 두 철학자, 모리스 블랑쇼라는 프랑스 전후 최대의 문예비평가가 모여서 대단히 소박한 말을 합니다. '말하는 것은 보는 것이 아니다'라고. 의아하지요. 하지만 이것이 세 사람이 도달한 경지입니다. 무슨 말일까요.

'말할 수 없는 것'이라고 하면 꽤 숭고한, 어떤 의미에서 수상쩍고 신비스러운 것이려니 생각하기 쉽습니다. 하지만 단지 '보이는 것'입니다. 원래 이 두 가지는 재질이 다르므로 당연히 보이는 것을 말할 수는 없습니다. F라는 글자를 F라고 읽는 근거는 전무하고, 여기에 보이는 페트병의 물을 물이라고 부를 근거 또한 어디에도 없습니다. 물에 관해 말하는 것과 물을 보는 것은 별개입니다. 그러나 평소에는 안심하고 물이라고 부릅니다. 사실 보일 수 있는 것과 말할 수 있는 것은 완전히 분리되어 있습니다. 문자는 보이는 것이기도 하므로 문제를 복잡하게 하지만 차치하고 넘어가겠습니다. 어떤 이미지가 주어졌을 때 이 말만 해당된다는 필연성은 없습니다. 반대도 그러해서 거기에는 우연성이 섞여 있습니다. 서양회화사를 생각해보세요. 비너스와 유디트[09] 등 신비로운 여성은 화가들에 의해 다양한 방법으로 묘사되었습니다. 그러나 그 전설과 회화들을 조형할 필연성은 일체 없습니다. 눈꼬리가 치켜 올라간 비너스, 눈꼬리가 처진 유디트는 이미 전설의 원전과 대조해봐도 하등 근거가 없어요. (웃음) 그러나 말하는 것과 보는 것에 관련이 없기에 우연성과 독창성의 여지가 출현하고, 다양한 표현이 생깁니다. 이 페트병에서 따른 물을 형광등 빛에 비추면 예쁘지만 '예쁘다'로 끝내서는 안 되지요. 이를 묘사하는 말과 이것의 '보이는 이미지'는 원래 재질이 다르기 때문에 말로 묘사하는 방식은 다양한 우연으로 가능성이 열립니다.

---

09 Judith: 구약성서의 외전인 『유디트서』에 등장하는 베투리아 마을의 과부. 아시리아군이 공격했을 때 적진에 뛰어들어 적장 홀로페르네스를 유인해서 목을 잘라가지고 돌아왔다. '아름다운 여인의 대담한 살인행동'이라는 측면에서 성과 죽음을 동시에 표출하는 드라마적 요소를 갖춘 흥미로운 주제이므로 르네상스 시대부터 많은 예술가의 작품 소재가 되었다.

아사부키 씨는 골판지 상자에 이미지의 단편을 모았다가 임계점이 오면 무심코 말하는데 그 시기를 알 수 없습니다.

사사키 / 이미지를 '잃는' 순서가 아닐까요.

사사키 / 즐거울 것 같네요. (웃음) 나도 해볼까. 작가란 별난 일을 하는 사람입니다. 제가 존경하는 새뮤얼 베케트라는 사람은 침대에 누워 뒹굴며 오선지에 뭔가를 끼적거리다가 뭐 하냐고 물으면 그냥 아이디어와 장난하고 있다고 했답니다. 참 좋은 말이죠. 그렇게 오선지에 그림이나 글자를 끼적거립니다. 또한 베케트가 클로드 시몽[10]에게 조언한 기법이 있어요. 클로드 시몽은 이 기법을 이용해서 소설 몇 권을 완성했던 모양이나 정작 베케트는 달랑 한 권 썼으며, 그마저도 어떤 것인지 밝히지 않은 듯합니다. (웃음) 그 기법은 주제 하나당 한 가지 색, 등장인물 한 명당 한 가지 색을 할당하고 색연필로 구분해서 문장을 씁니다. 그리고 마지막에 검은색으로 처음부터 끝까지 정서淸書합니다. 재미있겠죠? (웃음)

발자크는 으레 대야 물에 발을 담그고 글을 썼다는 일화가 있

10 Claude Simon: 1913~2005, 전위적인 소설을 지칭하는 이른바 '누보로망(혹은 반소설)'의 대표적인 프랑스 소설가로 1985년에 노벨상을 받았다. 저서로 『사기꾼Le Tricheur』, 『바람Le Vent』, 『초원L'Herbe』, 제2차 세계대전을 소재로 한 『플랑드르로 가는 길La Route des Flandres』(렉스프레스상 수상), 에스파냐 내란을 무대로 한 『궁전Le Palace』 등이 있다.

습니다. 무슨 생각으로 그랬는지 모르겠어요. 그런 얄망궂은, 일종의 어린아이 장난 같은 행동들이 어쩌다가 작품으로 결실을 맺었다고나 할까요. 좀 전에 하던 이야기로 돌아가서 아사부키 씨는 본인이 소설가라는 것에 확신이 있나요?

사사키/ 본인이 쓴 글이 '소설'인 것과 관련해서 확신이 있느냐는 질문입니다.

사사키/ 아사부키 씨도 오만한 독자시군요. (웃음)

사사키/ 공감합니다. 어느 위대한 작가가 '낳은 아이의 탯줄을 보일 필요는 없다'는 표현을 썼습니다만.

물론 선배 작가에 대한 예의를 갖추려고 했으나 사실은 제 소설을 이야기하기가 좀 멋쩍어서 피하려 들었나 봅니다. 오늘 따라 유독 뺀질거렸지요. (웃음) 죄송합니다. 그러나 아사부키 씨의 감성만이 아니라 훌륭한 지성적 측면의 일단을 엿볼 수 있어서 무척 좋았습니다. 참석해주신 여러분, 경청해주셔서 대단히 감사합니다.

2011년 2월 14일, 아사히 컬처센터 신주쿠 교실에서

4부

그래도 '이유'를
질문하며 살다

/ 감동으로 말문이 막힐 따름인 저항과 투쟁의 계속
/ 그래도 '이유'를 질문하며 살다
/ 〈라임스타 우타마루의 위크엔드 셔플〉 봄 추천도서 특집!

감동으로 말문이 막힐 따름인 저항과 투쟁의 계속
(나카이 히사오, 『일본의 의사』를 읽다)

알고 있었다. 장담컨대 우리는 알고 있었다. 그의 문장을 통해 나카이 히사오라는 남자의 됨됨이를 진작에 어렴풋이 눈치 챘다.

그의 문체는 때로 달착지근한 향을 풍겨서 갑자기 황홀하게 하는가 하면, 도취시키기도 하고 어안이 벙벙하게도 한다. 그러나 문장마다 한결같이 절제된 긴장감을 유지하므로 윤곽이 맑고 뚜렷하다. 항상 간결하고 정온하며, 목이 쉬도록 외치지 않고, 너그럽고 위엄 있게 진행해나간다. 이 일본 정신의학 최대의 이론가로서 아취雅趣와 예지叡智를 겸비한 수필가는 유례없는 어학 실력이 뒷받침되어서 문학과 역사에 통달한 석학이기도 하다. 나아가 시와 논문을 불문하고 질 높은 번역과 문체에서 발휘되는 기품은 내내 우리를 경탄시켰다. 무엇보다도 문면의 흐름에 비친 빛나는 작품의 우아함으로. 하지만.

이 책에 등장하는 인물은 니레바야시 다쓰오[01]라는 서른 살도 안 된 의사다. 합당한 이유가 있어서 이 필명으로 자신을 숨

---

01 楡林達夫: 젊은 시절 나카이 히사오가 『일본의 의사日本の醫者』, 『질병과 인간病氣と人間』을 발표했던 필명.

긴 나카이 히사오다. 그 정열, 반골反骨 성향, 고고함, 투쟁의 의지는 오래오래 나카이 히사오의 궤적에 기꺼이 동행해온 독자들마저도 가히 당황해서 눈이 휘둥그레질 지경이다. 그러나 거듭 말하지만 우리는 그 고상하고 우아한 나카이 히사오의 모습에서 이 젊은 니레바야시 다쓰오의 타오르는 분노를 은밀히 감지하지 않았는가. 바닥에 조용히 부글부글 끓는 열기를 숨기고 찰랑거리는 수면처럼 온몸이 바들바들 떨리는 분노로 부단히 집요하게 반항하며 이 세상의 정의를 추구하는 굳건한 의지를.

이 책에는 『서구 정신의학 배경사西欧精神医学背景史』와 『치료문화론治療文化論』으로 열매를 맺은 역사적 논고가 들어 있다. 실로 그다운 박식하고 투철한 인식이 뒷받침되어서 누구나 얻는 바가 많은 특유의 의학 근대화와 그것에 얽힌 문제들에 관한 논고다. 젊었을 때의 작품과 저자는 겸손하지만 이 점만으로도 탐독할 가치는 충분하다. 하지만 이 책의 백미는 따로 있다.

서두에서 설명하는 것은 일본 의학계 특유의 제도, '의국'제도에 대한 비판적인 고찰이다. 의사의 인사권은 거의 전부 대학의 각과 의국이 장악하고 있다. 다른 학부의 교수가 졸업생의 인사권까지 장악하는 말도 안 되는 관행이 의학부에서는 공공연히 이루어졌다. 공과 사, 대소사를 불문하고 병원은 대학 의국의 계열에 속하며, 의국에서의 '파견'으로 성립한다. 의국이 교육기관이자 취직자리이며 인재 파견업이기도 하고 파벌인 까닭에 일본에서는 의사의 공평한 노동시장이 존재하지 않는다. 의사의 일생은 봉건적이라고 야유를 당하는 권위적인 상하관계에 완전히 지배당한다. 저자는 '전근대적 길드 이론', '전근대의 천황제적 관계', '방대한 무책임의 체계'라고 부르며 대뜸 믿기 힘들 만큼 억압적인 사례를 열거한다. 듣기로는 2004년 졸업 후 임상연수 제도의 성립으로 의국의 지배가 차츰 완화되었다고 하나 여전히 해소되지는 않았다. 물론 길드에도 장점은 있다. 최근에 의사가 저술한 몇 가지 서적에 그러한 기술이 있었다. 의국은 봉건적이고 폐쇄적이지만, 동료와의 연대감을 부여하고 인생을 보장해주기도 한다. 의국애醫國愛라는 말조차 간간이 보였다.

그러나 나카이 씨는 이 책에서 그것은 이른바 의국에 의한 '세뇌' 효과에 불과하다고 말한다. 그 연대는 '유사한 것'이라고 단언하며 '참된 연대'를 몰라서 하는 소리라고까지 한다. 그리고 의사는 교수가 오진한 사실을 알면서도 권위에 '겁먹고 환자를 죽게 내버려두는 체험'을 하게 마련이며, 본인도 실제로 체험했다고 한다. 저자 후기에서 언급한 권위적 관계에 묵살당하고 동료 두 명이 자살한 사건을 동기로 나카이 씨는 의학계와의 '연대'를 끊고 '저항적 의사'가 된다. 내부자로서 집요하게 저항을 계속하고, 고독을 견디면서 고압적인 협박에 결코 타협하지 않는다. 이 책에서는 그 '고통스럽고 긴 게릴라전'을 펼치는 구체적인 방법을 상세히 가르쳐준다. 그는 고고함과 불편부당함을, 기량의 단련을, 익살과 해학을, 공손하며 점잖고 엄정한 거절을, 은밀하지만 때에 따라서는 육체적인 저항으로까지 수위를 높여서 격렬한 행동을 제시한다. 그리고 이렇게 말한다. "결코 주저앉아서는 안 됩니다. 주저앉은 여러분에게 보내는 동정은 죽은 자에게 보내는 조의금과 마찬가지여서 터득하지 못합니다. 그뿐만 아니라 아직 싸우고 있는 여러분의 동료나 무명의 동료 의사들에게 깊은 상처를 주고 좌절로 끌어들입니다.' '그저 의연하라(카뮈).' 나카이 씨는 저자 후기에서 이후의 경력도 이 젊은 날의 생각을 지침으로 쌓았다고 말한다. 반세기 가까이 계속해온 그의 저항과 투쟁에 감동받아서 말문이 막힐 따름이다.

그러나 '니레바야시 다쓰오가 반드시 한 명만 존재하지는 않는다'라는 글처럼 이러한 저항을 하는 사람들의 목소리가 왜 지금은 들리지 않을까. 그처럼 될 수 없는 근거가 뭘까? 누군가를 수하로 삼고, 누군가의 부하가 되는 것만이 살길이라고 희희낙락하며 짝짜꿍해서 당파에 속하지 않는 사람을 배제하는 부끄러운 작태는 결코 의학계만의 이야기는 아니기 때문이다. 사회의 구성원으로 살면서 그래도 파벌을 만들지 않기 위해 투쟁하고 저항하는 고고한 삶을 살고자 한다면 이 책을 읽어야 한다. 요약해서 말하겠다. 필독.

『도서신문』, 2011년 1월 15일자

254

그래도 '이유'를 질문하며 살다

(나카지마 아쓰시, 『오정출세悟淨出世』와 『오정탄이悟淨歎異』)

/

저런, 가엾어라. 재수 없는 병에 걸렸구나. 오정悟淨은 그렇게 무
자비한 선고를 받는다. '그런 생각을 했다가는 생물은 살아갈
수가 없기' 마련인 '왜'라는 질문에 시달리는 병이었다. 영혼이란
무엇이고, 나란 무엇인가? 정답이 있을 리 없는 그러한 질문에
애태우며, 뭐 하러 그런 생각을 하냐는 요괴 친구들과의 마음
의 벽에 괴로워한다. 그러나 아무것도 없이 시작할 수가 없어서
번민하며 이 세상에 쓸쓸히 존재하는 병, 이 숙환으로 그는 깊
이깊이 앓았다.

답을 그리고 치유를 얻어야 하는 그는 요괴 현자들을 찾아간
다. 현자들의 모습 그리고 말이야말로 동서고금의 철학적 의견
을 그대로 희화화하고 구현한 것 같다. 스토아학파와 헤겔과 베
르그송 철학01과 초기 불교와 기독교와 쾌락주의자 등등의 의견
을 잇달아 개진한다. 그리고 그 어리석음이 어렴풋이 때로는 무
참히 폭로된다. 어떤 설에도 오정은 끈질기게 회의가 들었다. 승
복하지 않는다. 조리에 맞는 말이긴 하지만 뭔가 이상하다, 어딘
가 잘못되었다. 오정이 편력하는 가운데 그 모든 입장은 상대화
되고, 그의 의심도 점점 강해진다. 누가 옳은지 결국 모른다. 오

정의 철저한 회의와 상대주의는 책장을 넘길수록 강해져만 간
다. 그러나 그의 언동이나 모습에는 은은한 유머가 느긋하게 풍
길지언정 일말의 풍자도 없다. 항상 성실하고 진지하다. 5년의
세월을 거쳐 결국 '자신이 조금도 현명해지지 않은' 것을 깨닫고
는 답을 알았다고 치자며 묵계黙契를 맺는 세상에서 '새삼스레
도무지 모르겠다고 떠들어대는 내가 어쩌면 눈치 없는 골칫거리
겠지'라며 진력난 듯이 한탄하므로.

여기서 부상하는 문제는 이렇다. '이유'를 묻는 것은 행동과
실천에 상반되며, 집요하게 질문하는 한 '살 수가 없다.' 질문하
는 것은 삶 앞에서 제자리걸음하는, 즉 살아 있지 않은 것은 아
닌가. 그리고 드디어 오정은 어느 날 밤 꿈속에서 관세음보살마
하살을 만나서 이유에 대한 어쭙잖은 궁금증은 일체 버리라는
신탁을 받고, 인도하는 대로 삼장법사 일행에 끼게 된다. 싱거운
결말. 그럴까.

아니다. 오정은 관세음보살의 가르침을 이해하지 못했다. 실제
로 그 가르침은 이미 편력하는 동안에 알았던 설과 별반 다르
지 않아 진부했다. 따라서 그는 삼장법사를 수행하면서 이렇게

---

01 bergsonisme: 모든 것은 흐름과 운동 속에 존재한다는 지속의 형이상학, 시간의 지속성
으로 요약된다. 베르그송은 생명 탄생 현상을 수증기에 비유했다. 즉 적절한 조건 아래
서 물질적 흐름을 거스르는 에너지가 충만해지면 생명은 우주 어디서든지 탄생할 수
있다고 했는데, 이것이 『창조적 진화』에서 말한 '엘랑 비탈élan vital, élan originel de la
vie'로 생명의 도약을 달성하는 근원적인 힘이다. 또한 그는 진화가 '예측 불가능한 방
식'으로 이루어진다는 점에 초점을 맞춰 물질 속에서 생명이 파생하고 그 생명이 진화
를 통해 이어진다면 연속임과 동시에 질적 비약이며 그 비약이 곧 '창조'라고 주장했다.

자문한다. '아무래도 이상해. 도무지 이해가 가지 않아. 모르는 것을 묻어두면 결국 깨달음을 얻게 될까. 아무래도 애매해! 완전히 탈피하기에는 아쉬워! 음, 음, 당최 납득이 가질 않아. 어쨌든 이전만큼 괴롭지는 않으니 다행이지만……'

그리고 '탄이歎異'다. 추호도 의심을 품을 줄 모르는 까닭에 폭발적인 행동력과 '아름다움'을 지녔고, '월등히 훌륭하고 크고 멋지게' 현존하는 힘 자체로서 '삶을 그대로 긍정'하는 손오공. 무력하고 행동하지 않으며 약하지만 미소와 함께 역시 '삶을 그대로 긍정'할 수 있는 삼장법사. 그리고 미온적인 쾌락주의에 비교가 안 될 정도로 전 세계의 허다한 향락에 빠졌으나 그 표정에는 '환멸과 절망'이 살짝 엿보이는 허무주의자로서 몸소 이 삶을 긍정하며 사는 저팔계. 여기서 오정은 이들과 행동을 함께하며 손오공에게 유달리 큰 영향을 받아 한 걸음이라도 가까이 다가가려고 한다.

꺼림칙한 오정은 마음이 약해져서 묻는다. '나 같은 사람은 언제, 어느 세계에서 태어나도 결국은 조절하는 사람, 충고하는 사람, 관측하는 사람에 그칠까. 결코 행동하는 사람은 될 수 없을까?'

그러나 그는 여전히 회의가 든다. 왜냐하면 이것이 세상에 회의를 품지 말고 행동하라는 훈계조의 빈약한 이야기는 아니기 때문이다. 오정은 행동한다. '이유를 묻는' 행동을. 그는 편력하며 단련하는 가운데 조금씩 가책을 받아온 이 물음과 화해한다. '그래, 더는 찜찜하지 않아.' '탄이'의 마지막에도 나오듯이 삼장법사가 자는 모습을 보고 마음에 불이 켜지는 느낌이 들기도 했다. 거기에는 달콤한 기쁨의 향기가 은은하게 풍긴다. 그리고 찬찬히 읽으면 이유를 궁금해하지 않는 사람은 한 명도 없다. 오정이 동경해서 그 경지에 도달하고자 노력하는 '행동하는 사람' 손오공조차도. 단지 삶의 '이유'가 간단명료한 까닭에 우회를 필요로 하지 않을 뿐이다. 본문에 있는 대로 오공은 삼장법사의 은혜에 보답하기 위해서만 살아가므로.

나카지마 아쓰시中島敦는 이 장편을 자신의 『차라투스트라는 이렇게 말했다』로 삼고 싶다고 했던 모양이다. 그렇다면 이렇게 말해도 될 것이다. 니체는 말하지 않았는가. "이를테면 그 보답으로 언젠가 그 문제를 명랑하게 다룰 수 있게 되는 날이 올지도 모르는 것이다. 말하자면 이 명랑함, 나의 말로 하자면 즐거운 학문은 보람 있는 일이다. 물론 모든 사람의 관심사는 아니더라도 오랫동안 용감하고 근면하며 남몰래 진지하게 살아온 사람에게는 보람 있는 일인 것이다"[『도덕의 계보학』(연암서가)]라고. 다른 무엇 때문이 아니라. 맞는 말이다. 질문하는 것에 달리 무슨 보답이 필요할까. 질문하는 것은 행동이며 '왜'는 바로 삶의 절규이자 노래다―오정은 질문을 멈출 수 없고, 오공은 싸움을 그만둘 수 없다. 이는 마찬가지가 아닌가. 말하자. 그들은 이미 깨달았다. 다 같이.

『책의 시간』, 2011년 4월, 마이니치신문사

〈라임스타 우타마루의 위크엔드 셔플〉
봄 추천도서 특집!

『르완다 제노사이드에서 태어나서』

우타마루/ 오늘밤은 특별히 작년 가을 추천도서 특집에서 적극 추천했던 『잘라라, 기도하는 그 손을』이 그야말로 초대박이 난 작가이자 철학자이시며 이론종교학자이신 사사키 아타루 씨를 초대했습니다. 자, 사사키 씨의 추천도서를 말씀해주세요.

사사키/ 네, 우선 조너선 토르고브닉의 『르완다 제노사이드에서 태어나서*Intended Consequences: Rwandan Children Born of Rape*』라는 책부터 소개하겠습니다. 2010년 10월에 아카아카샤赤々舎에서 발매된 사진집입니다.

우타마루/ 갓 나온 따끈따끈한 신작이군요. 르완다라면 대학살이 있었던 곳이죠.

사사키/ 참혹한 사건이 있었던 곳이죠. 일견하면 기묘한 사진집입니다.

우타마루/ 기묘하다고요?

사사키/ 네. 영어 원제는 훨씬 직접적이어서 직역하면 『의도된 귀결들: 강간으로 태어난 르완다의 아이들』입니다.

259

'의도되지 않았던' 것이 아니라 '의도되었다'라고 하니 어떤 무서운 사진이 들어 있을지 상상이 간다 싶으시죠.

우타마루/ 전장 사진이 아닌데도 그렇네요.

사사키/ 그래서 어떤 처참한 사진을 보여드릴까 하다가……. 일에는 순서가 있으니 잠시 처음으로 돌아가서 조너선 토르고브닉이 어떤 사람인지, 르완다에서 대체 무슨 일이 일어났는지부터 설명한 뒤 이 사진집의 설명으로 넘어가겠습니다. 첫째, 조너선 토르고브닉이라는 인물은 뉴욕에서 태어난 유대인으로 스쿨 오브 비주얼 아트School of Visual Arts에서 사진을 공부하고, 『뉴스위크』지 등에서 활약하는 세계적인 카메라맨입니다. 뉴욕의 국제사진센터에서 가르치는 일도 합니다. 사진계에서는 엘리트 코스를 걸어온 사람이지요. 그런데 전기가 찾아옵니다. 2006년 『뉴스위크』의 취재차 르완다로 가서 오데트라는 여성을 인터뷰하고 엄청난 충격을 받습니다. 물론 가명입니다. 본명을 밝히면 차별당해서 큰일 나는 상황에 처해 있거든요. 그리고 몇 달 뒤 자비로 르완다에 가서 2차 피해가 발생하지 않도록 극도로 신중하게 촬영과 취재를 추진해서 이 책을 완성합니다.

제목으로 봐서는 '르완다에서는 이런 일이 벌어지건만 어찌 그리 무사태평이냐!'라며 버럭 윽박지르는 내용이려니 싶으시죠. 아닙니다. 이 책을 번역한 교토조형예술대학 조교수이자 사진 비평가인 다케우치 마리코竹内万里子 씨를 인터뷰하고 왔는데, 그분이 형용하기를 토르고브닉 본인은 '중도적인' 사람입니다. 온후하고 온건하며 상냥하고 남의 말에 귀를 기울일 줄 아는,

그야말로 신경질적인 구석이라고는 눈 씻고 찾아봐도 없는 사람이었습니다. 그토록 냉정하고 침착한 사람이 만든 책이니 알 만하죠. 완성된 사진에 관해서는 나중에 이야기하겠습니다.

둘째, 르완다에서 무슨 일이 일어났는지 간단하게나마 파악하지 않으면 이 사진이 갖는 의미를 모르실 겁니다. 1994년에 발생한 이른바 르완다 학살이라는 사건은 다들 아시죠. 후투Hutu 사람들이 수많은 투치Tutsi 사람들을 학살했습니다. 실체가 있는 '민족'이 아니므로 후투족이라고는 하지 않습니다. 아무튼 100일 동안 줄잡아서 80만 명이 학살당했습니다. 거기까지는 여러 영화나 르포르타주를 통해서 아실 테지만 그뿐만이 아니었습니다. 그 100일 동안, 아니 그 100일 전후도 포함해서 후투 사람들이 투치 여성에게 조직적으로 성폭력을 자행합니다. 추정하기로는 25만에서 30만 명의 여성이 희생되고, 많은 여성이 HIV에 감염되어 현재 죽음의 구렁텅이에 있습니다. 더욱이 거기서 태어난 2만 명의 아이들은 아무런 대책도 강구되지 않은 채 어느새 10대 중반을 맞이했건만 일체의 교육도 받지 못하는 끔찍한 상황에 처해 있습니다. 이 사진집에는 여러 명의 어머니가 찍혀 있으나 HIV에 감염된 탓에 지금은 죽었을지도 모릅니다. 조너선에게 들은 바로는 사진집에 등장하는 30명의 여성 중 적어도 한 사람은 확실히 죽었습니다. ……견딜 수 없는 암담한 현실이라고 할까, 속수무책이라는 이야기지요. 그런 문제를 정면으로 생각하고자 이 책을 가져왔습니다. 지금 세상에서 벌어지고 있는 일을 고발하고 다 함께 고민하자는 취지에서 '일부러'

기획한 책이지요. 그 의견에는 대찬성입니다. 하지만 그전에 한 가지 당부할 말이 있습니다. 이런 취지를 내세워 대놓고 비슷한 책들을 소개하려 들어서 우려됩니다. 일단 쟁점으로 떠오르면 날개 돋친 듯 팔리니까요.

본론으로 돌아가겠습니다. 이 후투와 투치라는 구별은 원래 반투족Bantu이라는 하나의 부족이어서 둘로 구별할 근거는 전혀 없습니다. 이 구별 자체가 르완다를 식민지로 만든 독일과 벨기에, 다시 말해 그들을 노예로 만들어 억압해온 지배자들이 날조해서 주입한 것입니다. 내부가 분열되어야 자기들끼리 똘똘 뭉쳐서 저항하지 않으므로 통치하기도 수월하거든요. 그래서 본래는 동족인 속은 사람들끼리 날조된 민족의 긍지에 따라서 마구 사람을 죽입니다.

우타마루/ 그것이 전통이 되어버렸군요.

사사키/ 날조된 전통이 굳어졌습니다. 더욱이 르완다에서 중절수술은 불법입니다.

우타마루/ 기독교인가요?

사사키/ 맞습니다. 다른 이유도 있지만 일단은 기독교의 영향으로 중절은 금지되어 있다고 합니다. 중절하려면 외국에 가거나 극도로 위험하고 비위생적인 불법시술을 하는 방법밖에 없습니다. 후투의 아이는 낳기 싫다며 자살하거나 아이를 죽인 여성도 있습니다. 신의 뜻이라고 해서 기껏 참고 낳았더니만 지켜줘야 할 같은 투치의 남성 중심주의적인 사람들에게 차별당하고 마을 사람들에게 따돌림당하는 비참한 처지에서 아이를 키워야 하는 상황에 내몰립니다.

우타마루/ 이미 누차 하신 말씀이군요.

사사키/ 벌써 말문이 막히네요. 그 엄마와 아이를 찍은 실제 사진입니다.

우타마루/ 여러분, 지금까지 들으신 이야기로 이미 짐작하고도 남으시죠.

사사키/ 충격입니다. 대책을 촉구합니다. 여기서 일본어판의 띠지 글이 한 가지 힌트를 제공합니다. 사카모토 류이치[01]라는 위대한 음악가가 계시는데 그분이 듣기 거북한 말씀을 하셨습니다. 읽어드리겠습니다. "무거운 책이건만 이상하게 마음이 느긋해진다. 분명 터무니없이 아름다운 아이들의 눈 덕분이라고 생각한다." 참으로 기가 막힙니다. 구조된 것이 아닌데 느긋해지긴 개뿔. 전에 우타마루 씨가 시네마 허슬러에서 〈호텔 르완다Hotel Rwanda〉라는 영화에 관해 다루셨죠.

우타마루/ 블로그에서요. 옛날에 블로그에 썼죠.

사사키/ 〈호텔 르완다〉는 주인공들이 마지막에 탈출해서 관객이 카타르시스를 느끼며 기분 좋게 끝납니다.

우타마루/ 안도감을 주는 결말이었죠.

사사키/ 그러나 탈출한 사람은 괜찮지만 르완다에 남겨진 사람은 어떻게 하냐고 우타마루 씨가 꼬집어 말씀하셨습니다.

01 坂本龍一: 1952~, 작곡가·편곡가·음악 프로듀서·피아니스트. 영화음악 〈마지막 황제〉로 세계적 명성을 얻었다.

우타마루/ 탈출한 사람은 행운이고 다행이지만 마치 일이 해결된 양 비쳐져서 지적했습니다.

사사키/ 제 말이 바로 그겁니다. 문제가 해결되었다고 기분 좋아 하거나 구조되었다고 마음을 놓아서는 곤란합니다. 겉만 보고 씻은 듯이 말끔히 정화되는 기분이 들어서는 안 됩니다. 자칫하면 르완다 사람들을 '이용'한 셈이 됩니다.

우타마루/ 기분 전환을 위해서.

사사키/ 물론 사카모토 류이치 씨의 띠지 글을 비판하는 목소리가 있다고 합니다. 하지만 팬일수록 잘 아시겠지만 사카모토 씨는 이런 식으로 뜬금없이 의뭉스러운 말을 하는 사람입니다. 실은 저는 약간 '편안합니다.' 이를 단서로 시작할 수 있어서. 아까 말씀드렸다시피 제목에서 상상되는 것과 달리 이른바 충격적인 영상과 비참한 사진은 한 장도 없습니다.

우타마루/ 오히려 평온한 사진이지요.

사사키/ 정말로 온화하고 상냥해서 목구멍까지 '아름답다'라는 형용사가 치밀어 오를 법합니다.

우타마루/ 이런 경위를 모르면 보시다시피 여기에 적힌 문장처럼……

사사키/ '얼마나 멋진 그림인가' 하는 말이 튀어나옵니다. 아프리카의 푸른 하늘 아래 푸른 초원이 펼쳐져 있고, 독특한 색소의 적토와 아프리카인의 독특한 색채 감각이 돋보이는 매우 화려한 색의 의상을 입었을 뿐만 아니라 아이들의 눈이 어찌나 생기 넘치고 예쁜지 깜짝 놀란다니까요.

우타마루/ 사카모토 류이치 씨가 느낀 인상은 결코 틀리지 않아요.

사사키/ 분명 흔히들 그렇게 생각합니다. 그런데 사진 옆에 적힌 글이 흥미롭습니다. 르완다 학살에 이은 조직적인 성폭력으로 지옥이라는 말이 무색할 정도의 체험을 했던 어머니들의 생생한 증언이 끊임없이 이어지거든요. 우리는 머리가 혼란스럽습니다. 이 사진과 말의 간극에, 단절에, 괴리에, 엉거주춤합니다. 어째서 좋은지 몰라서 어리둥절합니다. 그런데 여기가 이 사진집의, 조녀선의 무서운 점입니다. 왜냐하면 비참한 증언이 적혀 있고 비참한 사진이 실렸다면 '이해한 것 같은 기분'이 들 테니까요.

우타마루/ 그렇고 그런 르포르타주나 빤한 사진집처럼 말이죠.

사사키/ 맞습니다. '이런 일을 겪다니 참으로 불쌍한 사람들이야'라고 값싼 동정을 건네는, 소비하기 쉬운 이야기를 자아내는 것입니다. 그러나 그런 입장에 처한 여성들과 아이들을 '이해'하다니 가당키나 할까요. 이 사진집의 증언에 의하면 여성들 중에는 아직도 아이에게 아버지가 누군지 말할 용기가 없다는 사람도 있습니다. 대체 누가, 무슨 권리로 그 여성들과 그 아이들의 입장을 이해한다고 말하겠습니까. 이러한 르완다 사람들의 사진을 보고, 증언을 읽고 알았다고 말해서도, 카타르시스를 느껴서도 안 됩니다. 감동하거나 동정하는 것도 금물입니다. 울어도 안 되며, 어쩌면 분노해서도 안 될지 모릅니다. 과연 우리에게 그럴 권리가 있는지 의심스럽습니다. 말문이 막힐 수밖에 없는 르완다의 이 압도적인 현실을 위해 우리가 할 수 있는 일이 없을까요. 특히 예술과 표현에 종사하는 사람은 무슨 수든 내야만 합니다. 무력한가요. 아마도 이 조녀선이라는 남자는 '아니, 아직 가능한 일은 있다'라고 대답할 것입니다.

어떻게 성실하게 말문이 막히는가. 거기에 궁리할 여지가 있습니다. 제 생각에는 그가 그런 말을 던지는 것 같습니다. …… 이 사진집을 훑어보면 어떤 사진은 아이의 눈이 아름답고, 행복해 보이기조차 합니다.

우타마루/ 사이좋아 보이기도 하고요.

사사키/ 그렇습니다. 아무리 뚫어져라 봐도 모릅니다. 물끄러미 보기만 해서는 무엇을 찍은 사진인지 짐작조차 못 합니다. 배후에 무슨 일이 있는지, 어떤 비참한 일이 있었는지 사진만 봐서는 알 길이 없습니다. 옆에 적혀 있는 증언을 읽어도 매한가집니다. 사진만 보고 그 모습이 곧 그들의 '생활상'이라는 사실을 어찌 알겠습니까.

우타마루/ 어떤 사람들이고, 어떤 분위기에서 살고 있는지 알 길이 없죠.

사사키/ 맞습니다. 사진의 한계와 말의 한계가 드러납니다. 조녀선은 실로 이 두 가지 '한계'를 화합시켜나갑니다. 이 사진집은 사진의 힘이 다하는 곳에서 말이 힘을 발휘하고, 말의 힘이 다하는 곳에서 사진이 힘을 발휘합니다. 묘하게 사진과 말을 '합치지 않고' 흩어놓음으로써 단순하고 가벼운 동정을 거절합니다.

그는 사진가입니다. 그럼에도 사진으로 가능한 것의 한계를 드러냅니다. 사진의 한계, 사진으로는 불가능한 것을 드러냈으나 그 한계를 드러냄으로써 사진이 아니면 절대 표현할 수 없는 것을 드러냅니다. 이 점이 참으로 대단하다고 생각합니다.

우타마루/ 한계를 보이면 오히려 사진만이 가능한 것도 드러난다는 말씀이군요.

사사키/ 그렇습니다. 우리를 무기력하게 합니다. '무지'의 실체를 들이댑니다. 이미지와 말의 '차이'를 들이댐으로써. 더욱이 사진의 가능성을 완벽하게 이해하고 있습니다. 분명 이 사진집은 불가피하게 말문이 막히는, 아연실색할 수밖에 없는 '현실'을 들이댑니다. 그럼에도 결코 사진을 찍는다는 표현의 행위는 무력하지도 무의미하지도 않다는 것을 똑똑히 보여줍니다. 조너선은 실로 '불성실한 정화catharsis'를 찾아 르완다 사람들의 현실을 '이용'하는 것이 아니라 사진으로 가능한 '성실하게 말문이 막히게' 하는 방법을 몸소 행동으로 보여줍니다. 압도적인 현실 앞에서 기술과 예술은 무력하고 무의미하다는 생각을 뒤엎어버립니다. 르완다의 현실을 이용하지도, 르완다의 현실에 큰 충격을 입고 무기력하게 가슴앓이만 하지도 않습니다. 성실하게 직시하기 위해 기술을 이용합니다.

　모르는 것은 모르는 채로, 한없이 무지한 채로, 똑바로 직시하는 자세를 기술로 체현(体現)하고 있습니다. 아주 수준 높은 일을 해냈다고 생각합니다.

우타마루/ 역시 대단하군요.

사사키/ 이 따로따로 배열한 사진과 말이 우리를 뿌리치는 듯한 느낌을 받습니다. 모르는 채로 영구히 엉거주춤하게 됩니다. 그것 역시 대단하지요.

우타마루/ 앞서 말한 '윽박지르는 것 같은 느낌' 이상으로 이 책을 펼치기가 두렵습니다.

사사키/ 그럼요. 당사자도 아닌데 설교하면 그냥 흘려듣고 말면 그만이건만 조녀선은 그렇게 하지 않습니다. 하지만 르완다 사람들이 겪은 참상은 무지무지하게 잘 전달됩니다. 그리고 인터뷰를 하고 증언을 들을 가능성도 참작합니다. 그래서 사진만이 아니라 예술과 보도에 종사하는 모든 사람에게 용기를 북돋워 주는 책입니다. 인간을 얕보지 말라고 일침을 놓습니다. 젊은 사진가들에게 신뢰를 받는 아카아카샤라는 양심적인 출판사에서 나왔습니다. 일본어판은 꽤 잘 팔렸지만 더 많이 팔렸으면 좋겠습니다. 더 많은 사람이 읽었으면 합니다. 그 이유는 조녀선이 직접 재단을 만들어서 수익금의 일부가 이 아이들에게로 가거든요. 구입해주세요.

우타마루/ 이 책을 사는 것 자체가 행동이 되는군요.

사사키/ 맞아요. 완벽하죠. 더욱이 이런 종류의 책치고는 3,300엔이어서 부담 없이 구입할 수 있습니다! ……앞으로 계속 선전하고 다니려고요. (웃음)

우타마루/ 굉장히 예쁜 책이네요. 말하나 마나 한 소리일지도 모르지만.

사사키/ 우리도 지금 우리의 이 압도적인 현실과 마주해야 하니까요. 그때 어떻게 하는가. 그 힌트를 조녀선이 보여준다고 생각합니다. 그런 의미에서도 지금 이 책을 읽는 것은 결코 무의미하지 않습니다. 강력히 추천합니다!

우타마루/ 느닷없이 훅 치고 들어오시네요. (웃음)

사사키/ 거듭 말하지만 이 조너선과 다케우치 씨는 정말로 유머러스하고 온후한 분이세요.

우타마루/ 무서워할 것 없다고 할까, 그 수법으로 공갈치는 내용은 아니라는 말이군요. 다케우치 마리코 씨가 번역한 조너선 토르고브닉 씨의 『르완다 제노사이드에서 태어나서』는 세금 포함해서 3,465엔입니다.

『어제처럼─재앙의 해의 기록』

사사키/ 두 번째 책을 소개하겠습니다. 나카이 히사오 씨의 『어제처럼─재앙의 해의 기록』입니다. 1996년에 미스즈쇼보ミスズ書房에서 출간되었습니다. 이 책은 올해로 77세가 되시는 일본 최대, 전후 최대의 정신과 의학자이자 걸출한 번역가이며, 교양이 넘치는 문인이자 수필가이기도 한 나카이 히사오라는 분의 작품입니다. 그의 위대함을 설명하기는 어려우니 이렇게 말하겠습니다. 저더러 일본의 현존하는 필자 중에 세 분을 고르라면 반드시 들어갑니다. 두 분을 고르라고 해도 들어갈걸요. 전부 70대지만 먼저 나카이 히사오라는 이름을 기억하세요.

우타마루/ 아까 회의할 때도 나카이 히사오 씨의 책은 모두 읽으라고 하시더니만.

사사키/ ……전부 필독서라니까요! (웃음)

우타마루/ 그게 결론이지만 그중에서도 이 책은 꼭 읽으세요.

사사키/ 나카이 히사오 씨는 1차 피해자입니다. 한신·아와지 대지진의 피해자이며, 게다가 피해자를 구해야 하는 입장이었습니다. 정신과 의사로서 구호를 맡았으니까요. 그 기록을 정리한 책입니다. 20세기 최대의 시인으로 T. S. 엘리엇이라는 사람이 있습니다. 매우 고상하고 난해한 전위시인이지요. 그리고 나카이 히사오 씨는 자신도 피해를 당해서 집을 잃었는데도 피해자를 살려야 하는 입장에 놓였던 사람을 그 T. S. 엘리엇의 시를 인용해서 "상처 입은 외과의사가 메스를 휘두른다"라고 형용합니다. 그런 분입니다. 풍부한 교양이 뒷받침된, 하지만 그래서 그 손으로 기록한 매우 구체적이고 생생한 체험이 한층 돋보입니다. 임상의여서 현장에서 뛰기도 하거든요.

이 책은 읽는 즉시 유용합니다. 예를 들면 트라우마를 입은 사람이 나중에 장애가 발생하는 외상 후 스트레스 장애PTSD라는 병이 있습니다. 여성에게 많으나 남성은 장애가 생기기 전에 자살하고 맙니다. 방금 한 이 이야기를 기억해두면 현장에서 도움이 됩니다. 혹은 이런 식견도 생깁니다. '노인'과 아울러 자살이 많았던 사례가 '자신도 피해자지만 구조 활동을 하지 않았던 사람'이라고 합니다. 그뿐만 아니라 뇌경색으로 급사하는 사례도 유독 피해 구조 활동을 했던 사람 중에는 많았다고 합니다. 그런데 뇌경색으로 사망한 사례에서 발견되는 한 가지 특징은 피곤해하다가 갑자기 픽 쓰러져서 쉬었다는 점입니다. 택시타고 돌아가다가 긴장을 늦추는 바람에 그 자리에서 재차 쓰러져 죽기도 합니다. 따라서 쉴 때도 천천히, 단계를 밟아서 쉬어야 합니다. ⋯⋯이러한 경험과 학식이 뒷받침된 충고 하나하나가 맑디맑은, 좋은 문장으로 적혀 있습니다. 지금도 정말 엄청나게 유익합니다.

우타마루/ 아까 말한 센다이仙台 시내에서 본인도 피해자면서 애쓰는 젊은이의 이야기는 마음이 든든하지만 이런 구체적인 사례도 유의하시기 바랍니다.

사사키/ 세심한 충고가 잔뜩 들어 있지만 또 하나 재미있는 이야기가 적혀 있습니다. 나카이 히사오 씨 자신이 그러했듯이 피해를 입고도 구조 활동을 해야 하는 입장에 처한 사람은 새로운 책을 읽기가 힘듭니다. 시간이, 그리고 무엇보다도 정신적인 여유가 없는 모양입니다. 그렇다면 우리가 읽읍시다. 그게 바로 후방지원 아니겠어요.

　더 중요한 사실은 그는 77세여서 제2차 세계대전도 겪었습니다. 관동 대지진도 친척의 이야기를 들어서 알고 있습니다. 그래서 그와 고베神戸의 양심적인 사람들은 관동 대지진이 재발하지 않을까 두려워했습니다. 무슨 말인가 하면 관동 대지진에서는 조선인이 학살당했지요. 또한 계엄령하에서 오스기 사카에[02]라는 사회운동가가 군부의 손에 살해당했습니다. 그의 아내와 조카도 함께 살해당했지요. 그런 잔학행위가 휩쓸었습니다. 나카이 히사오 씨는 고베에서도 한신(오사카 시와 고베 시)에서도 그러한 폭력을 휘두르지는 않을까 우려했다고 합니다. 결국 약탈, 방화, 폭행, 강도 등은 횡행하지 않았습니다. 우리는 까맣게 잊었지만 당시 일본인들은 이를 자랑으로 여겨서 '우리는 폭력을 일으키지 않는다'라고 했던 모양이나 옴진리교 사건이 일어나서 찬물을 끼얹었다고 나카이 히사오 씨는 말합니다. 물론 지진과 옴진리교의 엄밀한 인과관계를 찾기는 어렵습니다. 어렵다기보다는 무리입니다. 그래도 역시 폭력성이 분출된 적은 있습니다. 이 책에도 명확히 적혀 있고, 18세기 말에 살았던 클라이스트 Heinrich von Kleist라는 독일의 작가가 쓴 『칠레의 지진』이라는 소설에도 적혀 있지만, 지진이 발생한 이후에는 일종의 희열이 생깁니다. 피로의 축적과 모순되지만 더없이 행복한 느낌, 긴장감이 상승해서 축제처럼 한껏 들뜹니다.

우타마루/ 색다른 느낌입니까?

사사키/ 그렇습니다. 그 속에서 공동체 감정이 싹틉니다. '질서'는 우리를 가로막는 울타리이기도 하죠. 그 질서가 지진 때문에 파괴되었으니 아주 스스럼없이 서로 돕는 긍정적인 면이 생깁니다.

우타마루/ 좋은 면도 있군요.

사사키/ 하지만 질서가 파괴되었기에 이상한 순간에 별안간 부정적인 방향으로 치우치기도 합니다. 그러면 아무래도 폭력으로

---

02 大杉栄: 1885~1923, 사상가·작가·저널리스트·사회운동가로 독립운동가인 이동휘와 여운형을 만나 국제연대를 꾀했고, 박열 등이 조직한 '흑도회'라는 아나키즘 단체를 후원했으며, 일본 최초로 『파브르 곤충기』를 번역했다. 저서로 『오스기 사카에 자서전』, 『일본탈출기日本脱出記』, 『반역의 정신叛逆の精神』, 『무정부주의자가 본 러시아 혁명無政府主義者の見たロシア革命』, 『생의 투쟁生の闘争』, 『옥중기獄中記』, 『사회적 개인주의社會的個人主義』 등이 있다.

번지고 말지요. 물론 재앙이 발생했을 때 질서가 붕괴해서 기댈 데라고는 하늘뿐이면 긍정적인 희열과 공동체 감정이 생기기는 합니다. 하지만 『칠레의 지진』도 결국은 학살 장면으로 끝나고 맙니다.

우타마루/ 표리일체군요.

사사키/ 폭력의 분출과 표리일체입니다. ……새로이 좋은 질서를 만들고자 할 때 자연에 의지해서는 안 됩니다. 변화란 인간의 손으로 개척하는 것이므로, 자연에 의지하면 결과가 신통치 않습니다.

우타마루/ 자연을 핑계로 체념하는 경향을 띠지요.

사사키/ 음. 안타깝지만 지금도 '일본인은 질서정연해서 훌륭하다'라는 말을 남발해서 저는 보복이 두렵습니다. 배신당할 때가 오지 않을까 해서.

우타마루/ 말 자체는 괜찮아요. 그 말에 도취되면 큰일이어도.

사사키/ 그럼요. 도취되었다가는 되레 허를 찔립니다.

우타마루/ 표리일체에 있는 그런 점을 보아야 합니다.

사사키/ 나카이 씨는 보고 있고, 저도 보고 싶습니다. 관동 대지진에서 우리는 폭력을 휘둘렀습니다. 간접적이라고는 하나 한신·아와지 대지진 때도 일본인은 폭력적이라고 흥봐도 유구무언인 사태가 이어졌습니다. ……두 번은 몰라도 세 번은 없습니다!

우타마루/ 그럼요, 배워야 합니다.

사사키/ 바로 인간을 얕보지 말라는 소립니다. 여기서 묘하게 왜곡하지 않도록 해야 합니다. 저는 보지 않지만, 텔레비전으로 시청하는 사람은 불안해지니까요.

우타마루/ 여러분, 쉽게 말해서 가슴속에 쌓인 불안이 미묘하게 느껴질 때도 있으시죠?

사사키/ 긍정적인 희열은 스트레스와 한 몸입니다. 희열은 지치게 하거든요. 우타마루 씨의 표현을 빌리면 '이제 돌아갈래!'가 되므로. (웃음) 다시 한번 말씀드리겠습니다. 두 번은 있어도 세 번은 없습니다. 이번에는 그런 짓은 하지 않을 테고, 해서도 안 됩니다. 저의 지금 이 발언이 단순한 기우로 끝나서 훗날 '사사키의 생각이 지나쳤어. 무슨 허풍을 떤 거야?'라고 비웃음당하기를 진심으로 바랍니다.

우타마루/ 어째서 그렇게 말씀하시죠? 원전사고는 '사고가 일어날 거야', '아니야, 일어나지 않았잖아'로 끝나면 되지요.

사사키/ 네, 그래서 이 책도 추천합니다!

우타마루/ 잠깐, 사사키 씨 실컷 하셨어요. 소개할 책이 바닥나면 나중에 어쩌시려고 그래요. 하여간 부르길 잘했어요. 훌륭한 연설가답게 아주 무서운 연설을 하셨어요. 저도 나카이 씨의 책은 읽어보셨으면 좋겠습니다.

사사키/ 치쿠마학예문고ちくま學藝学芸文庫에서 나온 책처럼 휴대하기 편한 형태로 잇따라 출간되었으니 꼭 읽어보세요.

TBS 〈라임스타 우타마루의 위크엔드 셔플〉, 2011년 3월 19일 수록

단행본을 위해 덧붙이는 말

여기에 추천하고 싶었으나 시간관계상 여의치 않아서 단념했던 책을 한 권 소개하겠다. 요시마스 고조古增剛造 씨의 사진집 『표지表紙, omote-gami』(시초샤思潮社)다. 조너선 토르고브닉은 의도적으로 '언어'와 '이미지'의 괴리를 그대로 선보였다. 반면에 요시마스 씨는 이 작품에서 기묘하고도 다른 방식으로 뭔가를 모색하는 듯하다. 언어와 이미지의 괴리를 전제로 해서 굳이 '다른 식으로' '새로이' 포개는 '도박'을 감행하는 것이리라.

다중노출multiple exposure이 다시 되풀이되는 이 사진들의 표면에서는 느닷없이 이미지가 겹쳐지고 거기에 비치는 말의, 문자로서의 물질성이 불거진다. 그러나 그 문자 자체의 생생한 글씨, 즉 이미지로서의 특질도 동시에 드러난다. 여기서는 이미지가 말에 녹아들고, 말은 완전한 이미지가 되어서 만물이 '문자' 그 자체로 변용하는 듯하다. 그러나 그 문자도 일정한 문자제도에 미처 수렴되지 않아 비정상적인 서정성 안에서 전율한다. 달필인 그의 필적을 접한 적이 있는 사람이면 누구나 아는 요시마스 씨의 예리하면서도 불온하게 신선하고 맑아서 아픈 문자의 힘과 동일한 것이 사진마다 아름답게 빛난다고 말할 수 있지 않을까. 그리고 이 다중노출은 카메라의 구조상 어떤 사진들끼리 포개질지 사전에는 모르므로 여기에는 우연성을 피할 수 없는 '사진'이라는 예술에 다시금 우연성을 도입하려는 놀라운 도박 계획까지 숨어 있다. 이만하면 훌륭하게 달성했다고 본다.

아니면 필자는 아직 보지 못했지만 지난 20년간 찍은 사진선집인 『눈먼 황금의 정원盲いた黃金の庭』(이와나미 쇼텐岩波書店, 2010)을 추천한다.

또 하나. 앞서 소개한 나카이 씨의 저서와 쌍벽을 이루는 책이 새로 나왔다. 『재해가 정말로 덮쳤을 때—한신·아와지 대지진 50일간의 기록災害がほんとうに襲った時—阪神淡路大震災50日間の記録』, 『부흥의 길 중간에서—한신·아와지 대지진 1년의 기록復興の道なかばで—阪神淡路大震災一年の記録』 모두 미스즈쇼보에서 2011년에 출간된 작품이다. 꼭 읽어보시길.

2011년 8월 1일자

발문

아날렉타 제3권을 보낸다.

그렇다, 나는 그들을 친구라고 부른다. 이 자리를 빌려 그 친구들에게 진심 어린 인사를 전한다. 지진재해 직후 파리와 교토에서 지나가는 말처럼 아득한 목소리로 중얼거리듯이 만일 피난을 와야 하면 방은 비어 있으니 언제든 오라고 말해준 이들에게 우애의 마음을. 때를 잘못 만나서 해후하거나 재회하지 못한 채 작고한 이들에게 애도의 마음을. 언제나 미소를 잃지 않고 정면으로 기탄없이 비판해준 그에게 신뢰를. 그리고 단호히 용기 있는 행동을 해서 현재 부당하게 감옥살이하고 있는 그에게 연대감을 담아서.

당초 서두에 쓴 글의 이름을 그대로 제목으로 붙인 이 책에, 아름다운 빛이 충만한 눈부신 그 한 장을 쓸 수 있도록 흔쾌히 승낙해준 사진가 세이지 시부야澁谷 征司 씨께 감사드린다. 또한 문장 선택부터 번거로운 교섭 일까지 일체를 맡아주신 아베 하루마사阿部晴政 씨께도.

2011년 초가을에 사사키 아타루